MEUS FRACASSOS NA TV

FELIPE PENA

MEUS FRACASSOS NA TV

SINOPSES E ROTEIROS DE UMA NOVELA E DOIS SERIADOS

EDU
PRIMAVERA
EDITORIAL

SU MÁ RIO

PARA DOÑA JOSEFA PENA AREAL, LA MÁS GUAPA.

O fracasso me subiu à cabeça.

E não é um fracasso honroso, do tipo relatado pelo Darcy Ribeiro no antológico discurso da Universidade de Brasília, quando disse que colecionava fracassos, mas odiaria estar no lugar daqueles que tiveram sucesso. Infelizmente, não posso dizer o mesmo.

Nos três anos em que trabalhei como autor-roteirista da maior emissora do país, apresentei diversos projetos dramatúrgicos, escrevi uma dezena de pilotos, colaborei com um grande autor de novelas, organizei grupos, fiz parcerias, participei de oficinas e até exerci o cargo de diretor de análise de conteúdo da TV, o que me permitiu ler e avaliar outros cento e vinte projetos de diferentes autores da casa,além de mapear os enredos e as audiências de todas as novelas produzidas nos últimos 20 anos.

Mas há um detalhe importante: nenhum dos meus projetos foi ao ar. Ou seja, nada do que escrevi teve seu verdadeiro destino concretizado. Nenhuma de minhas novelas ganhou as telas. Nenhum de meus diálogos foi lido por Fernanda Montenegro. Nenhuma de minhas cenas foi dirigida por Amora Mautner. Nenhuma de minhas rubricas mereceu a fotografia de Walter Carvalho.

Eu fracassei, e continuo fracassando. Todas as manhãs, quando ligo o computador para escrever as primeiras linhas do dia, tenho a consciência de que elas terão o mesmo destino das anteriores. Para cada personagem criado há uma dança solitária de imagens metafísicas que só são realizadas na mente do autor. Não há câmeras, não há atores, não há diretores. Apenas a tela interior, com iluminação difusa e a ação ensaiada à exaustão, como se fosse necessário tirar o máximo de cada detalhe do roteiro. E a verdade é que, no final das contas, isso é muito mais que necessário, é imprescindível.

Aí está o paradoxo que vos apresento, caros leitores. Essa necessidade compulsiva de continuar a escrever, apesar dos fracassos, não levará nenhum de meus personagens às telas, mas é o que me dá a ilusão de que ainda sou um autor-roteirista e talvez esteja nessa ilusão o verdadeiro sentido da profissão. Imaginar cada cena e tentar descrevê-la com o rigor necessário para que alguém completamente diferente de você também possa imaginá-la não é tarefa simples. Para fazer com que diretores, atores, figurinistas e outros tantos profissionais consigam enxergar pelas palavras (e só pelas palavras), o autor precisa de muitos fracassos. Eles são a bússola e a âncora. Por isso, dividirei alguns com vocês.

O primeiro é um projeto de novela para o horário das sete da noite, que é o mais difícil da grade por dois motivos principais: 1. O público heterogêneo composto, em sua maioria, por um sofá dividido por donas de casa e adolescentes ou crianças; e 2. A linguagem que mistura a comédia e o chamado novelão. Nos últimos anos, com o advento do *streaming* e do *vídeo on demand*, a noção de grade começou a perder o sentido, mas, em 2010, quando escrevi a sinopse, estes dois problemas ainda eram a grande preocupação da emissora, que vinha de seguidos fracassos no horário. E, portanto, foram o norte que segui.

A novela se chama Canguru. Ela acompanha os conflitos e situações tragicômicas de famílias contemporâneas em processo de recomposição a partir do surgimento daquilo que os psicólogos chamam de "geração canguru", composta por homens e mulheres que adiam a saída da casa dos pais para depois dos trinta anos e, consequentemente, adiam também a criação de uma nova família.

Apesar da temática atual e da mistura entre drama e comédia, a novela não foi bem avaliada na primeira crítica que recebeu, embora tenha sido elogiada por dois desavisados diretores de núcleo da emissora. Por isso, o que vocês lerão aqui é a versão com as anotações críticas iniciais (<u>destacadas nas margens da página</u>), apontando meus erros e possíveis caminhos para a trama.

Para ser bem sincero, a novela é um desastre. Como o leitor poderá conferir pelas observações críticas, há uma série de furos no enredo e na construção das personagens. E não poderia ser diferente, já que era minha primeira experiência com o gênero. Sou um romancista. Tudo que havia escrito antes destinava-se a permanecer eternamente nas páginas de um livro. Levar personagens para a tela e fazer com que milhões de brasileiros mantenham interesse por eles durante sete meses era um passo para o qual não estava preparado. Mas a ideia original ainda me parece boa. Quem sabe encontre uma parceria para corrigir os erros e dar continuidade ao projeto! Talvez ela esteja entre os leitores deste livro!

Em seguida, apresento um projeto menos ortodoxo, cuja temática é muito pouco utilizada na televisão aberta brasileira. Trata-se de uma série de terror, com cenário futurista, explorando contradições sociais do Rio de Janeiro. A sinopse foi escrita em 2012, e se chama Instinto Primitivo. Ela foi encomendada no mesmo período em que, nos Estados Unidos, surgiram seriados consagrados, como *The Walking Dead* e *American Horror Story*. Entretanto, não tive qualquer retorno crítico da emissora. O único comentário empolgado foi de nosso diretor de engenharia, um entusiasta dos efeitos especiais, que me garantiu ser possível reproduzir com perfeição os cenários descritos na sinopse.

Como nada se perde, o projeto acabou virando uma HQ em parceria com o ilustrador Cláudio Duarte, que foi cartunista do jornal O Globo durante 28 anos. O que vocês verão nas ilustrações deste livro são as primeiras dezesseis páginas da história em quadrinhos, cuja função também é servir de *storyboard* para o roteiro de Instinto Primitivo. Nós esperamos publicar a HQ completa brevemente.

Por último, apresento a adaptação de um de meus romances, *Fábrica de Diplomas*, feita em 2013. É um *thriller* policial que conta os bastidores das universidades brasileiras, e se passa no meio das manifestações de julho daquele ano. Sem dúvida, este foi o roteiro mais difícil de escrever, já que deveria transpor para as telas algo que eu mesmo havia feito para permanecer apenas no papel (o velho dilema). Daí ter tirado uma das grandes lições dessa profissão: mais importante do que saber escrever, é saber cortar. E, definitivamente, cortar na própria carne não é muito prazeroso.

Nas páginas a seguir, vocês terão detalhes sobre esses três fracassos, desde a descrição das personagens até o roteiro dos pilotos. Eles não são os únicos da minha carreira, mas agora que os estou dividindo posso dizer que também são seus, caros leitores. Tirem proveito deles e, se tiverem sorte, poderão repeti-los.

2

CANGURU

Sinopse para uma novela das sete

Época:

Atual

Gênero:

Drama realista / Comédia romântica

Modelo narrativo:

História de amor / Dramas familiares

Espaço:

Urbano / Rio de Janeiro

NOVEMBRO de 2010

"Em nosso mundo de furiosa individualização, os relacionamentos oscilam entre o sonho e o pesadelo. Para muitos, o compromisso é uma armadilha a ser evitada. Na modernidade líquida, o homem não quer ter vínculos."

(Zygmunt Bauman, em *Amor Líquido*)

"A redundância é uma estratégia narrativa importante. A isca da repetição pode valer mais do que o anzol da surpresa."

(Silviano Santiago, em *Vale quanto pesa*)

PROPOSTA

Nossa novela acompanha os conflitos e situações tragicômicas de famílias contemporâneas em processo de recomposição a partir do surgimento daquilo que os psicólogos chamam de "geração canguru".

A geração canguru é composta por homens e mulheres que adiam a saída da casa dos pais para depois dos trinta anos e, consequentemente, adiam também a criação de uma nova família. Os motivos são os mais diversos: dificuldades para conseguir emprego, problemas sentimentais, dedicação a concursos públicos, medo de assumir compromissos, sovinice, comodismo ou cara de pau mesmo. O fato é que nossos trintões e trintonas se recusam a deixar o ninho, o que tem efeitos não apenas sobre a vida deles, mas, também, sobre a dos pais, amigos e demais familiares, além de causar profundas mudanças nas relações românticas da atualidade.

Como estratégia de linguagem, optamos por manter as características melodramáticas do chamado novelão, misturando-as com inovações narrativas na abordagem temática. Apostamos na premissa de que o original não é o que rompe com o velho, mas o que rompe com a convenção.

A novela coloca em cena cinco amigos de infância: nossos protagonistas MARCUS e RAQUEL, e nossos coprotagonistas RICARDO, CHUCHU E DIEGO.

MARCUS é um canguru forçado. Seu plano de vida, desde a adolescência, era o de casar cedo com RAQUEL e formar uma família. Plano que é interrompido pela mãe do protagonista, a suposta vilã ETELVINA MENDONÇA, que, através de uma chantagem, consegue separar o casal.

RICARDO, CHUCHU e DIEGO são os cangurus assumidos, que moram no mesmo prédio (na casa dos pais, obviamente), só pensam em prazeres imediatistas, consumo desenfreado e sonhos pasteurizados por anúncios publicitários.

Um dos fios condutores da trama principal é o reencontro dos protagonistas, que acontece 13 anos depois. É quando MARCUS se reaproximará de RAQUEL, lutará pelo amor da filha, cuja existência ignorava, e, finalmente, deixará de ser um canguru forçado, livrando-se das chantagens da mãe, que se vale dos artifícios mais pérfidos para manter o filho dentro de casa. Enquanto isso, RICARDO, CHUCHU e DIEGO passarão por um processo dramático de amadurecimento até saírem da "barriga" dos pais.

Entre as tramas paralelas, apresentamos IVAN e MARIA AUGUSTA, os cangurus tardios, aqueles que voltam para a casa dos pais depois de um casamento fracassado, revelando outros tipos de conflitos. E NATASHA, uma canguru casamenteira, que mora com a mãe MARIA AUGUSTA e planeja sair de casa apenas quando encontrar um bom partido para sustentá-la.

Canguru é uma novela realista que vai explorar os dramas e as situações inusitadas causadas por esta nova configuração familiar. Como o tema é atual, apostamos na identificação do público com as personagens, e vamos mesclar a dramaticidade de algumas situações com o humor de outras.

Nos dias de hoje, vale a pena sair de casa cedo, assumindo riscos e responsabilidades? Ou é melhor permanecer na barriga dos pais, em segurança, buscando a satisfação imediata dos desejos e adiando qualquer tipo de compromisso?

Eis algumas questões contemporâneas que pretendemos levantar.

TRAMA CENTRAL

O fio do anel e o pedido de casamento de MARCUS

Rio de Janeiro, dezembro de 1999. Não é exatamente a virada do milênio, mas a proximidade do ano 2000 é tratada como uma época de mudanças no imaginário popular, uma época para fazer planos, para sonhar.

MARCUS, o nosso protagonista, está com 22 anos, mas, ao contrário de seus amigos da época de colégio, que serão os "cangurus assumidos" da novela, não quer passar a década seguinte curtindo a vida, adiando compromissos e buscando a satisfação imediata de seus prazeres, que são características marcantes de sua geração. MARCUS é sério, concentrado, romântico, carinhoso e responsável. Mesmo sendo de uma família milionária, não mexe na caderneta de poupança deixada pelo avô materno, já falecido, para poder sair de casa e ser independente. Para os padrões de um milionário, R$ 300 mil não é muito dinheiro, mas para MARCUS é o suficiente para começar uma vida ao lado da mulher que ama.

Ele é filho do poderoso empresário ARLINDO TORRES MENDONÇA, presidente da construtora Mercury, e da pérfida ETELVINA MENDONÇA, uma mulher possessiva e calculista, que pretende manter o filho único perto de si para sempre. Além disso, ela é a verdadeira dona da empresa, que herdou dos pais junto com a mansão onde moram.

MARCUS é apaixonado pela namorada, RAQUEL, 20 anos. Ambos são muito maduros para a faixa etária, gostam de poesia francesa e ouvem Cazuza e Legião Urbana nos momentos românticos. MARCUS a pede em casamento quando faltam apenas 15 dias para o ano novo. E faz isso de forma inusitada e criativa.

No meio de uma caminhada pelo calçadão da Praia do Pepê, ele a convida para almoçar. Um convite estranho para o horário: onze e meia da manhã. Mas ela não recusa, nem mesmo quando recebe o lenço e o pedido para vendar os olhos.

– O que é isso, Marcus?

– Confia em mim, meu amor.

Andam por mais alguns metros até uma pequena escada que leva à praia. A areia penetra nas sandálias, deixando-a ainda mais intrigada. "Vamos almoçar à beira-mar?" "Calma, estamos chegando". Não chove, mas um vento frio entra pela lateral da blusa, arrepiando a pele já umedecida pela ansiedade. Os passos lentos no solo fofo tornam o trajeto um pouco mais demorado que o previsto.

Quando sente a água bater nos tornozelos, Marcus pede que ela pare de andar. Apesar do vento, o mar está calmo, como se fosse um dia de verão. O namorado a pega pelos ombros, posiciona-a em direção ao horizonte e só depois permite que retire a venda, o que ela fez com toda a calma do mundo, saboreando o momento. Os olhos demoram alguns segundos para se acostumar com a luz, tornando a cena ainda mais intensa, já que a imagem aparece paulatinamente, como um espetáculo que se descortina para o espectador.

Vinte barcos de papel machê navegam em círculos. Nas pequenas velas que os impulsionam é possível ver o nome dela escrito com letras góticas, além de um coração estilizado que o envolve. Atrás de RAQUEL, os amigos do casal aplaudem o gesto romântico, do qual haviam sido cúmplices e artífices. Dos dedos de MARCUS, surge uma linha de náilon presa a um dos barquinhos, que estava próximo da areia. Ele puxa o fio lentamente, em movimentos sincronizados, para não derrubar a embarcação. Na ponta do mastro, há uma aliança de ouro cuidadosamente amarrada, cuja gravação no interior traz o nome de ambos e um sinal místico que só eles compreendem. Não é preciso dizer mais nada, apenas ouvir a resposta.

– Eu aceito.

Os amigos RICARDO, DIEGO e CHUCHU erguem os copos em torno da gigantesca toalha estendida na areia, na qual isopores com cerveja dividem espaço com doces e salgados comprados numa padaria do bairro. As lágrimas são coletivas.

Nossa protagonista RAQUEL, filha da cozinheira da família Mendonça, DINORAH, nunca se encaixou nos estereótipos de romances entre o filho da patroa e a filha da empregada. Começou a trabalhar aos 14 anos, dividindo seu tempo entre o colégio e o emprego vespertino em uma loja de roupas. Desde então, passou a pagar os próprios estudos e a recusar a ajuda da mãe. Aliás, nunca se conformou que a mãe continuasse morando na mansão.

Precisa mudar isso no primeiro capítulo, quando a mãe, Dinorah, diz que não larga o emprego porque precisa pagar a faculdade dela: a garota já tem 20 anos.

Mas RAQUEL sempre deixou claro para o namorado que só se casaria com ele se pudessem viver com os próprios recursos, sem o dinheiro da família, exceção feita à caderneta de poupança que o avô de MARCUS deixou. Ética, responsável e com extremo senso de coletividade, RAQUEL tem preocupações sociais e trabalha em uma ONG ambiental chamada ECOLUTAS.

Tantos valores e princípios não têm a admiração de ETELVINA, que só consegue ver a menina como a filha da empregada. Aliás, empregada que ela salvou da miséria 20 anos antes, quando DINORAH estava em trabalho de parto. E a quem passa a controlar graças à descoberta de um segredo de sua juventude, que será usado para separar MARCUS e RAQUEL.

A chantagem de ETELVINA e o passado de DINORAH

MARCUS tinha dois anos quando ETELVINA conheceu DINORAH na porta da igreja. Quando saía do culto, ETELVINA se deparou com DINORAH passando mal. Como não tinha ninguém para ajudá-la, cedendo à pressão do filho que se sensibiliza com a cena, ETELVINA a leva para um hospital particular e paga as despesas da maternidade. Como gratidão, DINORAH se oferece para trabalhar para a madame com o que ela precisar.

ETELVINA busca alguém que dependa dela e possa ajudá-la a espionar o marido, em quem não confia. E DINORAH apresenta documentos falsos, conseguidos pouco antes de chegar ao Rio de Janeiro.

O verdadeiro nome de DINORAH é JOYCE RAMOS, uma estelionatária que traficava bebês e teve sua prisão decretada pela justiça em Florianópolis. Vivia com VÍTOR, que intermediava as negociações da compra e venda de crianças.

Como muitos casais que não podem ter filhos procuram bebês que tenham biótipo parecido com os deles, o "negócio" prosperou, já que na comunidade do Maciço do Morro da Cruz, onde DINORAH morava, havia diversas mães de pele clara interessadas em vender os filhos. (Aqui, vale uma pausa para registrar que tal prática, infelizmente, ainda é uma realidade em nosso país. A novela pode iniciar uma boa discussão sobre os critérios de adoção no Brasil, além de denunciar o tráfico nacional e internacional de seres humanos.)

DINORAH e VÍTOR ganharam algum dinheiro fazendo a intermediação dos bebês, mas o esquema foi descoberto pela polícia. VÍTOR foi preso e DINORAH só conseguiu escapar graças aos documentos falsos que comprou. Mas ETELVINA só descobrirá essa história vinte anos depois, quando MARCUS e RAQUEL já estiverem apaixonados e decididos a se casarem.

A descoberta do segredo de DINORAH acontece por acaso. Dois meses antes do *Réveillon* de 2000, ARLINDO dá uma festa para os funcionários da empresa. Nessa festa, está um homem alto e bonito chamado FABIANO, marido de SIMONE, que é uma jovem diretora financeira na construtora Mercury e está grávida de gêmeos plurivitelinos. O casal marcou a cesariana para a meia-noite do primeiro dia do ano seguinte, a fim de que os filhos fossem os primeiros gêmeos do ano 2000.

FABIANO nasceu na mesma comunidade de DINORAH, ou melhor, JOYCE, em Santa Catarina, e conhece sua verdadeira história, desde o tráfico de bebês até o mandado de prisão contra ela. Na festa, ele a reconhece e fica sabendo que está se passando por outra pessoa. Mesmo assim, não conta nada nem para a esposa, nem para os donos da casa, apesar de também ser reconhecido pela falsa cozinheira.

Entretanto, quando faltam cinco dias para o parto, SIMONE tem fortes dores abdominais e é levada ao hospital, onde o médico da família constata que um dos fetos morreu. FABIANO acredita que a esposa (uma ex-alcoólatra com sérios problemas psíquicos) ficará tão chocada com a notícia, que não resistirá ao parto. Então, pede ao médico, que é um velho amigo seu, para não contar nada a SIMONE, enquanto trata de conseguir um recém-nascido para ser colocado no lugar do filho morto.

FABIANO vai até a mansão e procura a ajuda de DINORAH/JOYCE. Ela resiste, diz que não faz mais tráfico de bebês e pede que ele vá embora. Mas o jovem não arreda o pé e acaba conseguindo que ela o ajude com o plano, após chantageá-la com o passado. O esquema funciona e o casal terá o bebê no dia do parto (ver tramas paralelas: duas irmãs). Só que ETELVINA testemunha toda a conversa e manda investigar o passado de JOYCE RAMOS. No dia seguinte, já tem a ficha policial de sua empregada, inclusive o mandado de prisão.

Na noite do *Réveillon* de 1999 para 2000, ETELVINA faz uma chantagem com RAQUEL na frente de DINORAH, mostrando as provas contra a mãe. Diz que a entregará para a polícia se ela não se separar do filho. DINORAH confirma tudo. Ela conta que o pai de RAQUEL morreu na cadeia e, como ela, DINORAH, nunca conheceu os próprios pais, a filha é a única pessoa da família. E implora para que não a deixe ser presa.

MARCUS pretende anunciar o casamento antes da meia-noite, mas a "noiva" desaparece após dizer a ele que está em dúvida sobre a decisão que tomaram. O garoto se desespera e vai atrás dela, mas não consegue encontrá-la. (Nesta mesma festa de Ano Novo, estão as personagens RICARDO, DIEGO, CHUCHU, MONALIZA e LAERTE, que testemunharam o pedido de casamento feito por MARCUS na praia.)

RAQUEL passou a virada sozinha na praia da Barra da Tijuca, entre fogos de artifício e famílias em festa. No pensamento, a crise por causa da chantagem. Como entregar a mãe para viver a própria felicidade? Apesar de reconhecer que DINORAH estava errada e de condenar suas atitudes, não poderia deixar que ela fosse para a cadeia.

Na praia, RAQUEL encontrou JUREMIR, seu professor da faculdade de Biologia. Na véspera do ano novo JUREMIR havia insistido para que ela aceitasse uma bolsa da ONU na Amazônia, que ele iria supervisionar. Mas Raquel desistira da oportunidade profissional por MARCUS. Agora, com a chantagem de ETELVINA, ela decide ir pra bem longe.

Falta acrescentar a cena inteira aqui – tem que ficar visível para a direção da emissora.

Os outros cangurus e os gêmeos do milênio

Antes de prosseguirmos, vale repetir que os melhores amigos de MARCUS são RICARDO, DIEGO e CHUCHU, os cangurus assumidos, um trio completamente diferente do nosso protagonista. Nesse mesmo *Réveillon*, seus planos para o próximo milênio são curtir a vida e nunca se envolver a sério com ninguém, buscando apenas a satisfação imediata de suas vontades. Os três possuem estilos e personalidades distintos, mas uma vocação em comum: o fraco pela vida canguru que levam. Treze anos depois, ao vencerem a complicada barreira dos trinta anos, o trio ainda está morando na barriga, digo, na casa dos pais, enfurnados na segurança, domínio e deliberações daquele esquema "mamãe-cinema-clube-televisão" de moleques.

Na manhã em que MARCUS pediu RAQUEL em casamento, LAERTE se juntou ao grupo e trouxe uma garota por quem era apaixonado, MONALIZA. O problema é que a menina se encantou fulminantemente por CHUCHU. Na noite de *Réveillon*, enquanto RICARDO e DIEGO consolam MARCUS e o ajudam a socorrer a mãe, que simula um desmaio, CHUCHU beija MONALIZA, para desespero de LAERTE. É uma "bola nas costas", que terá reflexos pelo resto da trama.

No outro canto da cidade, mostramos o nascimento do primeiro casal de gêmeos (plurivitelinos) do ano 2000, filhos de FABIANO com sua esposa, SIMONE (ver tramas paralelas). Como já dissemos, alguns dias antes do parto, ela sofre fortes dores abdominais e vai parar no hospital, onde fica internada. Após uma ultrassonografia, o obstetra avisa FABIANO que um dos fetos morreu. O marido, em conluio com o médico, pede que nada seja dito à esposa e consegue – por intermédio de DINORAH – um bebê recém-nascido para substituir o filho morto. O bebê se chama GONÇALO e será responsável por uma das reviravoltas da novela.

Para completar, ainda vemos outra festa de ano novo na vila tijucana onde moram IVAN, o filho sovina de imigrantes russos, e MARIA AUGUSTA, a artista plástica gastadora, que está grávida de BÓRIS, o segundo filho do casal. Estas e outras tramas terão ingerência na configuração da trama principal, conforme esclareceremos mais adiante.

O retorno de RAQUEL e JUREMIR ao Rio

Rio de Janeiro, época atual (2013?). No aeroporto Santos Dumont, MARCUS está fazendo o *check-in* de seu voo para São Paulo, onde deverá fiscalizar uma das obras da construtora Mercury. Passaram-se 13 anos, e nosso protagonista tem a fisionomia cansada, triste, entediada. Lembra muito pouco o jovem romântico e criativo que pediu a namorada em casamento oferecendo uma aliança presa a um dos barquinhos de papel machê.

MARCUS, agora com 35 anos, é introspectivo, tímido, mas continua responsável. Abandonou o sonho de se tornar escritor. Entretanto, já que trabalha na construtora, o que nunca desejou, cumpre o seu papel com seriedade. Quando o vemos no aeroporto, ele está concentrado. Confere os e-mails no celular, faz algumas ligações para São Paulo. Está tão introspectivo que não percebe a proximidade da pessoa a quem invariavelmente dirige seus pensamentos.

A apenas dois metros de distância, RAQUEL passa por trás de MARCUS, que está inclinado sobre o balcão da empresa aérea. Ao lado dela está VIVIANE, 12 anos, sua filha com JUREMIR. O antigo professor casou com RAQUEL, tornou-se dono de uma fazenda produtiva em Manaus e agora, aos 47 anos de idade, acaba de assumir uma cadeira de deputado federal no Congresso. Atitude que não teve o apoio de RAQUEL, que não gosta do partido do marido. Nesses 13 anos, a filha de DINORAH tornou-se uma ativista reconhecida, presidente da ONG

"Casa para todos", cujo objetivo é defender famílias de sem-teto por todo país.

Apesar dessas diferenças, a relação do casal é boa. Eles são muito parceiros e carinhosos um com o outro, e JUREMIR é um pai idolatrado por VIVIANE. No entanto, até esse momento RAQUEL não sabe ao certo se a filha é dele ou de MARCUS.

RAQUEL se recusa a ir morar em Brasília e decide voltar para o Rio com a filha, enquanto JUREMIR se divide entre Rio e Brasília. Para RAQUEL, o único problema em voltar à sua cidade natal é a possibilidade de reencontrar MARCUS, a quem nunca esqueceu de verdade.

Quando eles quase se esbarram no aeroporto, uma sensação estranha atinge os dois, que olham de soslaio para os lados, mas não conseguem se ver. É uma típica cena de desencontro, como se uma câmera girasse em volta da cabeça e registrasse todas as imagens do cenário, exceto a que se quer, de fato, gravar.

No sentido contrário da caminhada de RAQUEL e VIVIANE pelo saguão do aeroporto, estão o deputado FONSECA e sua filha, NICOLE, que é a atual namorada de MARCUS. Ela se despede do pai e vai encontrar o namorado, com quem viajará para São Paulo, pois também trabalha na construtora Mercury, como assessora da presidência. Ao vê-la, MARCUS sai do transe cuja origem desconhece e volta à realidade. Estão muito atrasados, têm que correr para a sala de embarque.

O deputado FONSECA nem consegue ver o namorado da filha. Como presidente do partido, sua missão é receber o recém eleito deputado e sua esposa, que acabam de chegar do norte fluminense. RAQUEL não imagina que está cumprimentando o pai da atual namorada de MARCUS. E JUREMIR sente-se honrado pela recepção.

Vamos manter o Fonseca se encontrando com o Juremir no Rio? O Juremir não está no aeroporto no capítulo 1. Além disso, a Raquel sabia quem ele era, pois o sujeito vivia na casa dos pais do Marcus, não é isso?

Na juventude, FONSECA lutou contra a ditadura, foi membro da Vanguarda Popular Revolucionária e chegou a se exilar em Moscou, onde foi acolhido pelo casal DIMITRI e CATARINA, ex-integrantes da KGB (ver tramas paralelas: a vila da Tijuca). Mas o tempo fez com que aquele jovem idealista se tornasse um homem frio e sem caráter.

Sem vergonha de ser calhorda, é comum vê-lo citar uma frase de Martin Luther King em seus discursos – "O que me preocupa não é o grito dos maus, mas o silêncio dos bons" – e se diz apreciador da biografia do líder negro. Obeso e branquelo como cera, conseguiu provar com um exame de DNA feito sabe-se lá em que clínica, que o seu sangue é mais negro do que branco, tratando de incluir tal característica no programa eleitoral que o conduziu à Câmara. Mas a política é apenas seu trampolim para negócios grandiosos e conchavos.

Além de ser presidente do partido, FONSECA, que é deputado federal, tem muita influência em Brasília, e um gigantesco patrimônio não declarado ao imposto de renda. Entre seus negócios, por exemplo, está um percentual da construtora Mercury, cujas obras para o governo têm a intermediação do deputado. Além de ganhar com a empresa, FONSECA também enriquece suas contas na Suíça com as propinas que cobra para acertar as concorrências públicas.

Os outros cangurus "saem" da barriga

CHUCHU, agora com 35 anos, é um homem louro de olhos claros com pinta de galã, que vive no mundo da lua, ou melhor, do mar. Formado em administração na mesma faculdade que LAERTE e MONALIZA, que têm a mesma idade dele, virou professor de uma escolinha de surfe para crianças, na Praia do Pepê. Mas suas preocupações são apenas as ondas. A fama de ótimo surfista percorre todo o Jardim Oceânico, e os "tubos" perfeitos já valeram alguns campeonatos na região. Seu MBA é em Kelly Slater, ídolo-maior, a quem cultua como semideus. MONALIZA quer mais que Slater seja tragado por algum bolsão d'água monstrengo no Havaí, mas guarda quietinha esta vontade. A relação de CHUCHU com a irmã adotiva, TAÍS, é muito boa. A adolescente, que é amiga de MONALIZA, banca a conselheira sentimental e sempre tenta convencer o irmão da urgência de se casar com a namorada. Ele prefere desconversar.

"Você também mora na casa do papai" – argumenta CHUCHU.

"Só que eu tenho 14 anos" – responde TAÍS.

CHUCHU tinha outra irmã um pouco mais nova do que ele – ROBERTA –, que morreu há mais de 20 anos. A família também perdeu a mãe, GISELE, vítima de um câncer em 2005. ROBSON, de 58 anos, pai de CHUCHU e contador da Construtora Mercury, cuida sozinho dos dois filhos e namora a psicóloga DIANA, que tem idade próxima a de CHUCHU. Os irmãos não toleram muito a presença constante de DIANA no apartamento e, em razão disso, o pai também quer que o surfista *bon vivant* saia logo de casa para assumir responsabilidades e finalmente crescer.

No apartamento ao lado está RICARDO, 35 anos, canguru metrossexual que ganha alguns trocados como designer de bijuterias. Ele é o típico criançâo que passou dos trinta: não sabe passar, cozinhar, conquistar mulher. Nem mesmo lava as próprias cuecas no banho. Sua vida sempre foi controlada pela mãe, DONA ZILDA; caso de Édipo mais do que avançado que, além de mandar no filho, trata o marmanjo como se fosse um vaso de porcelana. O resultado é que RICARDO direcionou suas preocupações para futilidades e cuidados exagerados com a aparência. Fez lipoaspiração, implantou cabelos nas entradas, saídas e bandeiras que já despontavam no couro cabeludo, pensa em colocar silicone nos glúteos, usa roupinha estilo "mamãe sou forte". E vive apenas com o pensamento nas suas joias baratas, bolando modelos absurdos, sonhando com o dia em que será um designer famoso.

A relação com a irmã, MANU, de 22 anos, com quem reparte cremes e discussões acaloradas, nunca foi boa: ele sempre usa os hidratantes da moça em muito mais quantidade do que devia. Já o pai, SEU CLÁUDIO, sujeito metido a garotão que já atingiu os 70 anos, jamais ligou para os filhos, razão pela qual ZILDA exerce o poder de "tirana" dominadora sem grandes contestações.

No mesmo prédio, há ainda o apartamento da família Aragonéz, donos do restaurante mais famoso do bairro, o Lanzarote. PEPE e

PILAR vieram da Galícia, Espanha, na década de 70 e, de feirantes, passaram a comerciantes bem-sucedidos. Possuem três filhos, DIEGO, JUANITA e KARLA. O primogênito, DIEGO, amicíssimo de CHUCHU e RICARDO (e também de MARCUS), é um pouco mais velho (36 anos), mas também entrou na faculdade no ano 2000. Ele havia tentado, por dois vestibulares seguidos, cursar direito em uma faculdade pública, mas não conseguiu.

Atualmente, já formado advogado, está há dez anos buscando ser aprovado em algum concurso público. Sobram tiros n'água. Os pais dão toda a força, pagam os cursinhos e até abrem mão do seu trabalho no restaurante: acreditam piamente que o filho, algum dia, se tornará Doutor. Com as filhas JUANITA e KARLA, entretanto, as cobranças têm um peso a mais. As duas fazem faculdade e batem ponto todo santo dia no restaurante da família. Tal proteção com o primogênito desperta a ira das irmãs, que pressionam a todo instante para que DIEGO tome um jeito na vida.

Pois foi exatamente no dia em que DIEGO decidiu terminar mais cedo os seus estudos (a mesma sexta-feira cujas ondas CHUCHU deixou de lado para preparar mais uma das famosas festinhas em seu apartamento), que um acontecimento precipitou uma aparente mudança na vida do trio de amigos de MARCUS.

A festa e a falsa independência

ROBSON sabia que o filho iria comandar nova barulheira até a matina com vários amigos do bairro – deixando a vizinhança sem um pingo de sossego – e decidiu dormir cedo. CHUCHU resolveu ceder o seu quarto, cômodo localizado mais longe da sala, para evitar que os ruídos o acordassem. "Fica no meu quarto e liga o ar que vocês nem ouvirão a música". DIANA também estava no apartamento e acompanhou o namorado. Ligaram o ar condicionado, fecharam a porta, mas não trancaram. A zorra começou.

Lá pelas tantas, com a festa a mil por hora, bebida e som alto, RICARDO se engraçou com uma das meninas que CHUCHU convidara. Os dois engataram um papo, do papo pularam para o beijo, dali para o beijo mais *caliente*, até que o rapaz teve a ideia de carregar a moça para o quarto de CHUCHU, onde já tinha dormido depois de milhares de festas no apartamento. DIEGO pensava que ROBSON e DIANA – que não apareceram nem por cinco minutinhos na festa, como de costume – estivessem viajando. Aos beijos e amassos, ele abriu a porta.

O cômodo estava escuro e o casal totalmente escondido pelo volumoso edredom. Então, RICARDO jogou a mulher na cama e, em seguida, pulou ele mesmo no colchão. A queda, entretanto, não foi com a maciez e o tesão calculados: havia mais gente ali do que ele esperava. No mesmo instante, ROBSON e DIANA deram um salto aos gritos, o que fez RICARDO cair no chão. ROBSON – que sempre aceitou numa boa as festas do filho – desta vez ficou enfurecido. CHUCHU não acreditava na cena: seu pai, de meião e pijama, diante de toda a juventude playboyzinha da Barra. ROBSON expulsou todo mundo de seu apartamento.

No dia seguinte, não se falava em outra coisa no condomínio. CARMOZINO, o porteiro, tentava segurar a história ocorrida com os meninos para que não vazasse para toda a vizinhança. RICARDO, DIEGO e CHUCHU, deitados na areia da praia, pensavam na cena da madrugada anterior e, num estalo conjunto, sentiram que era a hora de empreenderem uma "virada radical" em suas vidas. As festas, a partir de agora, estariam proibidas pelos pais. E ainda havia as relações com as famílias, que já andavam mais trôpegas do que seus convidados.

O que fazer? Decidiram sair de seus apartamentos juntos, o que, na verdade, era uma falsa decisão de colocar um ponto final coletivo na vida de cangurus. Para onde iriam? A solução foi rápida e com DNA próprio de quem tem dificuldades de largar o osso familiar: mudança para um apartamento que acabara de ficar vago no mesmo prédio dos pais. Uma vez canguru, sempre canguru, mesmo fora de casa.

O reencontro de MARCUS e RAQUEL

O trabalho ocupa quase todo o tempo de MARCUS. É sua fuga, a tentativa de sublimar suas frustrações. O namoro com NICOLE, filha do deputado FONSECA, é incentivado pela mãe, ETELVINA, que não só a adora como enxerga nela a porta de entrada para a alta sociedade carioca. Foi por influência da matriarca que a garota, com 31 anos de idade, conseguiu o cargo de assessora particular da presidência. MARCUS gosta dela protocolarmente, sem qualquer dose de paixão, mas se esforça para realizar suas vontades, reconhecendo a dedicação da garota.

Quando não está viajando pela empresa ou ao lado da namorada, MARCUS busca refúgio nos amigos de infância, o nosso trio de cangurus.

Em um desses momentos de refúgio, MARCUS conversa com o amigo CHUCHU na Praia do Pepê, onde ele tem sua pequena escola de surf. Nosso protagonista ouve as lamúrias de CHUCHU, que sofre a pressão da namorada, MONALIZA, para que se casem. CHUCHU não entende por que ela quer casar, pois namoram há "apenas" 13 anos.

MONALIZA agora trabalha como secretária na construtora Mercury. Tem a mesma idade do namorado, sonha com o véu, grinalda e altar, mas não consegue convencê-lo a largar a vida de solteiro. Mesmo assim, faz planos, poupa dinheiro, compra revistas de casamento e frequenta feiras para noivas.

MARCUS lembra que o casal começou a namorar exatamente na noite em que RAQUEL o abandonou: o fatídico *Réveillon* de 2000. A lembrança o deixa deprimido, nostálgico, embora tente disfarçar os sentimentos. Quando o amigo pega a prancha e volta para o mar, ele resolve fazer uma caminhada pela areia.

É um típico dia de outono, com temperaturas agradáveis e um vento sudoeste que garante boas ondas, levantando aquela nuvem bem fina de pó, que turva a visão. MARCUS caminha à beira-mar, pisando na espuma da água. Seu olhar varia entre o infinito da trilha de espuma e o calçadão, a alguns metros de distância, por onde passeiam os moradores da Barra, entre eles RAQUEL e JUREMIR.

Num primeiro instante, MARCUS não enxerga o casal. Em seguida, vê a imagem da ex-namorada apenas de relance, mas não acredita nos próprios olhos. A intensidade do vento aumenta. A nuvem de areia fica ainda mais turva. Os transeuntes do calçadão apertam o passo para fugir da tempestade que se aproxima. MARCUS corre em direção ao calçadão, mas, quando chega, não encontra RAQUEL. Ele se desespera, acha que é uma alucinação. Olha de novo para o mar. A chuva se aproxima.

MARCUS procura abrigo num quiosque próximo à praia do Pepê. Pede uma água de coco no balcão e senta na beira da calçada. O vento aumenta, a chuva não vem. Ele olha na direção contrária. Um casal se aproxima em ritmo de marcha, como se estivesse voltando ao destino para também se abrigar da tempestade iminente. Com tanta pressa, nenhum dos dois repara no homem sentado com o coco na mão. Ele, no entanto, os vê com clareza: são RAQUEL e JUREMIR.

MARCUS tenta se convencer de que preferia não ter visto a ex-namorada. Entretanto, sua pior decepção é perceber que ela ainda está acompanhada de JUREMIR. Momentos passam pela sua cabeça em *flashback*. Ele está atônito, sem reação. Em poucos instantes, o calçadão fica vazio. A chuva começa a cair. MARCUS ainda está sentado no mesmo lugar.

Um carro preto, com chapa branca, se aproxima do casal, que está de costas para MARCUS. Eles discutem. JUREMIR segura RAQUEL pelo braço e tenta convencê-la a entrar, mas ela se recusa. Diz que usar a viatura oficial fora do expediente não é correto. JUREMIR argumenta que é uma emergência e que o motorista está ganhando hora extra. RAQUEL fica ainda mais indignada e puxa o braço com força, deixando JUREMIR sozinho. Ele dá ordens para que o chofer siga para casa. RAQUEL continua sua caminhada, na chuva. MARCUS se levanta e vai atrás dela.

A chuva aumenta. Durante alguns metros que parecem quilômetros, ambos andam numa espécie de fila indiana. MARCUS, atrás, hipnotizado pela proximidade da ex-namorada. RAQUEL, um pouco à frente, com o pensamento longe, mais precisamente no momento em que, naquele mesma praia, ele a pediu em casamento, treze anos antes.

Em frente ao Pepê, ela para. Como a chuva é muita intensa, não é possível ver o mar, mas ela tem a ilusão de que dezoito barcos de papel machê ainda navegam em sua direção. Também imagina os ruídos e os aromas daquele dia. RAQUEL chora, leva as mãos à cabeça e se vira repentinamente. A poucos metros de distância está MARCUS, parado, observando a cena. Os dois se olham e, por alguns instantes, revivem, mentalmente, seus momentos de paixão.

Em passos lentos, eles caminham num movimento de aproximação. Muito lentamente mesmo, como se não conseguissem acreditar no que estão vendo. Mas antes que se aproximem de fato, o carro preto volta, o motorista taca a mão na buzina e a porta traseira se abre. RAQUEL sai do transe, passa por um momento de hesitação, e acaba entrando no carro. MARCUS permanece na chuva.

Acho essa cena do encontro fraca. É muito clichê encontrar na chuva, no mesmo lugar que ele a pediu em casamento. Acho que podia ser em um jantar na casa do dep Fonseca. Marcus estará com Nicole e Raquel com Juremir, de quem Fonseca quer ganhar a confiança para manipulá-lo no congresso. Seria constrangedor para todos. Juremir fala sem parar do sucesso profissional da Raquel e da filhinha do casal, parecendo que Viviane é uma criança. Só mais pra frente Marcus vai ver que Viviane é uma pré-adolescente e que poderia ser sua filha. Nicole percebe o incômodo de Marcus e isso resultaria em uma briga entre eles depois do jantar.

Obs: o clichê pode emocionar

Em busca do tempo perdido

Após o encontro, MARCUS começa a repensar sua vida. Aqueles treze anos haviam passado muito rapidamente. O trauma por perder RAQUEL também o fizera desistir do jornalismo e da literatura, além de, aparentemente, ter mudado sua personalidade romântica. A dedicação à empresa da família era apenas uma forma de sublimação, uma fuga. E o que dizer de sua relação com NICOLE? Definitivamente, não estava apaixonado por ela.

Sabia, no entanto, que poderia permanecer eternamente nessa trajetória inercial. Tudo poderia continuar igual, caso não tivesse reencontrado a ex-namorada. Como filho único, herdaria a empresa, construiria uma família com a filha do deputado e seguiria seu caminho sem muitos percalços.

O reencontro muda tudo. Ele sabia que ainda amava RAQUEL. A troca de olhares mostrou nitidamente que ainda há alguma coisa entre eles. MARCUS percebe, então, que foi muito passivo quando a deixou partir, no *Réveillon* de 2000. Ele revê a cena e reconhece que estava descontrolado, nervoso. Só agora se dá conta de que a mudança de RAQUEL fora muito repentina. Ela não poderia tê-lo enganado daquele jeito. Ou poderia? Mas se JUREMIR não era seu amante, por que ainda estão juntos? E por que voltaram para o Rio de Janeiro? Depois de tanto tempo, ainda é possível retomar aquela história de amor?

MARCUS procura RAQUEL em busca dessas e de outras respostas. Uma delas será sobre VIVIANE, a suposta filha dela com JUREMIR, que fará reviver nele a dúvida sobre o aborto feito pela ex-namorada. Outra, é sobre o que realmente sente por RAQUEL. E, como veremos neste resumo da trama principal, nos encontros e desencontros de nossos protagonistas, outras tramas surgirão para afastá-los e aproximá-los.

Então, antes de continuarmos na trajetória de MARCUS e RAQUEL, vamos entender melhor outras personagens que transitam na órbita deles.

> **Acho que ele tem que ficar com raiva dela num primeiro momento. Toda aquela mágoa por ter sido largado volta duplicada agora que ele vê que Raquel e Juremir estão juntos e com uma filha.**

A construtora Mercury e a dupla de vilões

A construtora Mercury é uma das maiores empresas do ramo no Brasil. Foi criada pelo pai de ETELVINA, que herdou 60% das ações.

Portanto, é ela que tem o controle administrativo. A principal fonte de renda da companhia vem de licitações de obras públicas, sempre agenciadas pelo deputado FONSECA, que possui 10% das cotas. Mas elas estão em nome de um "laranja", o vice-presidente da empresa, ANDREW THOMPSON, um americano de pais brasileiros que também cuida das contas bancárias do deputado no exterior. (Os outros 30% estão nas mãos de acionistas anônimos, embora ETELVINA conheça a maioria deles).

O sonho de ANDREW é se tornar presidente do grupo, cargo que pertence a ARLINDO, pai de MARCUS, pela óbvia razão de ser casado com a acionista majoritária. ANDREW tentará a qualquer custo convencer ETELVINA de que é o mais capacitado para a função, sempre desqualificando as decisões de ARLINDO.

Na empresa, ANDREW é antagonista de MARCUS. Enquanto nosso herói viaja pelo país supervisionando as obras da construtora e sempre se preocupa com as condições dos trabalhadores e com a sustentabilidade ambiental, ANDREW só quer saber de cortar custos e tem pavor de ecologistas.

Logo nos primeiros capítulos, MARCUS, que trabalha como supervisor de obras no grupo, voltará de uma visita a uma hidrelétrica que está sendo construída pela empresa no interior do Pará com a ideia de desviar o curso de um rio para salvar uma espécie de peixe que pode entrar em extinção (referência óbvia ao caso Belo Monte, embora com outro nome). ANDREW alegará que a ideia é inviável, pois aumentaria o custo da obra em quase 30%. "Perder essa grana toda por causa de uns peixinhos de aquário é um absurdo", ele diz, ironizando as preocupações de MARCUS. A decisão, então, deverá ser tomada pelo presidente. E ARLINDO, pressionado pelo conselho de acionistas, ficará contra o filho.

Será que esse episódio não poderia ser o primeiro encontro deles, antes de a Raquel vir para o Rio? Ela estaria no local defendendo os direitos dos ribeirinhos enquanto ele representaria a empresa. Eles teriam um embate e Marcus voltaria para o Rio obcecado para reencontrar Raquel. O segundo encontro podia ser na casa do dep. Fonseca, já no Rio.

O episódio (que acontece antes do encontro com RAQUEL) reacenderá em MARCUS o desejo de retomar o projeto de se tornar escritor e largar o emprego na construtora. Mas ele será convencido pela namorada, NICOLE, que é filha do deputado FONSECA, a não desistir do patrimônio da família. "Afinal, você é filho único e tem responsabilidades", ela dirá, tocando no ponto fraco de nosso protagonista.

NICOLE também é assistente pessoal de ARLINDO e, sem o conhecimento de MARCUS, foi quem mais influenciou o pai a tomar aquela decisão. Só que os planos dela são muito mais perniciosos, e envolvem sentimentos mesquinhos como raiva, ressentimento e vingança. NICOLE formará uma dupla golpista com ANDREW. Uma dupla de vilões com motivos diferentes, mas a mesma finalidade: tomar o poder na empresa.

O que move NICOLE é um desejo de vingança contra o pai, provocado por um trauma de infância. Ela passou os primeiros anos de vida vendo a mãe ser humilhada e traída por FONSECA, homem sem escrúpulos e sem caráter. A mulher morreu em circunstâncias pra lá de misteriosas, mas aquela história de violência no seio da própria casa nunca saiu de sua cabeça. Cresceu com problemas psicológicos associados a um ódio mortal de FONSECA. Sonha arruiná-lo.

O público, em princípio, vai achar que a moça é mesmo apaixonada pelo namorado, dado o seu esporte rotineiro de tentar infernizar a vida de RAQUEL, o grande amor de MARCUS. As tramas de NICOLE, entretanto, têm o pai como destino. Bonitinha e ordinária, doce e ardilosa, controversa e objetiva, aproximou-se do filho dos donos da construtora Mercury com o intuito de dar um golpe em ARLINDO, desmascarando, na sequência, os negócios sujos que mantém com FONSECA. Foi por isso que aceitou o cargo de assessora da presidência.

O relacionamento de MARCUS e ARLINDO

O episódio da hidrelétrica não foi isolado. As discordâncias entre MARCUS e ARLINDO são antigas. Pai e filho nunca se entenderam. Na verdade, não se pode dizer que a função paterna tenha, de fato, sido exercida.

Nos últimos trinta e cinco anos, a única preocupação de ARLINDO fora com o crescimento da empresa, com a montagem do cartel, como gostava de se referir aos negócios. MARCUS nunca entrara na lista de prioridades. Nunca o levara ao parquinho, ao judô, ao treino de futebol. Nunca houve pipoca no circo, plateia no teatro da escola, reuniões no curso de inglês, brincadeiras de luta, domingos no Maracanã, conversas sobre a gostosa da esquina. Não conhecia a paternidade.

O próprio casamento com ETELVINA havia sido uma opção pragmática. Nunca fora apaixonado pela mulher, e talvez isso se refletisse na relação com o filho. As poucas tentativas de aproximação foram frustrantes para ambos. Na última delas, treze anos antes, quando ETELVINA ficou contra o casamento de MARCUS e RAQUEL, o pai ainda tentou intervir, argumentando que a menina era quase da família, mas foi sufocado pelos gritos da esposa. Desde então, desistira definitivamente de se envolver na vida pessoal do filho e só tratava de assuntos profissionais com ele.

ARLINDO casou por interesse, não por amor. Entretanto, pelo menos no âmbito empresarial, não viveu à sombra da esposa. Apesar de ter assumido uma empresa já consolidada, tratou de expandir ainda mais os negócios da construtora. E foi por ideia dele que a Mercury se envolveu com obras públicas e se tornou uma das maiores empreiteiras do país.

Quando o filho desistiu de se tornar escritor e entrou na faculdade de engenharia, tratou de arrumar um emprego para o garoto. Acompanhou sua trajetória desde o estágio até a superintendência, mas sempre como chefe, nunca como pai. Entretanto, em alguns momentos (raros, é verdade), sentiu a angústia de não ter vivido a paternidade. Um deles talvez tenha sido no episódio da hidrelétrica, quando, de certa forma, ficou orgulhoso do senso ecológico de MARCUS. Mesmo assim, teve que fazê-lo desistir da ideia.

Ao longo da novela, ARLINDO perceberá que tanta dedicação ao trabalho transformou sua vida num imenso vazio. Passará, então, a tentar recuperar o afeto do filho (apoiando-o em decisões que, inclusive, lhe custarão a presidência da construtora) e reconquistar MARIA

AUGUSTA, uma namorada da juventude por quem foi apaixonado e com quem acredita ter uma filha, DIANA, uma bela psicóloga de 33 anos. O pai de MARCUS pensará que, por uma dessas coincidências da vida, está passando pelo mesmo drama do filho. Mas, para sua decepção, ARLINDO descobrirá que DIANA não é filha dele, e sim de alguém muito próximo.

O relacionamento de ETELVINA e NICOLE

O maior desejo de ETELVINA sempre foi entrar para a *high society* carioca. Ela tinha o dinheiro herdado do pai, mas não tinha um sobrenome que constasse nos anuários feitos por socialites de poodle e robe de chambre. Pretendia, então, casar-se com alguém que lhe desse tal sobrenome. Mas, na juventude, se apaixonou pelo jovem engenheiro ARLINDO, desperdiçando a oportunidade de "comprar" um marido da alta sociedade.

O que ela não sabia é que o jovem engenheiro também estava à venda e se casou com ELTELVINA, vislumbrando a oportunidade de subir rapidamente na vida. Obviamente, nossa vilã percebe os planos do marido logo nos primeiros meses do casamento, mas, em vez de abandoná-lo, passa a utilizar seus talentos administrativos para aumentar o patrimônio da empresa. Sem, é claro, desistir dos planos de entrar para o *grand monde*.

Como também costuma acontecer nas mais variadas famílias, ETELVINA projeta seus objetivos de vida no próprio filho. Ou seja, é através de MARCUS que ela pretende entrar para a alta sociedade. E ETELVINA enxerga em NICOLE, a filha do deputado FONSECA, o caminho mais curto para a realização de seus planos.

Foi ETELVINA quem a apresentou ao filho durante uma recepção organizada em sua casa para arrecadar fundos para a campanha do deputado FONSECA, que é um velho conhecido de ARLINDO. Por insistência dela, a jovem passou a frequentar a mansão e o namoro começou sob forte influência da matriarca. Desde então, o filho aparece nas colunas sociais (o que ele detesta) e a mãe é convidada para os jantares e recepções mais badalados da cidade.

NICOLE também ajuda ETELVINA a controlar o marido, já que é sua assistente pessoal na construtora. Na aproximação entre ARLINDO e MARIA AUGUSTA, ela servirá como espiã da matriarca, a quem também acabará manipulando, em uma disputa de vilã contra vilã.

O novo apartamento dos cangurus

Nosso trio de cangurus assumidos, RICARDO, DIEGO e CHUCHU, mudou-se para um apartamento no mesmo prédio dos pais. É exatamente neste novo pouso que os amigos vão lidar com as questões não aprendidas ou mal resolvidas do passado, e onde se desenrolarão os novos fatos ligados a eles.

No início, claro, a vida não será moleza para os novíssimos cangurus, que deram o grito de independência sem cavalo branco nem Rio Ipiranga. Afinal de contas, foram trinta e cinco anos sob a barra da saia de papai e mamãe, e não é mole dar uma virada sem ranços do passado. O transcorrer da história, entretanto, vai fazer com que finalmente cresçam, obrigando-os, inclusive, a solucionarem sérios problemas que ocorrerão na vida de seus pais. Será uma espécie de acerto de contas com o postergar da adolescência, e um dos pontos de virada da novela. A partir da solução de problemas seus e também de questões familiares, o trio canguru irá amadurecer (ou não?!) e pular fora da bolsa da velha infância.

O metrossexual designer e a mulher de burca

Mudança feita, DONA ZILDA, a mãe de RICARDO, típico caso de matriarca edipiana que acha que tem certificado de propriedade sobre o filho, vai bater ponto a todo instante no apartamento. O mesmo vai acontecer com SEU CLÁUDIO, o coroa metido a garotão, sedento por participar de todas as festas da turma. ZILDA, claro, também vai invadir as costumeiras festinhas para retirar CLÁUDIO – o mais animado em qualquer evento – do meio da pista, ou melhor, da sala. Não será difícil os rapazes chegarem em casa e assistirem a profundas mudanças no layout do apartamento feitas pela mãe de RICARDO. Isso sem contar no barulho do aspirador de pó, pontualmente ligado às nove da manhã de sábado (eles terão chegado da balada às sete), que também será pilotado por ela. ZILDA fará, ainda, os cardápios da casa, lista de rotinas e outras tarefas domésticas, pensando ter salvo-conduto para também reinar absoluta naquele lar. Aos poucos, RICARDO vai se revoltar com estas intervenções, modificando o seu estilo.

Ao longo da trama, o *designer* terá uma misteriosa compradora para suas bijuterias, que sempre veste o mesmo traje: uma burca. Nestes encontros, será passada ao público a impressão de que os dois têm tardes ou noites de luxúria, mas isso nunca vai ser mostrado. RICARDO sempre terminará estirado no chão, amassado, cheio de marcas de batom, mas sem se recordar de nada. Suas lembranças apenas o contarão que aquilo é resultado de uma ação da tal "mulher de burca". "Foi a mulher de burca quem me atacou de novo", dirá ele para os incrédulos CHUCHU e DIEGO, que sempre acharão graça daquelas cenas. A árabe de araque sempre desaparecerá sem deixar rastros, mas voltará. E o pagamento para as bijuterias que adquire virá da mesma forma saliente.

Será esta mulher – que o público saberá se tratar de MARIA AUGUSTA, grande amor de ARLINDO e futura sogra de DIEGO (razão pela qual mantém o disfarce desde a primeira "compra"), quem vai conseguir resolver os problemas de RICARDO com o sexo oposto, já que ele nunca conseguiu engatar um romance a sério com mulher alguma. Ele tentará de todas as formas descobrir a dona do cheiro doce que sempre fica impregnado em sua pele. RICARDO se esquecerá dos cremes, das loções, das vontades insanas relativas a silicone e botox. Finalmente, decidirá ir atrás da mulher, mesmo que ela pareça uma invenção maluca do seu narcisismo.

Numa recepção social que acontecerá no meio da trama (momento em que MARIA AUGUSTA estará ensaiando um reencontro com o grande amor de sua vida, ARLINDO MENDONÇA, e a personagem da mulher de burca terá, para desespero de RICARDO, sumido de seu apartamento), o canguru metrossexual verá um dos braceletes que "vendeu" à misteriosa compradora no braço de MARIA AUGUSTA. Ao apanhá-la, abruptamente, para uma dança, vai descobrir sua identidade e sentir o perfume que o seduziu no apartamento. Os dois terão uma conversa e, com um beijo dela na testa de RICARDO, encerrarão a fase de descoberta do *designer*, fechando o primeiro ciclo de revelações: ele não precisa temer as mulheres.

A partir dali, RICARDO vai virar um sedutor convicto, mas ainda, no início, com o pensamento na mulher de burca. Um pouco mais adiante, a família do designer vai sentir uma tempestade quando SEU CLÁUDIO engravidar a interesseira YOLANDA (ver tramas paralelas: duas irmãs), mulher 30 anos mais nova do que DONA ZILDA. O coroa metido a conquistador vai se passar por um famoso empresário do ramo do agronegócio, o que vai despertar os desejos materialistas da maquiavélica mulher.

Um dia, ao buscar a filha, MANU, na faculdade, SEU CLÁUDIO será seguido por YOLANDA, que descobrirá toda a trama. A revelação cairá como uma bomba na família e os pais de RICARDO vão se separar. Será o ponto de maturidade do *designer*, já que ele será a peça fundamental na reconciliação do casal. Este momento de acerto de contas familiar vai coincidir também com o seu sucesso profissional – RICARDO se tornará um *designer* de joias conhecido do Chopin ao Pontal – e, no final da trama, após seduzir quase todas as suas novas compradoras, conseguirá, finalmente, se apaixonar.

O reencontro de DINORAH com RAQUEL e a foto de VIVIANE

Após o (re)encontro na praia, a vida muda para MARCUS e RAQUEL. Enquanto ele passa a procurá-la desesperadamente, ela precisa fugir do que sente, pois, além de estar casada e ter uma filha que o ex-namorado não conhece, sua mãe ainda sofre com a chantagem de ETELVINA.

Nos últimos 13 anos, RAQUEL desistira de procurar DINORAH/ JOYCE. Não apenas pela mágoa causada pelo que descobrira sobre a mãe, mas, principalmente, para não ter que lembrar de MARCUS. A volta ao Rio, no entanto, faz com que nossa heroína tente perdoar os erros do passado e se reaproximar da mãe.

Naquela tarde chuvosa do reencontro com MARCUS, depois que volta da praia, RAQUEL corre para o seu quarto e bate a porta na cara de JUREMIR. Percebemos, então, que eles dormem em quartos separados. O marido ainda tenta convencê-la a contar o que aconteceu, não obtém resposta e vai para a sala, inconsolável.

A filha, VIVIVANE, não está em casa. RAQUEL chora agachada ao lado da cama, abraçando as pernas com força. Ela lembra com detalhes dos momentos felizes que viveu com MARCUS, desde a infância até o pedido de casamento. E lembra também da mãe. A princípio, uma lembrança ruim, que a faz reviver toda a história da separação. Mas logo sente um remorso por nunca mais tê-la procurado e imagina como teria sido sua relação com ela caso não tivesse fugido.

Num impulso, RAQUEL pega o telefone e disca o número da mansão. Ela sabe que era a mãe quem atendia os telefonemas da casa e pode ser que ainda seja assim. Quando DINORAH pega o aparelho, RAQUEL fica muda por alguns segundos, sem coragem de se identificar. Apenas no momento em que ela ameaça desligar, surgem as primeiras palavras: "alô, mãe!" Do outro lado da linha, surpresa e emocionada, DINORAH responde o óbvio: "filha? "

MARCUS está entrando em casa no mesmo instante e ouve a conversa. Ele também acaba de chegar do encontro na praia, está molhado e confuso com o que aconteceu. O coração dispara, mas ele fica em silêncio. DINORAH não percebe sua presença.

Mãe e filha se encontram no dia seguinte em um bar longe da mansão. MARCUS, que seguira a cozinheira, observa a cena de dentro do carro, tentando se conter para não intervir. Ele ainda não entende o que está acontecendo e tampouco sabe o que conversam durante encontro.

No bar, DINORAH desaba emocionalmente diante da filha. Trata-se de uma personagem complexa, que passou a vida em conflito, mas não é uma vilã. Fez diversas idiotices, cometeu crimes, foi mesquinha, mas também apanhou muito. Perdeu a única pessoa que a amou de verdade, a filha, a quem não vê há 13 anos. E, nesse mesmo período, viveu quase como escrava na mansão, tendo que se submeter a todas as ordens de ETELVINA por causa da chantagem sobre seu passado criminoso.

É essa DINORAH em conflito que reencontra a filha no bar. Ambas choram muito, trocam lamúrias, mas não revivem os graves problemas que as afastaram. Foram 13 anos sem se ver, sem se falar, sem ao menos receber notícias uma da outra. Tudo que querem é recuperar o tempo perdido. DINORAH lamenta ter separado a filha de seu grande amor e se oferece para contar tudo à polícia. Está sendo sincera. O tempo e o regime de escravidão em que vive na casa de ETELVINA a fizeram refletir. Já está vivendo numa prisão mesmo, então não deve ser muito diferente na cadeia.

RAQUEL percebe a sinceridade da mãe, mas não aceita a oferta. Diz que isso não mudaria nada, pois agora é casada e tem uma filha. Então, mostra o retrato de VIVIANE para DINORAH, que novamente cai em prantos. Mas RAQUEL não revela que não sabe de quem a menina é filha e pede para a mãe não falar com ninguém sobre o encontro, muito menos comentar sobre a adolescente.

No meio da conversa, MARCUS aparece, e, por pouco, não vê a foto, que está jogada na mesa. Assustada, RAQUEL disfarça e puxa o retrato com o guardanapo. Ele pergunta por que DINORAH não lhe contou que a filha havia voltado e questiona RAQUEL sobre o encontro na praia. Ela diz que a mãe não sabia de nada e, rispidamente, corta a conversa, afirmando que é uma mulher casada e não deve satisfações ao ex-namorado. Mesmo assim, é possível ver que, por trás da agressividade, ainda há o olhar apaixonado. Mas ela precisa sair dali.

RAQUEL tira uma nota de cinquenta reais da bolsa, joga na mesa e vai embora com a mãe. MARCUS fica desolado e se joga na cadeira. O guardanapo desliza para o chão. Quando MARCUS o recolhe, vê a foto de VIVIANE e fica desconcertado. Há qualquer coisa naquela menina que lhe causa uma empatia imediata.

Um jantar social

Como faz todas as manhãs, ETELVINA toma seu café, sozinha, na pérgula da mansão, pois só acorda depois das 11 horas, quando MARCUS e ARLINDO já saíram para o trabalho. O ritual é sempre o mesmo. As frutas, iogurtes, geleias francesas, *croissants*, pães australianos e outras iguarias já estão na mesa à sua espera. Mas o leite e o café devem estar em temperatura escaldante, o que deixa os empregados em estado de alerta, pois a patroa não pode esperar.

Entretanto, só quem tem autorização para servi-la é DINORAH, pois humilhá-la é o clímax do ritual de ETELVINA. Quando chega com as bebidas quentes e o jornal, a cozinheira sempre ouve piadas sobre sua aparência, reclamações sobre a composição da mesa e referências ao seu passado. "Me serve logo, sua traficantezinha!" "Cadê teu cérebro, Dinorah?" "Ou tenho que te chamar de Joyce?" "Me passa logo o jornal! Assim vou acabar lendo as notícias de ontem."

Acho bom a Etelvina começar como vilã estereotipada, mas é preciso humanizá-la logo no começo. Sei que a tua intenção é que ela seja uma vilã dúbia. Então comece nos primeiros capítulos.

A estupidez de ETELVINA não permite que ela perceba que os jornais, de fato, só trazem notícias de ontem. E a que está estampada na capa é justamente a da posse do novo deputado federal estadual, com sua mulher ao lado. ETELVINA fica enfurecida ao ver a foto de RAQUEL e joga a xícara de café quente em DINORAH.

"Você está sabendo disso, sua idiota?" – pergunta, voltando a ameaçá-la com a antiga chantagem. DINORAH nega e finge estar tão surpresa quanto a patroa. "Você vai parar na cadeia!" – ela ameaça novamente. A empregada volta para cozinha enquanto a patroa lê os detalhes da reportagem.

Na noite seguinte, há um jantar na casa do deputado FONSECA. Entre os convidados, estão ARLINDO e ETELVINA, alguns casais da alta sociedade carioca e, obviamente, MARCUS e NICOLE. Completam a mesa o vice-presidente da construtora, ANDREW THOMPSON, e sua bela namorada, NATASHA.

A princípio, parece um jantar apenas para poucos conhecidos, pois FONSECA não avisou que convidara JUREMIR e RAQUEL. E quando eles chegam, atrasados, todos já estão sentados à mesa. Obviamente, o clima é de constrangimento. ETELVINA quer levantar e ir embora, mas teme dar vexame na frente das socialites. ARLINDO fica paralisado, estático, como se tivesse visto uma assombração.

Tenho dúvidas se Marcus ficaria contente em rever Raquel.

E MARCUS não consegue esconder o sorriso adolescente, embora se incomode com a presença de JUREMIR.

FONSECA recebe seus convidados e os encaminha para a mesa. As conversas ficam cheias de indiretas e metáforas que só fazem aumentar o constrangimento. Além de todo o embaraço relativo a nossos personagens principais, ainda há outro, bem peculiar: a presença da namorada de ANDREW, a estudante de psicologia NATASHA, que é filha do grande amor de ARLINDO, a artista plástica MARIA AUGUSTA (ver tramas paralelas).

Mas o foco está em JUREMIR e RAQUEL. O deputado FONSECA pergunta pela filha do casal. MARCUS sente um frio na espinha. NICOLE repara que o namorado está incomodado e acrescenta: "que idade ela tem? " ETELVINA engasga com o pão. RAQUEL pede licença e vai para o banheiro. JUREMIR muda de assunto e fala de política. Discretamente, ETELVINA também vai ao toalete para repetir suas ameaças: "se você se aproximar do meu filho, boto a tua mãe na cadeia!"

Quando RAQUEL volta do banheiro, comunica que não está se sentindo bem e pede ao marido que a leve para casa. JUREMIR também quer se livrar daquela situação e atende prontamente à solicitação da esposa. Eles são levados até a porta pelo deputado FONSECA. Mas quando estão quase saindo, são interrompidos por MARCUS, que traz no bolso a foto de VIVIANE. Ele se agacha e finge pegar algo no chão. É a foto.

"Acho que a senhora deixou cair isso!" – ele diz para ex-namorada, que fica trêmula e desconcertada.

MARCUS tem sentimentos contraditórios por RAQUEL. Ao mesmo tempo que a ama, também sente um rancor acumulado, a mágoa de um pai impedido de conhecer a própria filha. Nosso protagonista terá que lidar com essa mistura de afetos. Mas acabará se rendendo ao retorno da paixão juvenil.

CHUCHU e as novas ondas de sua vida

O homem que sempre colocou a prancha e o mar entre as primeiras opções de vida, claro, vai ter dificuldades em seus primeiros momentos de "independência" no novo apartamento. Será comum que, ao perceber que as contas não fecham, peça dinheiro emprestado ao pai, ROBSON. Ele sempre quis que o filho saísse de casa, mas vai ajudá-lo dentro do espírito protetor que o rege desde a morte da mulher, GISELE. Ao mesmo tempo, CHUCHU terá de levar um pouco mais a sério sua escolinha de surfe, de forma a conseguir pagar a parte que cabe a ele no minifúndio suspenso dividido por três. A mudança de lar será, ainda, a última esperança para que finalmente MONALIZA e ele casem, conferindo novo ritmo ao romance de 13 anos que permanece boiando no marasmo de um mar calmo.

Para CHUCHU, este tipo de mar só não é o ideal quando está sobre seu pranchão. No relacionamento, é assim mesmo que quer continuar: sem muitas marolas. Só que MONALIZA passará a dar expediente no apartamento todos os dias, ditando pequenas regrinhas femininas, como se fosse sua esposa. DIEGO vai antever a atitude de MONALIZA: "Esta mulher daqui a pouco está botando banca de tua esposa aqui dentro. Você vai ter que tomar uma atitude". Um dia, de fato, MONALIZA tentará seu passo definitivo. Juntará as coisas que mantém no quarto alugado na casa dos russos DIMITRI e CATARINA (ver tramas paralelas: vila tijucana) e vai se transferir de mala e cuia para o apartamento do trio canguru.

Ao chegar de uma aula, CHUCHU tomará um susto quando vir as malas no apartamento. "Agora eu vou morar aqui com você!", dirá MONALIZA, com espírito decidido de quem quer colocar o interlocutor contra a parede. O surfista, já refeito do susto, dirá que ela não poderia fazer aquilo, pedindo que volte para o quarto que aluga na casa dos russos. Os dois discutirão. MONALIZA sairá aos prantos do apartamento, pondo fim ao namoro de 13 anos com o surfista. Será o momento em que LAERTE voltará à cena, tentando acertar as contas com aquele Réveillon em que, praticamente, entregou a morena de bandeja para o surfista de fala mansa. MONALIZA e ele se reaproximarão.

Mas CHUCHU e MONALIZA, claro, terão recaídas. "Eu sei que você não ama aquele mauricinho", dirá CHUCHU, com a convicção de 13 anos de convívio. LAERTE nunca terá segurança quando estiver perto do antigo namorado de MONALIZA, e os dois viverão em conflito. Depois do meio da trama, a vida do surfista vai mudar quando o pai, ROBSON, sofrer um AVC, e for internado (ver tramas paralelas). Ele será obrigado a voltar para casa, assumindo os cuidados de TAÍS, a irmã caçula. Nesta complicada empreitada de assumir os papéis de pai e irmão concomitantemente, terá DIANA como braço direito, com quem sempre implicou desde o começo do relacionamento dela com ROBSON. TAÍS não aceitará de forma alguma a namorada do pai agindo como se fosse dona da casa. Aos poucos, no entanto, a menina vai perder o apoio de CHUCHU nas investidas contra DIANA.

O motivo? Bem, o contato do professor de surfe com a quase madrasta, que tem praticamente a mesma idade que ele, vai conduzi-los ao que jamais poderiam sonhar alguns anos antes: os dois se apaixonarão. Apesar de negarem para eles próprios por um tempo, o sentimento já nasce mais forte do que os mais de 10 anos que envolveram, por exemplo, a relação dele com MONALIZA. Como lidar com este amor e a culpa por uma espécie de traição com o pai? Tal conflito vai condicionar um novo caminho e estilo para aquele que, até os 35 anos, deixou a vida caminhar ao sabor das ondas.

Um prédio da construtora é invadido

Na sala de reuniões da construtora Mercury, estão o vice-presidente ANDREW THOMPSON e o diretor de compras da empresa, LAERTE.

LAERTE é um sujeito ressentido. Ainda não engole ter sido preterido por MONALIZA, que, aliás, trabalha como secretária na mesma empresa. (A cena acontece antes de MONALIZA terminar com CHUCHU). LAERTE quase não tem vida social e dedica todo seu tempo ao trabalho, tentando acumular o máximo de dinheiro possível para convencer MONALIZA a largar o surfista para se casar com ele. Só que a secretária continua apaixonada por um de nossos cavaleiros cangurus.

Há um drama de consciência nas ações de LAERTE para realizar seu objetivo. Seu salário não lhe permite ter o padrão de vida que, equivocadamente, acredita ser necessário para conquistar MONALIZA. Então, aplica pequenos golpes na empresa, como superfaturar alguns materiais de construção ou peças de maquinário. Só que o superfaturamento é sempre muito discreto, não por que ele tenha medo de ser apanhado, e sim por se martirizar a cada golpe que aplica. Tanto que ainda não conseguiu dinheiro suficiente para montar um apartamento de luxo na Barra.

LAERTE sempre se arrepende dos roubos. Às vezes, até devolve o dinheiro para o caixa de empresa, dizendo que os fornecedores fizeram descontos especiais. Em seguida, no entanto, repara que está mais distante do seu objetivo e volta a roubar. Por isso, no dia em que o vice-presidente lhe propôs um golpe maior, LAERTE resolveu arriscar.

ANDREW THOMPSON pediu que LAERTE aprovasse a compra de um prédio popular abandonado por uma construtora falida no subúrbio do Rio. O prédio, que estava quase pronto para ser habitado, havia sido arrematado por um outro "laranja" do deputado FONSECA em um leilão público a que só ele tivera acesso e, portanto, o preço fora muito baixo. A Mercury pagaria três vezes o valor e, só com aquele negócio, LAERTE embolsaria um milhão de reais.

O problema é que havia dezenas de ações na justiça impetradas por pessoas de baixa renda que haviam comprado apartamentos naquele prédio por intermédio de uma falsa imobiliária. Quando souberam da venda, essas pessoas resolveram tomar posse dos imóveis e invadiram o edifício. A Mercury já tinha pago metade do valor para o tal "laranja" do deputado, mas o conselho de acionistas resolveu que só pagaria a outra metade quando o prédio fosse liberado.

Esse era o motivo da reunião. Antes da chegada dos outros diretores, ANDREW explicava para LAERTE que ele só receberia o dinheiro se os invasores fossem despejados. Novamente, o diretor de compras vivia um drama de consciência. Agora, não só por ter roubado a empresa, como também por se sentir responsável pelo despejo de dezenas de famílias.

Quando os diretores chegam à sala de reuniões, LAERTE está de cabeça baixa, na ponta da mesa. MARCUS é o primeiro a falar e logo se posiciona contra o despejo, argumentando que os invasores foram enganados pela falsa imobiliária e deviam ser respeitados.

ANDREW discorda: "Se eles fizeram negócio com uma imobiliária que não existe, o problema é deles. Não têm direito a nada. O prédio é nosso."

ARLINDO está na cabeceira da mesa e pergunta a opinião de ROBSON, contador da empresa e seu amigo de infância, ou seja, uma pessoa em quem confia como se fosse seu irmão. ROBSON diz que, do ponto de vista jurídico, ANDREW tem razão. Entretanto, pede para que se considerem os aspectos humanos da questão.

SIMONE, a diretora financeira (e mãe dos falsos gêmeos do milênio), diz que o pagamento da segunda metade continua suspenso e propõe um diálogo com os invasores. MARCUS agradece o apoio, para desespero de ANDREW e a completa indiferença de LAERTE, que está atônito.

Quando está quase batendo o martelo em favor do filho, ARLINDO é interrompido pela secretária, MONALIZA, dizendo que há uma ligação importante para ele. Do outro lado da linha está sua assistente pessoal, NICOLE. Ela diz que acabou de sair do fórum, onde um juiz (comprado pelo deputado Fonseca) deu uma ordem de despejo para os invasores. A ordem deve ser executada em três dias, contará com ajuda policial e não cabe recurso.

O presidente da empresa, então, determina que o pagamento da segunda metade seja feito no dia seguinte ao despejo. E escala o filho, MARCUS, para acompanhar a ação da polícia e garantir que nada seja destruído.

ANDREW comemora com um olhar sorrateiro para LAERTE. A contragosto, MARCUS aceita a missão de acompanhar o despejo.

A escola de VIVIANE

MARCUS fez várias cópias da foto de VIVIANE. Carrega uma delas na carteira e passa horas analisando aquele rosto. A possibilidade de que a menina seja sua filha o atormenta e, ao mesmo tempo, o deixa feliz. Mesmo tendo perdido 12 anos da vida dela, ainda teria a alegria de descobrir que é pai. Só não sabe se conseguiria perdoar RAQUEL.

Nosso protagonista está decido a saber a verdade. Depois de pressionar DINORAH, descobre que RAQUEL trabalha como professora em uma escola de ensino médio da Barra e vai até lá. A escola segue o método construtivista, é aberta e democrática. Os pais têm trânsito livre pelos corredores. MARCUS é confundido com um deles e o inspetor o convida a entrar. O que ele não sabe é que a filha estuda no mesmo local.

A Raquel devia se dedicar apenas à ONG. Se ela tiver muitas ocupações, perdemos o foco na trama.

É hora do recreio. VIVIANE conversa com outras meninas em um canto do pátio central. O pai não a vê. Há pequenos jardins protegidos por cercas em volta de um mastro com a bandeira do Brasil. Distraído, MARCUS tropeça em uma das cercas e torce o tornozelo. A torção nem é grave, mas ao perceber, com estupefata surpresa, que a aluna a vir em seu socorro é VIVIANE, finge sentir dor. A menina o ajuda a levantar e o acompanha até a enfermaria.

A médica de plantão examina o pé machucado enquanto pai e filha conversam. VIVANE nem imagina com quem está falando, mas MARCUS não tem dúvidas, não precisa nem fazer exame de DNA. Ele pergunta sua idade. “Tenho 12 anos. Faço 13 daqui a três meses”- ela diz. Em seguida, pergunta sobre a escola, sobre a vida, sobre o que ela pretende fazer na faculdade. Quando a menina responde que quer estudar jornalismo, os olhos de MARCUS se enchem d’água. VIVIANE acha que ele chora por causa da dor no pé.

O sinal do recreio toca. É hora de voltar para a sala. A menina se despede de “seu novo amigo” e se direciona para o segundo andar do prédio. MARCUS acompanha tudo pela janela da enfermaria. De longe, consegue ver RAQUEL, que é professora da nona série, entrando na mesma sala da filha. Ele vai embora sem que a ex-namorada o veja.

Ele poderia descobrir onde a menina estuda e ir ao colégio com a desculpa de que gostaria de conhecer os aposentos a fim de matricular seus filhos lá.

A intervenção de JUREMIR

No plenário da Câmara dos Deputados, JUREMIR faz um discurso polêmico. Instruído por FONSECA, presidente de seu partido, ele deve condenar a invasão ao prédio da construtora Mercury. Apesar de saber que RAQUEL ficará decepcionada com o pronunciamento, pois é presidente da ONG "Casa para todos", JUREMIR não quer se indispor com o partido e segue as instruções.

É a ONG casa para todos ou ecolutas? O Juremir, como dep federal, não se meteria nessa história. Isso é coisa de vereador. Lembrar que ela é bióloga. Acho que ela faz muita coisa e se for professora também não poderá estar na ação da hidrelétrica, que é mais demorada e pode se estender ao longo de vários meses envolvendo também o deputado Fonseca, o Juremir e o Marcus.

À noite, em casa, durante o jantar, os dois discutem em tom ríspido quando a imagem dele aparece no telejornal. RAQUEL o chama de reacionário. Como ele podia ser tão insensível? Não percebia que o dever de um deputado é proteger os mais fracos? Então por que tinha entrado para a política?

JUREMIR argumenta que seguiu orientações do partido, mas não consegue a compreensão da mulher. VIVIANE assiste à briga e fica do lado do suposto pai. Aliás, em todas as discussões familiares, a menina, percebendo que o amor de JUREMIR não é correspondido por RAQUEL, fica contra a mãe. "Você só quer saber dessa besteira de ONG! Não tá nem aí pra gente!" – grita a garota.

Ato contínuo, RAQUEL recebe um telefonema de JUANITA, que é irmã de DIEGO, um de nossos cavaleiros cangurus e amigo de infância de MARCUS. Além de trabalhar no restaurante da família, ela também é voluntária na ONG e quer saber se a presidente viu o telejornal. **(QUE ONG?)** RAQUEL atende o celular chorando. JUANITA percebe seu desespero e a convida para tomar um refrigerante na orla. Sem dar satisfações nem ao marido nem à filha, RAQUEL bate a porta e sai.

Elas se encontram no quiosque em frente à praia do Pepê, onde CHUCHU tem sua escolinha de surfe. JUANITA conhece RAQUEL desde a infância e, durante parte desses 13 anos, sem que ninguém soubesse, manteve contatos esporádicos com a amiga. Ela admira RAQUEL, pois, mesmo à distância, sempre acompanhou o trabalho dela à frente da ONG pela lista de discussões que o grupo mantém na internet. E, no último ano, tornou-se diretora regional da organização. Daí o telefonema para a presidente.

No quiosque, RAQUEL conta todos os detalhes dos últimos encontros com MARCUS. E chora no ombro da amiga. Durante toda a novela, a jovem JUANITA será a confidente de RAQUEL.

DIEGO encontra NATASHA

MARCUS vai à festa de aniversário de RICARDO, nosso cavaleiro canguru metrossexual. A festa acontece em um condomínio de casas na Barra da Tijuca

Todos os cangurus estão presentes, exceto DIEGO, que está atrasado. Ainda desnorteado com os últimos acontecimentos, MARCUS se abre com o amigo CHUCHU e conta sobre o encontro com RAQUEL e a suspeita de que VIVIANE seja sua filha. (Nossos dois protagonistas, então, têm "confidentes oficiais").

Na entrada do condomínio, há uma cancela dupla que separa moradores de visitantes. Ao lado, em uma cabine, o porteiro confere a identidade dos convidados que chegam de carro para a festa. DIEGO está atrasado e, como é conhecido no condomínio, resolve entrar pela cancela de moradores. Ao fazer isso, interrompe o diálogo entre o porteiro e a bela NATASHA, namorada do vice-presidente da Mercury, que está na fila de visitantes, sozinha, ao volante de seu carro.

Ele pede desculpas para a moça e pergunta seu nome. Em seguida, se dirige ao porteiro: "Tem Natasha aí na lista? " Como a resposta é positiva, DIEGO pede que ela o siga. "Venha atrás de mim que eu sei onde é a festa". NATASHA acha o rapaz um pouco petulante, mas não recusa a ajuda.

Ambos estacionam os carros em frente à casa onde acontece a festa. Quando se conhecem, logo percebem que há uma química entre eles. E nosso canguru concurseiro não perde tempo: "Prazer, meu nome é Aragonéz, mas pode me chamar de DIEGO. Você é amiga do RICARDO? Ele não me disse que tinha convidadas especiais!"

NATASHA ri do galanteio piegas e pouco original. Acha que o sujeito é uma espécie de Casanova suburbano, um trintão metido a Don Juan. Mesmo assim, sente-se atraída por ele e responde fazendo charme: "Ricardo? Não conheço nenhum Ricardo. Eu vim para a festa da Martinha."

De fato, NATASHA ia para outra festa, e só tinha parado ali porque DIEGO havia se metido em sua conversa com o porteiro. Os dois riem da coincidência, mas continuam conversando por um bom tempo antes de se despedirem. No meio da noite, DIEGO resolve procurar a casa da tal Martinha, enquanto NATASHA volta à festa de RICARDO. Eles se desencontram.

Mas, em breve, se reencontrarão. Para desespero do namorado dela, ANDREW THOMPSON.

ARLINDO e a paixão por MARIA AUGUSTA

O presidente da construtora Mercury teve uma grande paixão na juventude pela artista plástica MARIA AUGUSTA. O empresário não sabia que ela ficou grávida logo que a deixou. Mas, nos últimos meses, fez as contas e acredita que a psicóloga DIANA, hoje com 33 anos, é sua filha. Está duplamente equivocado. Na verdade, MARIA AUGUSTA ficou grávida no mesmo dia em que ele a abandonou, quando passou a noite com um velho conhecido de ARLINDO apenas para se vingar do "pé na bunda".

DIANA é filha do DEPUTADO FONSECA, mas somente MARIA AUGUSTA e o pai, SEU JUCA, sabem disso. Para a filha, ela disse que o pai biológico morreu pouco depois do parto e guarda a foto de um namorado de adolescência na gaveta para manter a farsa. DIANA não se importa muito com isso, pois considera IVAN, o homem que a criou desde os onze anos, seu verdadeiro pai. Apesar de sempre ter perseguido um marido rico, MARIA AUGUSTA nunca procurou o DEPUTADO FONSECA para falar da filha, pois teve vergonha da própria atitude vingativa para com ARLINDO.

ARLINDO começou a achar que DIANA era sua filha por intermédio do namorado dela, ROBSON, que é um de seus melhores amigos e contador da construtora Mercury. Ele sabia do romance de infância do amigo e, quando reencontrou MARIA AUGUSTA, desconfiou que o pai pudesse ser ARLINDO. A partir de então, o próprio ARLINDO passou a se reaproximar de MARIA AUGUSTA.

Acho que tem muitos filhos ilegítimos nessa história... Pode funcionar como estratégia de repetição, mas pode cansar o público.

No começo, a reaproximação foi apenas por causa da suposta filha, mas logo a paixão ressurgiu. ARLINDO assedia MARIA AUGUSTA, mas tem medo das reações da mulher, ETELVINA. Telefona escondido, manda flores e, sempre que pode, pede ao seu fiel escudeiro, o motorista CLÓVIS, que o leve à vila tijucana onde MARIA AUGUSTA mora com o pai (ela é nossa canguru tardia).

Quando ARLINDO descobre a existência de DIANA também passa a acreditar que está vivendo o mesmo drama do filho, MARCUS, e acha que isso pode ser determinante para reaproximá-los. No fim do expediente, ao ver o filho cabisbaixo, entra em sua sala e conta sobre seu passado. MARCUS se solidariza com o pai e quase não acredita na coincidência. ARLINDO pede que ele não conte nada para ETELVINA. O filho aceita, embora não entenda os motivos.

É o começo da reconciliação.

Muita coincidência e repetição. Não acho que a novela ganha nada com essa desconfiança do Arlindo. Ele não tenta se aproximar do filho, acho que nem enxerga o filho de verdade. Nem ele nem Etelvina. Eles enxergam o que eles querem que o filho seja, mas não é.

As trapalhadas de IVAN, o canguru tardio

Nosso outro canguru tardio é IVAN, ex-marido de MARIA AUGUSTA e filho do casal DIMITRI e CATARINA. Após a separação, ele voltou para a casa dos pais, onde mantém uma agência de turismo clandestina. Típico sovina, não paga impostos, não ajuda nas despesas da casa e ainda usa o velho jipe da família para organizar seus passeios pela cidade. Às vezes, aparece na faculdade da filha, NATASHA, só para pedir folhas de papel já impressas, a fim de utilizar o verso.

As trapalhadas na agência quase levarão à prisão dos pais, já que o negócio funciona ilegalmente. Mas será no relacionamento com MARIA AUGUSTA que seu espírito trapalhão ficará mais evidente. Ao perceber a reaproximação de ARLINDO, de quem tem ciúmes ancestrais, vai fazer de tudo para evitar os encontros do casal. Serão sempre ações desastrosas, até mesmo ingênuas, que demonstram a personalidade ingênua de nosso canguru tardio.

Na verdade, o grande medo de IVAN nem é perder MARIA AUGUSTA, de quem já está separado. Sua questão é com DIANA, a filha que criou como se fosse sua. IVAN desconfia que ARLINDO é o verdadeiro pai da moça (embora a ex-mulher negue) e não suporta a ideia de que ela descubra esse fato.

MARCUS e RAQUEL no prédio invadido

> **Acho esse episódio muito infantil e já vi essa história em outras novelas. Acho mais forte o episódio da hidrelétrica. Ele rende mais tempo na trama, envolve vários personagens-chave, política, corrupção, ongs etc. E também podia envolver questões financeiras. Se a empresa perde a ação, vai à falência e está nas mãos do Marcus a sobrevivência da empresa do avô. A Etelvina pode ficar abalada e parar no hospital. Enfim, é mais sério, rende mais e não fica em pequenos episódios bobos. Só quem estaria fora da trama seria Laerte, e teríamos que arranjar outro golpinho pra ele.**

Chega o dia do despejo dos moradores do edifício invadido. Conforme combinado, MARCUS é designado para representar os interesses da construtora Mercury e acompanhar a ação da polícia.

Ao chegar ao local, MARCUS vê que os invasores estão entrincheirados na entrada do prédio, portando faixas e cartazes contra a empresa. Junto com eles estão os integrantes da ONG "Casa para todos", liderados por sua presidente, RAQUEL, que discursa em cima de uma mesa.

A cena é muito parecida com a da greve dos estudantes, comandada por RAQUEL treze anos antes. Há um *flashback*. MARCUS é capaz de rever a cena como se fosse naquele mesmo dia. Ele se emociona e fica inerte. Mal consegue articular a equipe da construtora, que é composta por dois advogados e quatro seguranças armados, escalados pelo próprio ARLINDO.

Novamente, os olhares se cruzam. No meio do discurso, RAQUEL enxerga MARCUS. Seu coração dispara. Há uma mistura de paixão e raiva. Está diante do homem que ama. Mas é o mesmo homem que vai despejar dezenas de famílias pobres, deixando-as ao relento. O discurso fica ainda mais inflamado. RAQUEL chama os donos da construtora Mercury de corruptos e pede que os invasores resistam.

A polícia chega, junto com um oficial de justiça. O pelotão de choque carrega bombas de gás lacrimogênio e armas com balas de borracha. Um manifestante atira uma pedra. Os ânimos ficam mais exaltados. O comandante manda invadir. Todos correm para dentro do prédio, achando que vão apanhar, mas nosso protagonista se coloca na frente do pelotão.

O comandante suspende a invasão. MARCUS pede para conversar com os invasores. O oficial de justiça diz que não pode garantir sua integridade. Mesmo assim, ele entra sem os seguranças e é logo cercado pelos líderes da ONG "Casa para todos", que sabem que estão diante do filho do presidente da construtora.

MARCUS quase apanha dos manifestantes, mas é salvo por RAQUEL, que pergunta por que ele está cometendo aquela injustiça. "Esse prédio é da construtora", ele responde. "Não é", ela refuta, mostrando os documentos de compra dos imóveis de todos os moradores.

Nosso protagonista examina os documentos e comprova não apenas a fraude cometida pela falsa imobiliária como também indícios de que o imóvel pertence a um laranja. MARCUS pede que os advogados da construtora entrem no prédio e também examinem a papelada.

Da pasta de um deles retira a ordem de despejo, sobe numa cadeira e rasga o documento na frente de todos os moradores.

– O prédio pertence a vocês. A construtora está renunciando a este imóvel! – diz, para a alegria coletiva.

MARCUS sai do prédio e comunica sua decisão para o oficial de justiça, que dispensa a força policial. Os advogados e seguranças vão embora nos carros da construtora, mas nosso protagonista permanece no local. RAQUEL o encontra na portaria. Eles se olham, aproximam os rostos e sentem a respiração ofegante.

Depois de 13 anos, é o primeiro beijo do casal.

O golpe ecológico de ANDREW e NICOLE

Se a opção da hidrelétrica for aceita, essa discussão teria que ser modificada.

Na construtora Mercury, a atitude de MARCUS tem um efeito devastador. O vice-presidente ANDREW THOMPSON abre a reunião de diretoria criticando o filho do presidente e muitos acionistas estão insatisfeitos. ARLINDO, no entanto, parece orgulhoso de MARCUS e ouve suas explicações: "As pessoas que compraram aqueles apartamentos foram enganadas por uma falsa imobiliária. Além disso, nosso jurídico me deu um parecer dizendo que podemos recuperar o dinheiro que já pagamos".

Marcus está parecendo muito ingênuo e Arlindo também.

ARLINDO decide cancelar a compra e entrar na justiça contra o vendedor, que é o tal "laranja" do deputado FONSECA. No lado oposto da mesa, ANDREW está inconsolável. E LAERTE vê seus planos de conseguir o apartamento de luxo naufragarem mais uma vez.

Entretanto, o vice-presidente já articula um novo golpe, dessa vez com a ajuda da assessora da presidência, NICOLE, que, a esta altura, já terá percebido o desejo de MARCUS de se reaproximar de RAQUEL.

A intenção de NICOLE é afastar o namorado do Rio de Janeiro (e de RAQUEL, claro) pelo maior tempo possível. Então, ela encomenda um falso estudo sobre a viabilidade de fazer uma transposição do afluente de um dos rios que serão afetados pela hidrelétrica que está sendo construída pela Mercury no Pará. Pelo estudo, uma espécie rara de peixes que corre o risco de entrar em extinção será salva pela transposição.

Acho que devia ser o contrário. Eles querem fazer a transposição e a ONG da Raquel quer evitar por causa dos riscos ambientais. Rola um lobby no congresso para aprovar a transposição. Podemos nos inspirar na transposição do rio São Francisco e criar um rio fictício ou um rio no estado do Rio...

NICOLE propõe a ANDREW que apresente o projeto na reunião de diretoria, com a ressalva de que ele deverá ser diretamente supervisionado por MARCUS. Assim, pretende afastá-lo da cidade. Ao mesmo tempo, seu pai, o deputado FONSECA, que já comprou boa parte das terras áridas por onde o novo rio passará, vai lucrar muito com a valorização dos terrenos. E ANDREW, é claro, ganhará seu percentual de "laranja" do deputado.

MARCUS estranha o repentino interesse de ANDREW pela ecologia, mas se entusiasma com o projeto. Novamente, tem o apoio do pai e do restante da diretoria, exceto de SIMONE, a diretora financeira do grupo.

Novamente Marcus parecendo uma criança boba acreditando nos malvados. Não devemos enfraquecer nosso protagonista.

SIMONE sabe que a Mercury está atravessando uma grave crise financeira e não poderá arcar com os custos daquela obra. Por esse mesmo motivo, haverá uma oferta pública de ações naquela semana, a fim de capitalizar a empresa. A oferta corresponde a metade das ações de ETELVINA, ou seja, 30% da construtora. A matriarca acredita que, mesmo após a venda, continuará no controle, já que conta com os 10% do deputado (em nome de ANDREW) e outros 15% de acionistas amigos.

O problema é que o anúncio da transposição do rio pela imprensa faz o valor das ações cair muito e a capitalização não é suficiente para cobrir o rombo da empresa. Mesmo assim, o projeto segue adiante e MARCUS é mandado para o norte do país para verificar o traçado da transposição.

Momentaneamente, nosso protagonista "poderá" ser afastado de RAQUEL. E uma nova personagem surgirá na vida da empresa: o misterioso comprador dos 30% da Mercury, que adquiriu as cotas anonimamente, através de uma corretora. Nos bastidores da empresa, todos se perguntam quem é o novo e misterioso acionista. (No começo, será um mistério, mas logo o público – e apenas o público – saberá que o acionista é o excêntrico DIMITRI. Ver tramas paralelas: a vila tijucana)

MARCUS e RAQUEL no colégio

Antes de ir para o norte do país, MARCUS procura RAQUEL no colégio da Barra onde ela é professora. A conversa é tensa. Ela se diz arrependida pelo que fizeram. Argumenta ser uma mulher casada, comprometida. Mas nosso protagonista não se convence.

MARCUS diz que terá que viajar, mas, antes, precisa resolver aquele assunto. "Que assunto? " – ela pergunta. "Nossos barcos de papel machê" – ele responde. RAQUEL chora e o beija. Ela se lembra da chantagem de ETELVINA e da possibilidade de a mãe ser presa, mas não consegue resistir.

Casamento não é motivo para não se entregar ao grande amor em pleno século XXI. Ainda mais tendo uma filha que pode ser dele. Embora o público desse horário seja conservador e talvez compre o argumento do novelão.

VIVIANE aparece e os vê conversando. Para surpresa da mãe, a menina cumprimenta os dois e pergunta como está o tornozelo de MARCUS.

RAQUEL se irrita e pergunta de onde eles se conhecem. VIVIANE conta a história e a mãe a leva para a sala de aula. Na despedida, é possível ver a empatia entre pai e filha. MARCUS desiste de viajar para o interior do Pará.

O flagra de ETELVINA e o "pé na bunda" de NATASHA em ANDREW

NICOLE fica intrigada com o novo acionista da construtora e desconfia que ARLINDO saiba alguma coisa sobre aquela compra. O presidente da empresa, então, passa a ter vigilância dobrada. Se ele já era espionado pela assessora, agora passa a ser seguido após o expediente e tem seus telefones grampeados.

Através de um desses grampos, NICOLE descobre que o patrão vai se encontrar com MARIA AUGUSTA, tira fotos do encontro e as envia anonimamente para ETELVINA, com o objetivo de desestabilizar o casamento e dar a presidência para ANDREW THOMPSON, o financista que é laranja de seu pai, o DEPUTADO FONSECA, detentor de 10% das cotas da empresa. (Vale lembrar que Fonseca não sabe sobre o ressentimento da filha).

E o público já sabe? Acho que o público e o dep Fonseca tinham que achar que ela é golpista e ajuda o pai, para, no final, ela ferrar o pai.

Quando ARLINDO chega em casa, é confrontado pela esposa, que está com as fotos na mão. "Primeiro, você dá apoio às insanidades do teu filho. E, agora, resolve me trair! Ou a presidência, ou essa vagabunda. Você escolhe!" – grita, articulando mais uma de suas chantagens. Mas o marido responde no mesmo tom: "Agora você tem apenas 30% das ações. Não depende da tua vontade."

NICOLE ouve a conversa e vai até o apartamento de ANDREW, que está sozinho, com uma fisionomia abatida. "Você terá que fazer uma aliança com a ETELVINA e com algum acionista minoritário para conseguir a presidência" – ela diz. Mas ANDREW não consegue se concentrar na conversa, pois a namorada, NATASHA, acaba de terminar o relacionamento com ele, depois de confessar que está apaixonada por DIEGO, nosso canguru concurseiro e um dos melhores amigos de MARCUS.

A conversa evolui para um tom mais intimista. NICOLE se aproveita da carência de ANDREW e o beija. Os dois ficam juntos. (Até o fim da novela, eles terão um caso de amor e ódio marcado por traições e paixões agudas, tipicamente bipolares).

Ela propõe um plano para se vingarem de DIEGO: destruir o negócio dos pais dele, PEPE e PILAR, o famoso restaurante Lanzarote, que é o mais conceituado do bairro.

DIEGO, o canguru concurseiro

Apesar de ter se mudado para o apartamento ao lado junto com seus amigos cangurus, DIEGO continuará sendo sustentado pelos pais, embora as irmãs KARLA e JUANITA não desconfiem deste detalhe sobre sua saída de casa. Serão, ainda, muitas tentativas até conseguir realizar seu objetivo: passar em um concurso público. Sua vida de canguru tem tamanho proporcional ao "chove-não-molha" da relação de CHUCHU com MONALIZA.

DIEGO é o "canguru concurseiro", espécie clássica que achamos perambulando em cursinhos e cursões com o desejo de aprovação na cabeça. Dez anos de provas mil, noites perdidas, frases de "agora vai", figas e promessas a Santa Teresa D'Ávila e outras santas de igual peso. Dez anos de desilusões e litros de água benta e saliva para promessas jogadas pelo ralo. Verdade seja dita, os pais jamais esmoreceram e sempre deram força ao rapaz.

A mãe, PILAR, que se diz agnóstica, já prometeu subir as escadarias da Igreja da Penha até mesmo de ponta-cabeça "*No creo em las santas, pero que las hay, las hay*". Entretanto, as irmãs, KARLA e JUANITA, não se conformam com as regalias do primogênito. Ambas estudam e também trabalham no restaurante Lanzarote. Já DIEGO nunca precisou aparecer no estabelecimento, apenas se internou nos livros e legislações, algo que jamais foi convertido em uma aprovação sequer.

Lá se vai uma década do dia em que prometeu aos pais que viraria "Doutor", o que encheu de orgulho o velho coração espanhol do pai, o bonachão espanhol PEPE. Ele é natural da ilha de Lanzarote, mas passou boa parte da juventude na Galícia, de onde vem o prato mais pedido em seu restaurante, o "Pulpo à galega", uma espécie de polvo fatiado coberto com pimenta espanhola.

Entretanto, durante a tal festa em que conheceu a bela NATASHA e seu enigmático par de olhos verdes rasgados, DIEGO passou a ter novo ânimo para a vida. Os dois se encantaram imediatamente, mas, primeiro, a moça teve de reunir coragem para colocar um ponto final no relacionamento com o financista ANDREW THOMPSON, vice-presidente da Mercury. NATASHA nunca foi muito apaixonada pelo namorado, mas cedeu às pressões da mãe, MARIA AUGUSTA, que sempre o considerou um partidão.

Com DIEGO já dividindo o "apê" com os amigos, NATASHA e ele, finalmente, ficam juntos. A mãe da estudante de psicologia não entende o porquê da troca de um homem com futuro brilhante por um concurseiro que ainda não consegue sequer custear as próprias roupas íntimas.

E o maquiavélico ANDREW, além de não compreender a atitude da namorada, quer vingança. É aí que entra o plano de NICOLE, que, a esta altura, já é sua amante.

Temos que ter cuidado pra esses vilões não ficarem caricatos demais.

O golpe do ICMS e o amadurecimento de DIEGO

NICOLE sabe que o contador ROBSON (pai de CHUCHU), além de trabalhar na construtora Mercury, também faz trabalhos fora do expediente para pequenas empresas, como o restaurante Lanzarote. Então, ela entra no escritório do contador e falsifica a declaração de ICMS do restaurante, fazendo parecer com que os pais de DIEGO sejam sonegadores.

É o último dia para a entrega da declaração e ROBSON nem confere o documento, enviando-o por e-mail para a secretaria de fazenda. Em seguida, NICOLE usa os contatos do pai, o deputado FONSECA, para que o restaurante seja fiscalizado no dia seguinte. Os fiscais, devidamente instruídos, além de flagrarem a sonegação através da comparação de notas fiscais, também levam dois colegas da vigilância sanitária, que forjam outro flagrante: o estoque está cheio de alimentos com prazo de validade vencido. O restaurante é fechado na hora. A multa é impagável, o que significa a falência para os pais de DIEGO, fazendo com que PILAR e PEPE percam o negócio.

Num primeiro momento, DIEGO e CHUCHU discutirão seriamente em razão do acontecimento. O surfista não aceitará que o amigo lance qualquer tipo de desconfiança sobre a idoneidade do pai. Aos poucos, no entanto, o filho primogênito de PEPE vai descobrir que tudo não passou de um golpe.

A solução para o casal espanhol continuar sustentando dois lares e três filhos será voltar ao passado de feirantes. Um recomeço sem o *glamour* alcançado pelo restaurante, a exemplo do que fizeram na década de 70. PEPE se mostrará sem estímulos no primeiro momento, mas PILAR será sua força. Os dois montarão uma barraca na feira localizada em frente à Vila da Tijuca, onde mora a família de NATASHA. Obviamente, MARIA AUGUSTA não se conformará com a situação: os sogros da filha erguendo uma quitanda em plena porta de sua casa. Os conflitos serão frequentes.

ANDREW, agora em conluio com MARIA AUGUSTA, ainda vai executar alguns planos para separar DIEGO de NATASHA. Porém, apesar de brigar diversas vezes, o casal terminará junto.

No meio da trama, após incontáveis tentativas, DIEGO finalmente conseguirá a aprovação na prova para Defensor Público. O ex-concurseiro, entretanto, não se adaptará ao novo cargo. Ele ficará no emprego somente até conseguir reaver o restaurante e entregá-lo de volta aos pais. Depois de provar de todas as formas que o casal foi vítima de um golpe, vai, então, tomar uma decisão que deixará o conservador clã espanhol sem entender nada: pedirá exoneração do cargo. PEPE quase morrerá engasgado com um dos seus "pulpos à galega" quando souber da notícia. "Anos investindo neste menino e ele me apronta essa? ", dirá a PILAR, que vai tentar colocar panos quentes. KARLA e JUANITA voltarão a questionar os pais sobre o excesso de proteção com o filho.

A partir da decisão, DIEGO passará a trabalhar no restaurante e, revelando uma faceta empreendedora escondida por mais de trinta anos, vai progredir financeiramente. Ele montará uma sofisticada rede de supermercados que terá lojas espalhadas por todo bairro: a SuperLanzarote.

ETELVINA assume a presidência da Mercury

Reunião de acionistas da Construtora Mercury. Em pauta, a substituição do presidente ARLINDO TORRES MENDONÇA. Quem comanda os trabalhos é ETELVINA, que, apesar de agora ter apenas 30% da empresa, ainda é majoritária, pois tem o apoio de pequenos investidores que seguem suas decisões.

O vice-presidente ANDREW THOMPSON, representante dos 10% do DEPUTADO FONSECA, acha que será o escolhido para a função, mas é surpreendido pela matriarca, que apresenta o próprio nome como candidata. A única alternativa é votar nela.

Todos os acionistas acompanham o voto. A única discordância é do representante do novo cotista, aquele que comprou os 30% vendidos numa oferta pública de ações. Ele se pronuncia a favor da permanência de ARLINDO na presidência, para surpresa de todos. (Aqui, o público ainda não sabe que o misterioso comprador é o russo DIMITRI – ver tramas paralelas).

RAQUEL e JUREMIR se separam

O deputado JUREMIR apresenta um projeto de lei transformando em crime inafiançável as invasões de prédios sem "habite-se", mesmo quando os moradores provam que foram ludibriados por imobiliárias fantasmas. Ele realmente acredita na lei que está propondo, pois acha que está protegendo o direito à propriedade, além de garantir a segurança dos próprios invasores.

Inconscientemente, porém, JUREMIR também está sabotando a relação com RAQUEL. Ele quer chamar sua atenção, bater de frente, provocar. Assim, pretende reverter a indiferença da mulher, que o trata apenas como amigo, sem corresponder às suas pretensões românticas.

Com o perdão do clichê, o tiro sai pela culatra. Naquela mesma noite, RAQUEL e JUREMIR têm uma briga feia e se separam. A filha, VIVIANE, fica do lado do suposto pai e sai de casa com ele no dia seguinte.

A primeira reação de RAQUEL é ligar para MARCUS, que, a esta altura, já está separado de NICOLE. É a volta do romance adolescente.

(até de forma literal, pois, preocupada com a mãe, ela pede ao agora namorado que não conte nada para ninguém). MARCUS questiona o pedido, mas o aceita, acreditando que o objetivo de RAQUEL é evitar o choque com a filha. Aliás, ela ainda mantém a mentira de que VIVIANE é filha de JUREMIR, embora MARCUS não acredite no que ela diz. Nosso protagonista, no entanto, acha que tudo é uma questão de tempo e se mostra compreensível.

Compreensível demais. Temos que ter medo de personagens muito bonzinhos, sem conflitos.

A separação abre caminho para que JUREMIR inicie um romance com SIMONE, a mãe dos falsos gêmeos do milênio, que, a esta altura, já estará separada de FABIANO (ver tramas paralelas: duas irmãs).

A perseguição de NICOLE e o falso exame de DNA

NICOLE não se conforma com a separação de MARCUS. Por alguns momentos, ela esquece seu plano de vingança contra o pai e se concentra apenas em recuperar o ex-namorado. Nosso protagonista ainda não sabe sobre a chantagem contra DINORAH, a mãe de RAQUEL. Por isso, não toma algumas precauções sugeridas pela namorada, como, por exemplo, se encontrarem em lugares escondidos.

MARCUS não vê motivos para tantos cuidados. Nenhum dos dois está fazendo nada de errado. Na verdade, sua única preocupação é que RAQUEL fale a verdade sobre VIVIANE e explique as razões que a levaram a esconder sua filha.

Ao sair da empresa, resolve ir diretamente para o apartamento dela. NICOLE o segue. A ex-namorada já desconfiava do envolvimento entre eles, mas ainda não tinha uma prova. Sua aliada, ETELVINA, chegou a sugerir que ela colocasse um detetive atrás do próprio filho. Só que NICOLE achou mais prudente agir por conta própria. E não foi difícil chegar ao endereço de RAQUEL.

Quando MARCUS chega ao apartamento, é recebido com frieza. RAQUEL está abatida e nervosa. Ela o repreende. “Você não deveria estar aqui. Alguém pode ter visto”. Ele tenta ser compreensivo, mas o nervosismo aumenta. A discussão acaba enveredando pelo assunto que ela queria evitar: MARCUS pergunta pela filha. Da gaveta, RAQUEL retira um falso exame de DNA provando que VIVIANE é filha de JUREMIR.

Falso exame?? A Raquel faria isso?? Lembrar que ela não sabe quem é o pai.

MARCUS se desespera e vai embora.

NICOLE já está na mansão, onde conta para ETELVINA que o filho reatou com a namorada de infância.

A decepção de ARLINDO

Fora da presidência da construtora, ARLINDO decide, de fato, recuperar o tempo perdido. Apesar de não ter ações da empresa, já possui um bom patrimônio. Além disso, ao longo da trama, suas prioridades vão mudando. Quando descobre a possibilidade de ter uma filha com MARIA AUGUSTA, ele já não é o mesmo homem ambicioso e inescrupuloso que a abandonou por uma vida de luxo e poder. Portanto, pode abdicar de certas regalias para viver ao lado dela.

MARIA AUGUSTA, por sua vez, ainda mantém o sonho de ascender socialmente, embora a relação com RICARDO, nosso canguru metrossexual, tenha amolecido suas ambições. Entretanto, ao perceber a aproximação de ARLINDO, ela não pensa em tirar proveito. Quando vê o homem que ama, o passado ganha ferrugem, torna-se filme em super-8. Há nostalgia em seus pensamentos. Uma nostalgia que a aproxima da menina simples que já foi um dia.

Porque descobre que pode ter outra filha, ele fica bonzinho?!

ARLINDO a encontra em frente ao portão de sua vila, na Tijuca. Parece, de fato, uma volta ao passado. Aos 60 anos, o ex-presidente da construtora sente-se como um adolescente. O bairro da zona norte, o namoro na porta, o cheiro de café vazando pela janela. De dentro da casa, SEU JUCA, pai de MARIA AUGUSTA, observa a cena, preocupado.

Há alguns momentos de magia entre o casal. Durante poucos instantes, eles revivem a antiga paixão na troca de olhares e no diálogo insinuante. Mas logo ARLINDO toca no assunto que faz o clima mudar: "Por que você escondeu a minha filha? " – ele pergunta. "Foi pra isso que você veio aqui? " – ela emenda.

ARLINDO tenta acalmá-la, mas o estrago já está feito. Ela o chama de louco e corre para dentro da casa. No mesmo instante, DIANA está chegando do trabalho e dá de cara com ARLINDO, que não esconde a emoção. Ela o cumprimenta normalmente, (ARLINDO é amigo do namorado dela, ROBSON), embora não compreenda o que ele faz ali.

DIANA acaba de sofrer um pequeno acidente na entrada da vila, ao tropeçar numa pedra e cair de cara no chão. Ela carrega um lenço para estancar o sangue que escorre pelo nariz.

Antes que os dois comecem a conversar, MARIA AUGUSTA sai da casa e vai ao encontro da filha. Ela pergunta o que houve, examinando

Ela não mora com o Robson? O Chuchu não foi expulso de casa por causa disso, pra dar espaço pra ela?

o rosto de DIANA. "Foi só um tombo" – ela responde. "Vá logo pra dentro passar alguma coisa nesse machucado" – retruca a mãe, que fica com o lenço sujo de sangue.

ARLINDO ainda está paralisado. Há quase dois meses desconfia que DIANA possa ser sua filha. Entretanto, é a primeira vez que está disposto a contar tudo para ela. Mas a reação de MARIA AUGUSTA acaba com seus planos:

– Toma! Já que você é rico, pega esse lenço e leva pra fazer um exame de DNA. Ela não é tua filha, ARLINDO!

Nesse caso, o exame será verdadeiro. DIANA não é filha de ARLINDO.

O infarto de DINORAH

NICOLE entra chorando na mansão. Lágrimas de crocodilo, obviamente. BERENICE, a governanta, traz um copo d'água e chama a patroa, que está no quarto revisando alguns documentos da empresa.

ETELVINA ouve toda a história sobre o flagrante que a ex-nora deu em MARCUS e RAQUEL. Fica estarrecida. Destila ódio por suas feições. NICOLE exagera nos detalhes, dando a entender que o caso já existia mesmo antes da volta de RAQUEL ao Rio de Janeiro. Ela ensaia um novo choro, ainda mais dramático. ETELVINA chama CLÓVIS, o motorista, e pede que a leve para casa. Em seguida, vai até a cozinha, ordena que os outros empregados saiam e fica a sós com a cozinheira DINORAH.

A conversa é violenta. ETELVINA grita, atira restos de comida na cozinheira, humilha-a com toda a força que pode. "Quer dizer que sua filhinha resolveu me encarar? Ela acha que eu não vou ter coragem de entregar a mãe para a polícia? " DINORAH diz que não está sabendo de nada. Ela implora para a patroa: "tenha piedade. Isso é mentira. A Raquel está casada".

Com o celular na mão, ETELVINA simula falar com um delegado. "Doutor Silveira, tenho uns documentos sobre uma criminosa para entregar ao senhor. Por favor, venha à minha casa". DINORAH tem uma síncope e cai. Ela está infartando, mas continua a ser humilhada pela patroa. Só quando a cozinheira já está inconsciente é que ETELVINA pede para a governanta chamar uma ambulância.

DINORAH é internada em estado grave.

Tanto Etelvina quanto Dinorah têm problema no coração?! Se a Dinorah morrer, a Raquel não tem mais empecilho para ficar com o Marcus. Acho melhor a Dinorah ser presa em algum momento, nem que seja no fim. O crime dela deve ser punido.

A verdade sobre DIANA

Só pra reforçar, acho *over* essa ser filha ilegítima também.

Depois que ARLINDO deixa sua casa, MARIA AUGUSTA entra em depressão e cai no colo do pai, SEU JUCA. "Diana não é filha dele, mas eu queria que fosse" – ela diz, amparada pelo carinho do pai: "Você fez bem. Não podia deixá-lo na dúvida. Ninguém saberá que o pai é aquele safado. Nunca, eu prometo. Esse é o nosso segredo" – diz o velho.

DIANA é filha do DEPUTADO FONSECA, mas ela só saberá disso na fase final da novela. O público descobre nesta cena. (Aqui, estamos preparando a reação final de DIMITRI – ver tramas paralelas – que se revelará como o antagonista de FONSECA e se juntará a NICOLE na trama para desmascará-lo.)

DINORAH e o segredo sobre os gêmeos

Na UTI do hospital, DINORAH recebe a visita de RAQUEL. A mãe não conta sobre a humilhação que sofreu. Quer poupar a filha. Ela pergunta se RAQUEL tem se encontrado com MARCUS. A filha responde que não, pois tem medo de agravar seu estado de saúde. Mas a mãe sabe que ela está mentindo e se convence de que só há uma maneira de ajudá-la. "Você só será feliz quando eu morrer e essa chantagem acabar" – diz para si mesma, sem que a filha consiga ouvir.

À noite, uma nova paciente chega à UTI. É uma loura, com aparência de trinta e poucos anos, quadro clínico terminal. Os médicos comentam que ela não deve passar do dia seguinte. A mulher está inconsciente, mas DINORAH a reconhece. Trata-se da verdadeira mãe de GONÇALO, um dos "gêmeos do milênio". Foi ela que vendeu o menino para FABIANO pouco antes da virada do ano 2000, por intermédio de DINORAH.

Muuuita coincidência.

No dia seguinte, BERENICE, governanta de mansão, chega ao hospital para visitá-la. Na verdade, ela obedece a uma ordem de ETELVINA, que deseja saber qual é o estado de saúde de DINORAH. Só que a governanta fica envergonhada e apenas se aproxima do prontuário médico. Mesmo assim, consegue ouvir a conversa entre a cozinheira e a nova paciente.

"Você está me reconhecendo? " – pergunta DINORAH. A paciente responde que sim e começa a chorar. Ela lembra do dia em que vendeu o próprio filho e resolve fazer uma revelação: "Preciso te dizer quem é o verdadeiro pai da criança. Ele é um homem poderoso, mas só descobri isso pouco tempo atrás quando o vi nos jornais. O nome dele é ARLINDO MENDONÇA."

Muuuuuita coincidência. Achei ruim.

A governanta BERENICE fica chocada com a notícia. Com medo da reação da patroa, ela ainda vai demorar para decidir se revela ou não o segredo. Essa é uma questão que ficará para a parte final da novela e só será resolvida após um evento que não vale a pena descrever agora.

ETELVINA se divorcia de ARLINDO, que volta à presidência

Já como presidente da Mercury, ETELVINA procura a diretora financeira, SIMONE, para propor uma maquiagem no balanço da empresa, a fim de valorizar as ações do grupo. Mas ela se recusa a cometer o delito.

A princípio, ela pensa em demitir a diretora. Entretanto, prefere planejar mais uma de suas chantagens: pressionar o marido dela, FABIANO, para que convença a mulher a cooperar. Apesar de ainda não saber que GONÇALO é filho de ARLINDO, ETELVINA viu a negociação entre FABIANO e DINORAH, e ameaça contar tudo para SIMONE.

Só que o casal se separa antes que ela consiga executar a chantagem, já que SIMONE se cansa do "marido perfeito" e vai morar com JUREMIR (ver tramas paralelas). O jeito, então, é propor que a maquiagem seja feita por um dos sócios, o vice-presidente.

ANDREW realiza a maquiagem nos balanços. Em troca, pede que ela transfira 10% das ações para o nome dele. A presidente concorda, mas passa a perna no financista e não entrega o que prometeu. Começa uma guerra entre os dois vilões.

Ela se cansa do marido perfeito?! Qual o drama deles? O que a atrai em Juremir??

Ao mesmo tempo, ARLINDO, que está em processo de divórcio, faz um acordo na justiça **(???)** e fica com metade das ações de ETELVINA. Em uma reunião de acionistas, ARLINDO recupera a presidência após uma negociação com o próprio ANDREW (para desespero de ETELVINA) e com o representante do acionista secreto, DIMITRI. (Ver tramas paralelas).

(É momento em que ARLINDO, cuja personalidade vinha mudando, voltará a ser o empresário frio e, novamente, entrará em conflito com o filho. Ele está desiludido com a notícia de que Diana não é sua filha.)

A morte de DINORAH e a revelação da chantagem

O quadro de DINORAH se agrava e a doméstica morre. RAQUEL está ao seu lado quando o frágil coração para de bater. A ativista chora ao pensar nos dramas e pressões sofridos pela mãe nas mãos da megera ETELVINA. Ela sabe que ficou distante do amor de sua vida graças ao passado de DINORAH, mas nunca conseguiu guardar qualquer mágoa dela. Ainda abalada, RAQUEL decide iniciar seu plano de ataque contra ETELVINA. A mãe foi internada com o falso nome de DINORAH, mas a namorada de MARCUS resolve enterrá-la com o seu nome verdadeiro – JOYCE RAMOS. (A mãe deixara seus documentos antigos com a filha, logo após o reencontro, na volta de RAQUEL ao Rio)

ETELVINA, para não gerar desconfianças sobre as ações de chantagem que culminaram na morte da cozinheira, comparece ao velório, fingindo consternação. Ao seu lado, está a fiel escudeira, BERENICE. O clima ruim é evidente. As duas tomam um susto quando veem que RAQUEL optou por enterrar DINORAH com a identidade de batismo. "Esta fulaninha está querendo me afrontar...". No meio do velório, alguns policiais procuram RAQUEL. "A senhora sabia que JOYCE RAMOS foi condenada por tráfico de crianças em Santa Catarina? ".

A ativista aponta ETELVINA e diz que a mãe de MARCUS deve saber desta história. "Fiquei 13 anos fora. Mas aquela senhora, certamente, pode dar detalhes sobre este assunto". Os policiais falam com ETELVINA, que finge desconhecer o verdadeiro nome da antiga empregada. Quando volta a ficar sozinha, ETELVINA fuzila RAQUEL com o olhar. A resposta vem na mesma moeda. As duas se encaram. A mãe de MARCUS sabe que, com o fim das chantagens, perderá definitivamente o controle sobre o filho. Ela torna a repousar os enormes óculos escuros sobre a face e decide não acompanhar o enterro. Volta à mansão.

O sepultamento acontece em meio aos burburinhos dos presentes sobre a confusão dos nomes. MARCUS também não entende nada sobre a identidade da antiga empregada. RAQUEL promete explicar tudo a ele ainda naquele dia, mas pede para ficar sozinha. O superintendente da Mercury volta para a empresa. A filha de DINORAH/JOYCE está arrasada, mas, paralelamente, ganhou força contra ETELVINA. E é exatamente atrás da sogra que ela resolve ir, após o enterro.

Ao entrar na mansão, ETELVINA está, confortavelmente, sentada em sua sala. Ela não esperava o acerto de contas de RAQUEL poucos minutos depois do sepultamento.

"Agora, a casa caiu! Vou te colocar no devido lugar: a sarjeta." ETELVINA é humilhada por RAQUEL, que ameaça contar tudo para MARCUS. A megera se ajoelha diante da ativista política, implorando para que não revele suas armações nem para o filho nem para a polícia. Uma cena vexatória para a mulher que já nasceu com o nariz empinado. RAQUEL destila 13 anos de ódio em cima daquela que a fez fugir, e sai da mansão prometendo colocá-la na cadeia. "Você sabia de tudo! Foi cúmplice dos crimes que minha mãe cometeu!". ETELVINA cai em prantos, no chão. Ao olhar para cima, percebe a presença de BERENICE. A vilã enxuga as lágrimas, recupera a altivez como se nada tivesse ocorrido, mandando que a governanta traga um suco de acerola com laranja.

RAQUEL não cumpre o prometido e, em vez de denunciá-la à polícia, vai pra casa. MARCUS está à sua espera. É o momento da revelação, quando todos os segredos que envolveram 13 anos de sumiço cairão por terra. O filho de ARLINDO e ETELVINA fica transtornado com a notícia. "Como ela fez isso com o próprio filho? Que mãe é essa? ". MARCUS chora e sai do apartamento desesperado. RAQUEL tenta contê-lo, mas não consegue. Agora é a sua de vez cobrar explicações sobre a festa de *Réveillon* do ano 2000. ARLINDO já está em casa quando o filho invade a mansão enfurecido. "Cadê ela?!". ETELVINA surge do alto da escada. Falando para o pai, ele conta a verdadeira história sobre a fuga de RAQUEL. "Foi ela quem acabou com a minha vida! Tudo porque você nunca foi um pai de verdade". ETELVINA finge passar mal. MARCUS nem ensaia socorrê-la, e sai da sala batendo a porta com força. ARLINDO baixa os olhos, balança a cabeça para os lados e cai sob a poltrona.

NICOLE, paciente de FERENZI

Durante a novela, FERENZI terá uma paciente cuja identidade, até este momento da trama, nunca foi revelada para o público. O professor está em seu consultório folheando um livro, quando a tal mulher toca a campainha. É a assessora de ARLINDO MENDONÇA na construtora Mercury, NICOLE, de quem ele trata há alguns anos. Traumatizada pelo passado de humilhações sofrido por sua mãe, a moça busca um pouco de paz e equilíbrio para a sua consciência, bem como o alívio para as tristes memórias de menina.

YOLANDA, a nova *habitué* da mansão

Após ser alijada da presidência, ETELVINA começa seu plano de vingança. As suas primeiras vítimas são SIMONE e ANDREW. A primeira, porque se recusou a maquiar alguns números sobre a Construtora Mercury. O segundo, porque ajudou ARLINDO a recuperar a cadeira de presidente.

Há quase dois anos, YOLANDA já havia procurado ETELVINA com o intuito velado de estancar o crescimento profissional da irmã, de quem tem muita inveja. (Ver tramas paralelas: duas irmãs). Na época, contou à empresária que SIMONE era ex-alcoólatra e uma profissional de caráter duvidoso. YOLANDA posou de boa moça, vendeu bem o seu peixe, conseguiu que ETELVINA guardasse o seu telefone para qualquer "emergência". A matriarca conhece o segredo sobre os gêmeos do milênio, já que flagrou a conversa entre DINORAH e FABIANO, pouco antes do *Réveillon* do ano 2000.

Ciente de que YOLANDA não gosta de sua irmã mais velha, ela então decide se aproximar da ex-mulher de FERENZI (os dois já estarão separados). A ideia é conseguir uma aliada em seu desejo de derrubar SIMONE do cargo de diretora comercial de empresa, função que ela exerce com muita competência. ETELVINA conta a YOLANDA o segredo sobre a compra de GONÇALO e a maquiagem da famosa história dos gêmeos do milênio.

"A alcoólatra tem um filho comprado!", pensa a irmã invejosa. A partir deste momento, a cunhada chantageia FABIANO (SIMONE terá abandonado o cozinheiro para ficar com JUREMIR), que é obrigado a participar da encenação de um falso romance entre os dois (ver trama paralela: Duas irmãs).

Ao mesmo tempo, YOLANDA se torna "amiga" da mãe de MARCUS, e passa a frequentar a mansão da família MENDONÇA. Apesar do processo de divórcio de ETELVINA, ARLINDO continua morando na mesma casa. A presença de YOLANDA passa a despertar o interesse de ARLINDO que, nessa altura, desiludido por não ser o pai de DIANA, volta a ser o empresário frio e polígamo dos velhos tempos.

O processo de humanização centrado na reaproximação do grande amor de sua vida – MARIA AUGUSTA – e também no entendimento com o filho, com quem nunca se portou como pai de verdade, é interrompido. YOLANDA percebe o interesse do empresário. Com o pensamento centrado nas cifras que um romance com aquele poderoso homem pode despertar, decide embarcar na aventura. Os encontros românticos secretos se tornam constantes.

ARLINDO comete crime ambiental e MARCUS sai da empresa

Já reconduzido ao posto de presidente da Construtora, ARLINDO articula para que um edifício na Barra da Tijuca consiga o "Habite-se" sem a construção de uma estação de tratamento de esgoto. A bordo da influência e dos contatos do DEPUTADO FONSECA, o empresário consegue a licença, lavando as mãos para os problemas ecológicos futuros. "Não vou nadar ali mesmo..." Os resíduos são despejados diretamente na Lagoa da Barra, uma considerável economia de gastos para a Mercury, que não vive sua melhor fase financeira. "Esta coisa de ecologia é negócio do Greenpeace. Eu quero paz é no meu bolso!"

A ação de ARLINDO choca-se frontalmente com o filho MARCUS. O superintendente nacional tinha um projeto para que o prédio fosse autossustentável, movido a energia solar e, além disso, munido de um sofisticado sistema de reutilização inteligente de águas de pias e lavatórios. (O professor FERENZI, que também é ambientalista, ajudou no projeto) "Vocês não percebem a insanidade desta obra? Vai destruir boa parte do ecossistema de uma região já degradada", diz ele para os acionistas. ARLINDO retruca: "Você é mimado desde moleque, acha que estes livros que quer escrever enchem barriga de alguém? Precisamos de capital, filhinho, capital".

O psicólogo é ambientalista?!
Faz algum sentido isso?!

Os apelos de MARCUS não surtem efeito e a obra prossegue assim mesmo. ANDREW e FONSECA comemoram a vitória no escritório do vice-presidente da Mercury. "O Eco-Mala se deu mal! Como a sua filha aturou esse chato por tanto tempo? ", pergunta ANDREW.

Ciente do seu desprestígio na companhia e decepcionado com a recaída capitalista selvagem do pai, MARCUS resolve jogar a toalha e se demite no meio de uma reunião. ARLINDO, mesmo convicto de sua decisão, fica surpreso com a saída do filho. "Em breve, essa brincadeira corrupta de vocês implodirá", diz, batendo a porta da sala de reuniões. ANDREW, FONSECA e NICOLE se entreolham com pinta de vitoriosos.

O caso "Escola Base"

MARCUS e RAQUEL já estão morando juntos. É o recomeço depois de um intervalo de 13 anos orquestrado pela megera ETELVINA, mãe do rapaz. MARCUS se dedica a escrever um livro, seu antigo sonho de adolescência, que fora interrompido, assim como aquele namoro, no *Réveillon* do ano 2000. VIVIANE, mesmo já sabendo que é filha de MARCUS, não mora com eles. Sua ligação com JUREMIR é muito forte, e ela prefere ficar com o deputado.

Quem não está satisfeita com esta situação é NICOLE, que quer a todo custo separar o casal. Por mais que não seja apaixonada por MARCUS, e que ele tenha rompido com ARLINDO, a proximidade do herdeiro da Mercury facilita o seu acesso às tramoias do empresário com seu pai, o DEPUTADO FONSECA, de quem planeja se vingar desde que se entende por gente. ANDREW nem desconfia que as ações de sua principal parceira têm o parlamentar, de quem é "laranja", como alvo.

NICOLE e ANDREW decidem armar um plano para acabar com a confiança de MARCUS em RAQUEL, desestabilizando a fama de ética que a ativista possui em todas as ações profissionais. "A professorinha que gosta de criancinhas. Já pensou? Isso rima e pode até ser notícia do Jornal Nacional", diz NICOLE, soltando uma senhora gargalhada.

(A trama dos dois vilões é inspirada no "caso Escola Base", ocorrido há mais de dez anos.) Eles subornam o pai de um adolescente para que invente um suposto assédio por parte de RAQUEL. O escândalo acaba chegando aos jornais, destrói a reputação da professora, e ela é presa. MARCUS, mesmo chocado com a notícia, dá todo apoio ao seu grande amor.

RAQUEL fica presa por três dias, até que o adolescente resolve confessar que inventou tudo, sem entregar os pais. A partir desta ação, NICOLE encabeçará outras tentativas para separar o casal de protagonistas, que não encontrará sossego até o final da trama.

A morte de ETELVINA

Apesar de já posarem de amigas, ETELVINA não deixa de vigiar os passos de YOLANDA na mansão. Se ela ousou arquitetar a queda da própria irmã na Construtora Mercury, poderia muito bem tentar abatê-la em sua própria fortaleza. No início, os encontros da ex-mulher de FERENZI com ARLINDO são autênticos "crimes perfeitos". Mas numa casa em que também bate ponto uma espécie de leoa de chácara da patroa, BERENICE, não há crime que não deixe uma marca de batom em lugar impróprio como prova.

Com o auxílio da governanta, ETELVINA descobre o romance. Enfurecida, parte pra cima de YOLANDA, e as duas têm uma discussão acalorada no segundo andar. "Eu criei uma cobra debaixo das minhas asas! ". YOLANDA nega ter um caso com ARLINDO, o que provoca ainda mais a ira de ETELVINA. "Não me chame de idiota! ". No calor da discussão, que acontece no topo da escadaria da mansão, ETELVINA se desequilibra (?) e rola até a sala de estar, batendo com a cabeça. A vilã morre na hora. (ETELVINA sofrerá muitas humilhações antes de morrer. Seu nome sairá nas páginas policiais – é uma criminosa: foi cúmplice de DINORAH – e as *socialites* vão virar a cara para ela em eventos públicos. Podemos adiar a morte da vilã de acordo com a reação do público).

(A morte de ETELVINA é uma clara referência a famosas cenas de novelas e do cinema envolvendo acidentes em escadas. Mas a cena deve ser feita de modo que o público tenha dúvidas se ela ocorreu por acidente ou se YOLANDA a empurrou de propósito)

Faz alguma diferença essa dúvida? São duas vilãs e não muda em nada se a Yolanda empurrou ou não.

A perícia, no entanto, revela que a queda foi mesmo um acidente. Mas BERENICE continuará suas investigações por conta própria. Após o enterro, YOLANDA transfere, gradativamente, seus objetos pessoais para a mansão. Um dia, uma peça de roupa. Na manhã seguinte, outra. Até completar todo o guarda-roupa. A ideia é ocupar o terreno que era de ETELVINA sem deixar tempo para que ARLINDO respire. BERENICE torce o nariz para a nova "dona" da casa e, frequentemente, é humilhada por YOLANDA.

ARLINDO que, àquela altura, já terá muitas outras namoradas, percebe que a nova moradora avança fronteiras em seu latifúndio. Resolve dar um basta na farra. Certo dia, ao retornar de uma tarde de compras no *shopping*, a ex-mulher de FERENZI vê suas malas arrumadas na sala da mansão. "O que é isso? ", pergunta. BERENICE é a primeira a responder, com certo ar de deboche: "Fui eu mesma que arrumei, madame". ARLINDO intervém no diálogo com uma fala seca e sem vacilo: "Acabou, YOLANDA. CLÓVIS vai conduzi-la até sua casa".

MARCUS e RAQUEL lutam contra as intrigas

NICOLE e ANDREW já são amantes e continuam a luta para separar MARCUS de RAQUEL e NATASHA de DIEGO. Pretendem, então, arquitetar algum tipo de flagrante que acabe com os dois romances.

Há algum tempo, NICOLE arma trotes telefônicos para MARCUS, dizendo que ele é traído pela namorada. O filho de ARLINDO jamais acredita nas histórias, mas as ligações não cessam. A última tentativa de NICOLE foi a de infiltrar um informante na ONG de RAQUEL. A partir deste espião, ela descobre que a ativista também se engajou nas lutas do PROFESSOR FERENZI pela despoluição da Lagoa da Barra. Eles planejam um ato público em um domingo. RAQUEL e DIEGO – que também se associou aos manifestantes ecológicos depois de se tornar empresário no bairro – pretendem entrar juntos em um motel que despeja esgoto na lagoa. A ideia é fotografar as ações clandestinas e denunciar o estabelecimento ao Ministério Público.

Neste período, MARCUS está escrevendo um romance sobre sua geração. Tem entrevistado várias pessoas sobre o tema "cangurus contemporâneos". NICOLE consegue que uma falsa entrevistada marque uma conversa com ele no restaurante ao lado da vila dos motéis, que fica à beira da Lagoa da Barra.

Ciente de que RAQUEL e DIEGO entrarão no tal motel para tirar fotografias, ANDREW pede a LAERTE que leve NATASHA – agora, sua assistente de compras – para visitar o estabelecimento. É sabido que o motel está à venda e a construtora pretende adquiri-lo.

O plano, em suma, é promover um falso flagrante em RAQUEL e DIEGO. É importante frisar que, envolvidos com os seus trabalhos – o jovem escritor fora a São Paulo para conversar com o dono de uma editora – MARCUS e RAQUEL não tinham se visto no dia anterior. Eles, portanto, não conversaram sobre o que fariam no dia da armação.

MARCUS foi diretamente encontrar sua entrevistada no restaurante. Assistir à saída de DIEGO e RAQUEL do motel foi um choque para o qual não estava preparado. NATASHA também vê a cena e cai, aos prantos, nos ombros de LAERTE.

MARCUS briga com DIEGO e RAQUEL. NATASHA quase termina com o antigo concurseiro. (Os casais brigam, mas não se separam). DIEGO procura RICARDO e CHUCHU para contar toda a história. Os amigos desconfiam que é uma armação, sobretudo pela presença de LAERTE, amigo do maquiavélico ANDREW. Àquela altura, os cangurus já estarão mais maduros e, unidos, vão buscar reconquistar a confiança de MARCUS e NATASHA nos seus respectivos amores. RICARDO procura sua irmã, MANU, que namora LAERTE, e pede que ela o pressione para contar a verdade.

MANU segue à risca as orientações do irmão e ameaça acabar o romance com o namorado. LAERTE é obrigado a contar toda a trama e desfazer a armação sobre a cena dos motéis. É o momento de humanização do recalcado LAERTE que, a partir dali, decide pular fora dos trambiques em parceria com o vice-presidente da Mercury. Ele desiste, em definitivo, de MONALIZA e pede MANU em casamento. MARCUS e RAQUEL se reconciliam, mas ainda haverá outras intrigas e desencontros antes que nossos protagonistas fiquem juntos definitivamente.

O novo acionista e a aliança com NICOLE

Com a morte de ETELVINA, ARLINDO MENDONÇA está cada vez mais poderoso na Construtora. FONSECA, seu grande articulador em Brasília, também amplia o poder na Companhia, pensando em mais uma eleição no ano seguinte. Disposta a não esmorecer no plano de derrubar o próprio pai, NICOLE passa a investigar a identidade do novo acionista da Mercury. Ela precisa se aliar ao misterioso homem de alguma forma. Na cabeça da assessora, a derrocada de FONSECA é possível, sobretudo, por intermédio da revelação de sua coleção de falcatruas conseguidas através de acertos políticos na Capital Federal.

Filha de russa, DNA espião na veia. Após algumas investigações, NICOLE consegue chegar em um velho imigrante europeu, com quem logo se identifica: DIMITRI.

Pode ficar caricato demais. Cuidado.

O espião é pego no contrapé sendo espionado pela própria neta. NICOLE não sabe que DIMITRI é o pai de OLGA, sua mãe, que morreu em circunstâncias misteriosas. A aproximação carece de rodeios: "Eu sei que você é o misterioso acionista. Podemos conversar? ". DIMITRI, mesmo com anos de trabalho para a KGB, na carona de toda a carcaça de esperteza conferida pelo serviço secreto, vai se impressionar com a sagacidade da neta. É a hora de revelar a verdadeira história, o sangue russo que os une, os motivos pelos quais tem participação acionária na empresa.

O encontro é carregado de emoção. Ambos falam de OLGA com muito carinho. NICOLE tem marcas psicológicas graves, afinal, viu a mãe sofrer muito antes de morrer em circunstâncias misteriosas. Os dois acreditam que FONSECA participou direta ou indiretamente daquela morte, ocorrida em 1989. Ambos têm a mesma missão: arruinar aquele homem que se acha acima de toda e qualquer lei.

DIMITRI descobre que FONSECA é pai de DIANA

(Vamos tirar essa trama?)

Já com o plano de desmascarar FONSECA em andamento, DIMITRI e NICOLE resolvem instalar câmeras secretas na Construtora Mercury para flagrar as negociatas entre o deputado e ARLINDO. A ideia é monitorar o escritório do ex-marido de ETELVINA e a sala de reuniões da companhia, lugares onde os dois, frequentemente, se reúnem a sós.

Ao mesmo tempo, na casa de MARIA AUGUSTA, DIANA ouve, escondida, uma conversa entre a mãe e seu JUCA sobre sua paternidade. Ela é filha de FONSECA. Transtornada, a psicóloga cobra explicações dos dois e sai de casa aos prantos. MARIA AUGUSTA tem uma crise nervosa e é internada.

A notícia da internação não demora a correr por toda a Vila da Tijuca. DIMITRI resolve visitar a ex-nora junto com o filho, IVAN, ex-marido de MARIA AUGUSTA. Ao chegar ao hospital, encontra o velho amigo JUCA cabisbaixo. Os dois conversam. JUCA, então, revela para DIMITRI todo o segredo sobre a paternidade de DIANA. Filha de FONSECA, ela também é, portanto, irmã de NICOLE.

A revelação se transforma em um verdadeiro choque de realidade para o velho russo. Já em casa, conta a história para CATARINA. Os dois então procuram NICOLE e colocam um ponto final no desejo de vingança contra o deputado. A dupla que passou mais de uma década movida por vingança vê que, a partir daquele momento, a missão secreta não faz mais qualquer sentido. A própria DIANA, ao saber dos planos dos avós, pede que eles perdoem o pai biológico.

FONSECA, além de pai da neta verdadeira, também é pai daquela a quem os russos consideram como neta do coração, que viram crescer, a quem ensinaram muitas lições. Para que perder ainda mais tempo acertando as contas com o passado? Já estão velhos e, mais do que nunca, resolvem viver de maneira saudável o tempo que ainda lhes resta. IVAN – já ciente de toda a história – sai de seu eterno transe de sovinice aguda e decide procurar DIANA. Ele reafirma o amor paternal que sempre entregou à psicólcga, e pede que ela perdoe MARIA AUGUSTA.

DIANA vai até o hospital. A mãe está no quarto. As duas têm uma conversa emocionada e selam as pazes. No dia seguinte, MARIA AUGUSTA volta para casa. Os russos decidem revelar a todos os familiares a história que envolve a KGB, OLGA e os dólares que escondem no exterior. O espanto é geral. São ricos e vão ajudar a todos. Ironia do destino, MARIA AUGUSTA sempre teve sogros milionários e nunca desconfiou de nada. A possibilidade de tirar o pé da Vila (e da lama) faz os olhos da artista plástica brilharem como nunca. Uma vez materialista, sempre materialista.

No outro lado da cidade, NICOLE, já informada de que tem uma irmã mais velha, conta toda a história a FONSECA, inclusive a identidade dos russos. "Quando penso que você chegou ao máximo, ainda consegue me surpreender, hein, papai? ", diz, em tom irônico. Só não vai revelar nada sobre vingança que ainda mantém de pé contra ele, apesar de os avós terem pulado fora do barco.

Desconfiado e enfurecido, o deputado vai até a Vila e tenta humilhar MARIA AUGUSTA: "Se pensa que vai me dar um golpe, está muito enganada. Não terá nem um centavo da minha fortuna, pobretona".

Ela responde, secamente: "Agora não preciso, meus sogros são ricos." E bate a porta na cara dele, que também foi genro dos russos. "Aquele velho comuna!", pragueja o deputado. Os russos compram um amplo apartamento na Barra da Tijuca para a ex-nora. Já IVAN, que mantinha a agência de turismo ainda engatinhando no quarto de sua casa, vê o negócio decolar.

GONÇALO, o herdeiro

Não acho bom ele ser filho do Arlindo.

Ao voltar a ser o ARLINDO frio e desumano dos velhos tempos, o empresário brigou com MARCUS, tomou decisões politicamente incorretas, continuou a armar falcatruas em dupla com FONSECA.

Os dois planejam ganhar a nova concorrência da Vila Olímpica do Rio de Janeiro, já que a primeira construtora que saíra vitoriosa na licitação não conseguiu tocar a obra. Ao mesmo tempo, a Construtora Mercury despeja os moradores de um prédio que é apoiado pela ONG presidida por RAQUEL. MARCUS, então, invade a mansão para tirar satisfação com o pai. SIMONE já está no local. A diretora financeira da companhia acredita que o despejo pode gerar problemas futuros para a Mercury. Pai e filho têm uma séria discussão. ARLINDO humilha MARCUS e demite SIMONE.

SIMONE sai da mansão e vai buscar o filho, GONÇALO, no colégio. PAULINHO, doente, não tinha ido à escola. Ela está desesperada com a demissão e chora muito. Na volta para casa, a executiva perde o controle do carro e capota. Os dois são levados imediatamente, em estado grave, para um hospital público. CLÓVIS, que passava no local do acidente e acompanhou a ambulância, leva a notícia à mansão. O garoto pode morrer porque os bancos de sangue próximos não possuem estoque de sangue tipo "O negativo". SIMONE está fora de perigo.

Sangue O - não precisa do pai necessariamente.

BERENICE, que ouviu a confissão sobre a paternidade de GONÇALO no leito de morte de DINORAH, conta a ARLINDO que ele é o pai do garoto. O tipo sanguíneo do presidente da Mercury é o mesmo de GONÇALO. Imediatamente, o executivo, acompanhado da governanta, vai para o hospital. FABIANO também é avisado e chega no mesmo instante que o pai biológico do falso gêmeo do milênio. Na recepção, os dois dizem juntos que são "o pai" do menino.

Muito clichê. Vamos mudar isso? Usar clichês com parcimônia.

ARLINDO, então, é conduzido para a coleta sanguínea. BERENICE segura o braço de FABIANO, que ensaia segui-lo, e conta toda a verdade. O pai adotivo chora. A doação de ARLINDO é bem-sucedida e GONÇALO sobrevive.

Já recuperada, SIMONE é informada de que o filho foi salvo graças à doação do pai. A executiva fica espantada com a notícia. O professor FERENZI vai visitá-la. A sós com ele, no quarto do hospital, revela ao professor e psicólogo o *insight* que teve durante o acidente. "Naquele momento, me lembrei da morte dos meus pais, a cena voltou à minha cabeça". FERENZI diz que a lembrança é bastante possível neste caso. A confirmação do professor endossa a revelação de um segredo de mais de 20 anos: "Não era eu quem dirigia o carro no dia do acidente. YOLANDA estava ao volante". É o momento em que SIMONE se livra da culpa que carregou durante anos.

O sequestro de MARCUS

Sozinha em sua cruzada vingativa contra o deputado FONSECA, NICOLE está desesperada. O avô não podia tê-la abandonado no momento em que já estavam conseguindo reunir informações importantes sobre as movimentações financeiras da companhia.

Então, ocorre uma reviravolta: MARCUS é sequestrado. O crime acontece exatamente no momento em que pai e filho ensaiavam uma nova reaproximação. Já ciente de que GONÇALO, o gêmeo do milênio conseguido por DINORAH naquele *Réveillon* de 2000, é seu filho, ARLINDO está mais humano, disposto a reconquistar valores e amores. O empresário se desespera com o sequestro de MARCUS.

Num primeiro momento, o público não saberá quem sequestrou MARCUS. Mas este segredo vai durar apenas uma semana. A ideia não é transformar as discussões da novela em torno da questão "Quem sequestrou MARCUS?", mas, sim, contar os motivos e planejamentos do sequestro sob outro ponto de vista. Paralelamente ao sequestro, NICOLE intensifica suas idas ao consultório de FERENZI. A raiva do pai se acentua cada vez mais, na medida em que o quadro de esquizofrenia começa a ficar mais evidente.

Na caixa de e-mails de ARLINDO, chegam os valores do resgate e um inusitado pedido: que ele confesse todos os esquemas de corrupção da construtora Mercury envolvendo obras do governo. Os textos são sempre assinados por nomes de famosas comunistas: Iara, Rosa, Olga, Clara, etc. Durante as consultas, FERENZI logo começa a perceber as confusões psicológicas de NICOLE, seus conflitos de identidade. Aos poucos, reúne pistas e informações que culminam em uma pergunta avassaladora: "NICOLE, como foi que a Olga Benário sequestrou o MARCUS?" NICOLE, então, revela toda a trama que criou para o sequestro (Cenas em flashback).

Igual ao romance.

Ela procurou ANDREW para que a ajudasse a planejar e executar a ação, como forma de concretizar seu desejo de vingança. "Não quero que façam mal algum ao MARCUS". A divisão dos possíveis dividendos denota o ódio que ela nutre por FONSECA: ANDREW ficaria com todo o dinheiro pedido. A moça só quer arrancar uma confissão pública de ARLINDO acerca das tramoias realizadas em parceria com seu pai.

FERENZI, para não ferir a ética da profissão, não pode revelar nada. Mas é um momento de grande dramaticidade para o psicólogo. FERENZI vive um dilema: deve passar por cima da ética ou deixar que alguém corra o risco de morrer?

Os cangurus unidos e a confissão de ARLINDO

Durante o sequestro, ARLINDO decide se aproximar dos amigos Cangurus de MARCUS – RICARDO, DIEGO e CHUCHU – para que o ajudem a encontrar o filho. Os e-mails enviados pela sequestradora de nomes variados deixava claro que a polícia deveria ficar de fora da trama. O todo-poderoso presidente da Construtora Mercury está disposto a confessar todos os seus crimes – como também ordenam as mensagens eletrônicas – e se redimir. Quer apenas o filho de volta, o primogênito a quem nunca deu prioridade, o jovem e sonhador escritor que sofreu por 13 anos após a ação egoísta da mesquinha ETELVINA. O empresário está arrasado. Cansado, com as olheiras profundas, quer renascer e se redescobrir agora que também tem GONÇALO.

ARLINDO marca uma coletiva de imprensa em sua mansão para o começo da tarde. Vai confessar todas as falcatruas em parceria com FONSECA. Fica acertado ainda que os cangurus levarão a quantia pedida pela sequestradora ao local combinado.

Quinze minutos antes da confissão pública, a sala já está abarrotada de jornalistas. O telefone toca. É FONSECA, desesperado. "ARLINDO, foi NICOLE quem sequestrou MARCUS, não confesse nada". O deputado encontrou toda a trama do sequestro em papéis espalhados no quarto da assessora da Mercury. Textos assinados com nomes de diferentes comunistas, mapas, telefones de criminosos. Descobriu, ainda, cartas de NICOLE para a mãe morta. FONSECA é jurado de vingança em todas elas.

ARLINDO sorri com certo alívio ainda com o telefone no ouvido, fazendo parecer que desistiu da confissão pública. FONSECA chega a acreditar que vai se safar da vergonha de ser exposto em cadeia nacional. Ledo engano. FERENZI também liga para a mansão e diz apenas uma frase: "perdi o controle sobre minha paciente". ARLINDO entende a mensagem. O filho ainda corre o risco de morrer. Ele não pode voltar atrás.

Antes da confissão, ARLINDO conta aos cangurus que NICOLE é a sequestradora. Pede que levem o dinheiro e tenham cuidado.

Os e-mails diziam que o dinheiro deveria ser entregue na Avenida Brasil apenas no final do dia. O empresário, então, revela ao país inteiro todos os golpes e movimentações financeiras irregulares em parceria com FONSECA. Um dossiê completo de históricos escândalos da companhia. Uma bomba! A Mercury inteira está paralisada e chocada diante da televisão. ANDREW arruma suas coisas e se manda. Em casa, o deputado se enfurece: "Porra, isso vai acabar em CPI!"

NICOLE, na sala de reuniões da Mercury, gargalha. É o ápice de sua loucura. Está bem vestida e bonita como nunca. Conseguiu o que queria. Está vitoriosa. A moça fala sozinha com o espelho da sala, joga o seu belo cabelo e, logo em seguida, o corpo inteiro por sobre a extensa mesa de reuniões. Ri e chora, fala com a mãe como se ela estivesse presente. Chama-se de Clara, Iara, Rosa e Olga. Uma cena de completo destempero, de drama e humor, de alucinação completa, regressão. Um poema modernista, sem métrica, em meio ao caos psicológico. (Uma ópera toca ao fundo).

A libertação de MARCUS e a conciliação com VIVIANE

Em meio ao transe de NICOLE em pleno salão principal de negociatas da MERCURY, vários policiais invadem o ambiente. Em seguida, entra o trio canguru. RICARDO, DIEGO e CHUCHU decidiram contar tudo para a Polícia e apanhar NICOLE antes da entrega do dinheiro do resgate. A assessora de ARLINDO é presa. A moça leva os policiais ao cativeiro, que é estourado. MARCUS está livre e os sequestradores são capturados. ARLINDO recebe a notícia pelo telefone com alívio. Duas horas depois, o filho chega à mansão. Ao seu lado, estão os amigos cangurus, os três preguiçosos e crianções de outrora que, a partir daquele momento, são os seus bravos libertadores.

Desde o fatídico *Réveillon* do ano 2000, aquele quarteto fantástico, sempre tão unido desde a adolescência, não se reunia na mansão da Barra da Tijuca. Desde o momento em que RAQUEL correu rumo ao desconhecido para só voltar treze anos depois, desde o dia em que ETELVINA sorriu com o canto da boca vendo o seu plano dar certo, poucos foram os capítulos de festa naquele império familiar. As paredes frias e o eterno clima de céu acinzentado, naquele instante, sofrem uma metamorfose.

O carro estaciona. O primeiro a abraçar MARCUS é ARLINDO. Um abraço que busca restabelecer mais de 30 anos de incompetência paternal. Atrás de ARLINDO está RAQUEL, acompanhada de JUREMIR, seu ex-marido, e também da filha dos três, VIVIANE. MARCUS dá um abraço no grande amor de sua vida e na filha, de quem, finalmente, vai se aproximar, após frustradas tentativas.

As personagens da cena são quase os mesmos de 13 anos atrás. Apenas ETELVINA e DINORAH que, direta e indiretamente, foram as causadoras de toda a infelicidade da vida de MARCUS e RAQUEL, não estão presentes. Foram substituídas pelos jovens VIVIANE e GONÇALO – o recém-descoberto irmão de MARCUS também está na casa no ato da libertação. A reedição do passado, portanto, tem vigor renovado e fecha um ciclo. GONÇALO, agora, está bem mais tranquilo, longe dos preconceitos tolos do passado. Ao ver VIVIANE abraçada com MARCUS, faz uma brincadeira com aquela que era, até pouco tempo antes, apenas sua colega de classe. "Agora é a minha vez. E me respeite porque sou seu tio".

O lançamento do livro de MARCUS

MARCUS lança o livro que se chama "Canguru", em que conta a sua história e a dos amigos RICARDO, DIEGO e CHUCHU. Todos estarão citados na obra com pseudônimos, afinal, já têm carreiras consolidadas. No coquetel de lançamento, bancado pelo supermercado de DIEGO, vemos os casais formados na novela. RAQUEL e VIVIANE estão com MARCUS na mesa de autógrafos.

ARLINDO conseguiu um *habeas corpus* e está com MARIA AUGUSTA, DIEGO com NATASHA, FERENZI com KARLA, LAERTE com MANU, SEU CLÁUDIO com DONA ZILDA, DIMITRI com CATARINA, PEPE com PILAR.

RICARDO está acompanhado de uma modelo famosa que ostenta diversas peças de bijuteria desenhadas por ele. SIMONE é a nova presidente da construtora Mercury e chega na companhia dos filhos.

Já sobre personagens como CHUCHU, ROBSON, DIANA, JUREMIR, FABIANO e JUANITA, só será possível saber o final assistindo à novela Canguru.

TRAMAS PARALELAS

A Vila da Tijuca

Ótimas tramas paralelas. Essa é especial e vai causar empatia.

A Vila da Tijuca é um típico lugar de classe média, som alto, molecada correndo, futebol no paralelepípedo e bons conflitos entre vizinhos. Possui um "carioquismo" próprio que sintetiza muito do espírito do Rio de Janeiro que caiu e se levantou após deixar de ser capital. Tijucanos são únicos. Não existem Copacabanos, Jacarepaguanos, Leblonianos. Mas existem os Tijucanos, e eles têm orgulho desta alcunha. Na Tijuca, há o América Futebol Clube, um antigo diabo que anda manso toda vida há um bom número de décadas; e os Acadêmicos do Salgueiro, este bem mais vitorioso que o colega rubro do esporte. A Tijuca, como se vê, é avermelhada, é brasa, e esta vila, que reúne boa parte das tramas e segredos da novela, também é vermelha e incendiária, cheia de bons causos.

Em uma das casas está um simpático casal de imigrantes russos – DIMITRI e CATARINA – que mora junto com o filho, o sovina IVAN, um dos nossos cangurus tardios, já que voltou a morar com os pais após se separar da materialista MARIA AUGUSTA, nossa outra canguru tardia. Quem vê os dois velhinhos cheios de vigor e paixão pela música brasileira – CATARINA é fã de Roberto Carlos – nem desconfia que ali estão dois antigos espiões da KGB, cheios de dinheiro guardado no exterior, com pretensões pra lá de ambiciosas. (Este é um núcleo, em princípio, suave, cômico. A referência à KGB será tratada com leveza, apenas para dar suporte à trilha de DIMITRI junto à trama principal).

DIMITRI e CATARINA serão uma espécie de "Sr. e Sra. Smith" da trama, com tarimba para bons negócios, mas acima de tudo, com um desejo histórico de acertarem as contas com o corrupto DEPUTADO FONSECA, a quem abrigaram na década de 70, em Moscou, e que teve participação na misteriosa morte da filha mais velha deles.

Entretanto, quando estão perto do filho e dos amigos, CATARINA e DIMITRI revelam-se divertidos idosos com aparência acima de qualquer suspeita. Basta ficarem sozinhos para que, juntos, incendeiem até mesmo as barbas do Comandante Fidel. MONALIZA, a secretária da Construtora Mercury, aluga um quarto na casa. Foi a forma que os russos encontraram para descobrirem as tramas que envolvem a empresa de ARLINDO.

Numa residência próxima, mora a família de SEU JUCA, vovô tijucano legítimo, que traz as paixões pelo América e pelo Salgueiro tatuadas na alma. JUCA é ex-sogro do pão duro IVAN e pai de MARIA AUGUSTA, louca, histérica e materialista que sonha crescer na vida e pular fora daquele reduto que considera ultrapassado e cafona. Ela, sim, é muito cafona. Afinal, vive de comprar bijuterias como se fossem joias legítimas e ainda se fantasia de burca para manter um romance secreto com o dublê de *design* de joias, RICARDO. MARIA AUGUSTA tem dois filhos com IVAN – NATASHA e BÓRIS. A indomável consumidora de objetos metálicos falsos também é mãe de DIANA, fruto de uma noite de amor com FONSECA.

No final da década de 70, MARIA AUGUSTA teve um romance com ARLINDO TORRES MENDONÇA, mas foi trocada pela ricaça ETELVINA, uma megera sem escrúpulos. Para se vingar do abandono, resolveu sair uma única vez com FONSECA, um ex-comunista que voltara da URSS um ano antes. Acabou engravidando sem querer. ARLINDO e FONSECA são antigos amigos e sócios na Construtora Mercury. MARIA AUGUSTA teve a filha sozinha e escondeu de quase todos o segredo sobre a paternidade. Inventou que o pai de DIANA morreu antes do parto. Apenas SEU JUCA sabe a verdadeira história. Casou-se com IVAN em 1991, um ano após os russos desembarcarem no Brasil. O casamento não deu certo. NATASHA é a bonitinha da família, carinha de modelo, olhos rasgados. Namora ANDREW, um financista ardiloso, vice-presidente da Construtora de ARLINDO, mas vai se apaixonar por DIEGO, filho de imigrantes espanhóis.

Já DIANA, psicóloga canguru que achava que ficaria pra titia até conhecer ROBSON, 27 anos mais velho que ela, aguenta a implicância de CHUCHU e TAÍS, os filhos do namorado. A prole de AUGUSTA se completa com BÓRIS, garoto muito querido na rua e no colégio, que esconde o fato de ser superdotado (ver tramas paralelas: arroubos adolescentes). Completa a Vila da Tijuca a louraça volumosa e fatal BRIGITE, diarista que se divide entre as casas de SEU JUCA e do casal russo DIMITRI e CATARINA.

A moça é uma espécie de telefone sem fio entre as duas residências e, claro, entre MARIA AUGUSTA e IVAN. Leva recados de um lado a outro sempre com alguma falha, o que provoca brigas de parar a vizinhança. BRIGITE é boa menina, mas muito fofoqueira, e como as paredes têm ouvidos, descobrirá muitos segredos que envolvem as personagens. Além disso, é o Viagra natural de SEU JUCA, que prometeu transformá-la em passista do Salgueiro.

DIMITRI, CATARINA e a KGB

A Vila da Tijuca conta com simpáticos moradores que todos sabem serem russos. Ninguém, entretanto, conhece o passado de militantes da KGB (Serviço Secreto Soviético) de DIMITRI e CATARINA. Nem mesmo o filho, IVAN, foi apresentado a esta faceta. Naturais de São Petersburgo, a dupla, fluente em português devido ao fato de ter estudado a língua na Universidade de Moscou, era responsável por receber os dissidentes brasileiros que fugiam para a extinta União Soviética, durante a ditadura. Foi assim que DIMITRI conheceu o DEPUTADO FONSECA, que pertencia à VPR (Vanguarda Popular Revolucionária) e fugiu em 1970. Hoje, nas viradas próprias que a política proporciona, o parlamentar é presidente do Partido Conservador.

FONSECA, ainda na URSS, se juntou a OLGA, filha do casal russo. Na verdade, ela foi infiltrada na vida do então comunista por ordem da KGB, a qual também pertencia, e proibida de contar sua verdadeira identidade a ele. OLGA jamais revelou a FONSECA, com quem acabou se casando, que era filha de DIMITRI e CATARINA. Vieram para o Brasil em 1979, ano da anistia política no país e aqui se casaram. A partir do retorno, FONSECA revelou novas tendências políticas e um comportamento bem diferente do que apresentava em Moscou.

Em 1984, OLGA engravidou de NICOLE, única filha do casal. Àquela altura, FONSECA já havia se transformado em um sujeito violento, corrupto e prevaricador que frequentemente humilhava e espancava a mulher. NICOLE, pequenina, assistiu a todo o drama de OLGA e desenvolveu um trauma de infância que vai perdurar até sua fase adulta, quando manifestará sintomas claros de esquizofrenia, além de um ódio descomunal pelo pai. Em 1989, a partir de circunstâncias misteriosas, OLGA foi encontrada morta. A hipótese de suicídio, defendida por FONSECA, nunca foi provada. Na época, o regime comunista soviético já não tinha o mesmo fôlego e a KGB começava a se desarticular, mas a notícia rapidamente chegou à URSS. A morte da filha precipitou a vinda de CATARINA e DIMITRI para o Brasil.

Aqui, levantaram toda a vida de FONSECA e, depois de alguns anos, inferiram que o deputado era o culpado pela morte da filha. Decidiram se aproximar do antigo genro, que nunca soube que OLGA era filha de ambos, como forma de vingança. FONSECA, que se refere a DIMITRI como "O RUSSO", pensará que a dupla pode ajudá-lo em alguns de seus planos. Mal sabe que eles já têm seus próprios planos.

Com o antigo trabalho de espionagem, os russos conseguiram juntar uma pequena fortuna, escondida em bancos espalhados por diferentes paraísos fiscais ao redor do mundo. São incontáveis as aplicações, ações e investimentos que têm no exterior. Vivem na Vila da Tijuca como forma de preservarem o passado, e sob o pretexto de terem conseguido o imóvel por obra da ajuda de um antigo comunista já falecido. Tudo conversa pra boi dormir.

No meio da trama, ANDREW THOMPSON e NICOLE darão um golpe na construtora através de um projeto da transposição das águas de um rio que, supostamente, preservaria uma espécie de peixe. (Ver trama principal). O objetivo é conseguir que MARCUS se ausente do Rio para fiscalizar o projeto, dado o interesse do rapaz por questões ligadas à ecologia. O projeto, no entanto, faz com que as ações da construtora despenquem, e ETELVINA é obrigada a colocar parte dos papéis à venda, a fim de capitalizar a empresa.

Por intermédio de uma corretora, um comprador misterioso arremata boa parte das ações da Construtora Mercury. Todos querem saber a identidade do homem que, numa tacada só, surpreende a diretoria da companhia. O novo acionista será DIMITRI, mas este segredo e os outros acerca da vida dos russos só serão descobertos no fim da trama. A ideia de DIMITRI ao se aproximar da empresa é, fundamentalmente, arruinar o DEPUTADO FONSECA, vingando-se da morte de OLGA. Quase no fim da trama, NICOLE descobrirá ser neta dos russos, que serão seus aliados no objetivo comum de destruir o deputado.

Entretanto, CATARINA e DIMITRI saberão que DIANA, filha de MARIA AUGUSTA, a quem sempre trataram como neta, também é filha de FONSECA. Por este motivo, e a pedido de DIANA, DIMITRI desistirá da vingança. NICOLE, entretanto, continuará com os planos contra o pai e sequestrará MARCUS para atingir seus objetivos (Ver trama principal).

Os cangurus tardios IVAN e MARIA AUGUSTA

Ele, um sovina clássico, daqueles que, se bobear, usam papel higiênico dos dois lados. Ela, uma materialista convicta, insana, caçadora de dotes e bons casamentos para as filhas como forma de superar as próprias frustrações. Espécie de Estados Unidos *versus* União Soviética em plena Tijuca. Eis uma nova guerra, nada fria, desta vez numa vila pacata que, volta e meia, se transforma em campo de batalhas. Casaram-se em 1991, logo após a chegada de IVAN, CATARINA e DIMITRI, egressos da antiga União Soviética. MARIA AUGUSTA já tinha uma filha. A gravidez, no início da década de 80, aconteceu após viver uma noite de amor com FONSECA, amigo de ARLINDO, seu grande amor. Na verdade, o encontro com o antigo comunista que se tornaria um deputado conservador foi uma forma de se vingar do presidente da Construtora Mercury, já que ele a trocara por ETELVINA.

Engravidou de FONSECA e, envergonhada, decidiu assumir DIANA sozinha, alegando que seu pai morrera logo após o nascimento. Mantém a foto de um antigo namorado dentro da gaveta, dizendo ser ele o pai falecido da filha. IVAN, encantado por aquela vistosa vizinha cheia de balangandãs, decidiu investir no romance. Tiveram dois filhos, NATASHA e BÓRIS, o último deles apenas como forma de salvar o lar. Não deu certo. IVAN e DIANA têm uma boa relação desde que ela era uma menina. A psicóloga o trata como se fosse sua filha legítima. Mas o antigo casal vive brigando, principalmente após a separação.

Largaram a residência alugada que dividiam na mesma vila onde moram os pais e, cada qual, tomou novamente o rumo de casa. Atravessaram a rua para casar, tornaram a atravessar na hora em que a união foi para o vinagre. Caso clássico de canguru tardio ou reincidente. As crianças ficaram com MARIA AUGUSTA. IVAN possui uma agência de turismo nada convencional, cuja sede é a própria casa dos pais. O negócio não é legalizado e ele, volta e meia, arranja um jeito de enganar os turistas reinventando os pontos de visitação do Rio de acordo com a quantidade de gasolina que há no tanque do seu bugre.

Os atrasos no pagamento da pensão dos filhos são frequentes. Isto, claro, desperta a ira de MARIA AUGUSTA que, volta e meia, ameaça denunciar o ex-marido à polícia. Artista plástica sem grandes talentos, consumista com vocação e certificado, o sonho de consumo daquela vistosa mulher quem nem parece ter 53 anos é sair da Tijuca e morar na Barra. Resolveu matricular o filho BÓRIS em um colégio do bairro para que, segundo ela, "já cresça pensando grande, com amiguinhos de grana e longe dos ares sovinas do pai". Na filha NATASHA, também deposita grandes esperanças, já que o namoro com ANDREW pode ser o passaporte para as festas e luxo com os quais sempre sonhou. Ficará frustrada quando a jovem largar o "partidão" pelo concurseiro DIEGO. (Ver trama paralela "A Família Aragonéz") AUGUSTA vai se envolver secretamente com o jovem RICARDO, mas, aos poucos, se reaproximará do grande amor de sua vida, ARLINDO MENDONÇA.

CATARINA ocupa o lugar de DINORAH

No meio da trama, a morte de DINORAH, que vai sofrer um infarto, precipitará uma reviravolta na vida de RAQUEL e MARCUS.

Os segredos do passado que fizeram a moça fugir com um homem mais velho, JUREMIR, virão à tona, modificando a relação dos dois. (Ver trama principal). Paralelamente a este movimento, um vazio se abrirá na mansão de ETELVINA, já que o desaparecimento da vítima das suas chantagens também representa o sumiço da cozinheira de mão cheia que mantinha sob rédea curta. Ao espionar MONALIZA, secretária da Mercury que aluga um quarto na residência dos russos na Vila da Tijuca, CATARINA descobrirá toda a história e a necessidade de uma nova cozinheira na casa dos proprietários da construtora.

DIMITRI e ela, a esta altura, já estarão interessados em saber mais detalhes do casal MENDONÇA, afinal, têm planos de participação acionária no negócio milionário presidido pela família. Disfarçada, a velha espiã russa vai se aproximar de ETELVINA, oferecendo seus serviços de cozinheira associados a falsas cartas de recomendação que incluem famílias tradicionais de toda a Europa. A maquiavélica mulher de ARLINDO não vai pensar duas vezes e contratará CATARINA – que utilizará o falso nome de KIKI na abordagem. A vilã mal sabe que porá dentro de casa uma mulher bem mais esperta do que ela, e que estará muito próxima de conversas, papéis e segredos ligados à construtora.

BERENICE, a governanta que toma conta da casa com mãos de ferro, e que sempre tratou com desprezo a antiga cozinheira, DINORAH, vai tentar estabelecer a mesma linha de conduta com relação a KIKI. Mas em vez de encontrar uma senhora submissa, estará diante de uma russa treinada pela KGB, rival bem mais forte do que ela possa imaginar. A toda hora vai tentar pegar KIKI de surpresa, pois desconfiará daquela senhora com ares de vovó da chapeuzinho vermelho desde o primeiro encontro. Sempre será apanhada no contrapé. No dia em que tentar seguir CATARINA/KIKI quando ela estiver voltando para casa, a velha russa dará um jeito de inverter os papéis da perseguição, e ela mesma vai acuar BERENICE (a esta altura, a governanta já saberá do segredo sobre Gonçalo – ver trama principal).

Serão vários os momentos em que a governanta tentará armar para cima da cozinheira, mas terminará dando com os burros n'água. Na residência, KIKI fará de tudo para não ser flagrada quando MONALIZA, ANDREW ou NATASHA estiverem presentes, já que eles conhecem sua verdadeira identidade. O especial talento para o preparo de pratos da culinária internacional – herança do contato com diferentes imigrantes à época da extinta União Soviética – vai ludibriar ETELVINA que, ao contrário de BERENICE, não terá um pingo de desconfiança acerca das verdadeiras intenções de KIKI.

A esta altura, DIMITRI já terá comprado 30% das ações da construtora Mercury e CATARINA o ajudará em sua missão de desbancar FONSECA. A revelação de que DIANA, a quem consideram como neta, também é filha de FONSECA, fará os russos desistirem do plano de vingança.

Mas NICOLE, cuja esquizofrenia já atinge um grau bastante elevado, continuará com seu desejo de se vingar do pai.

— — — — — — — — — — — — — —

Duas irmãs e os gêmeos do milênio

Há quase 20 anos, um trágico acontecimento marcou a vida das irmãs YOLANDA e SIMONE, selando uma relação de dominação da primeira – que é uma mulher fria e invejosa – sobre a segunda – amorosa e muito mais bonita. No mês de maio de 1995, um acidente de carro matou os pais delas, SÉRGIO e HELENA.

Era o aniversário de casamento deles. As irmãs também estavam no veículo, mas sofreram apenas pequenos arranhões. Foi uma noite de muita chuva e bebedeira, um típico cenário que apontava os caminhos para uma tragédia, mas não foi o álcool – um dos maiores vilões de nossas estradas – a verdadeira causa do acidente.

YOLANDA, caçula da família, dirigia o veículo, mas, aproveitando-se do fato de a irmã estar completamente embriagada, inventou dois enredos para a mesma tragédia. A única verdade nas duas histórias é que SÉRGIO e HELENA, alcoólatras frequentadores dos Alcoólicos Anônimos (A.A.), saíram do restaurante naquela ocasião completamente bêbados.

SIMONE, que herdou da dupla a paixão pelos copos, também bebera de forma excessiva. Já é estranho terem caminhado do restaurante para o carro, afinal não conseguiam sequer formular uma frase completa. Dirigirem o veículo, portanto, estava fora de cogitação. Por esse motivo, YOLANDA, que não bebera, resolveu assumir o volante. Em uma rua deserta, perto de casa, ela perdeu o controle do veículo, que capotou diversas vezes. SÉRGIO e HELENA, desmaiados pelo porre de uísque no banco traseiro, morreram no mesmo instante. YOLANDA conseguiu sair do carro e retirar SIMONE – desacordada – do banco do carona do veículo.

Quando a polícia chegou, a caçula assumiu a responsabilidade pela tragédia. Inventou ter sofrido uma fechada violenta, jogou a culpa na pista molhada pela chuva torrencial que caíra naquele dia, e ainda conseguiu posar de vítima e salvadora da vida da irmã para familiares e amigos. Ela sempre soube fazer um drama como uma autêntica heroína de *Hollywood*. Para SIMONE, entretanto, contou uma versão diferente. Mentiu ser a irmã quem estava ao volante, e afirmou ter assumido a culpa apenas para livrá-la da cadeia. A memória de SIMONE relativa àquela data "acaba" quando todos ainda estavam no restaurante. Não se recorda de qualquer ato posterior naquela noite que, de fato, merece ser esquecida. Vulnerável e triste, acreditou piamente na irmã e ainda agradeceu pelo ato de "bondade" naquele momento de fragilidade e autopenitência.

Desde então, YOLANDA utiliza o falso segredo como forma de intimidação e assédio moral. "Imagina se o seu marido descobre que a mulherzinha dele, tão perfeita, matou os próprios pais. Claro que eu, a irmã que te ama, jamais contaria, mas... Tudo é possível, não é? " Arrasada pela culpa, SIMONE buscou tratamento para o vício do álcool e focou seu pensamento na carreira profissional (promessa que fizera aos pais no dia do enterro, quando, arrasada, precisou ser amparada a todo instante pelos familiares). Ao conhecer o marido, FABIANO, alguns anos depois, já era uma nova mulher. Da culpa, porém, YOLANDA jamais permitiu que SIMONE se esquecesse. O marido apenas sabe que a mulher já foi alcoólatra, nem desconfia das chantagens.

O casamento é invertido para os padrões tradicionais e muito bem-sucedido. É ela quem trabalha e sustenta financeiramente a família, enquanto FABIANO assume as tarefas domésticas clássicas – desde o cuidado com os filhos adolescentes, até a limpeza do lar. Ele é bonitão, de corpo atlético, simpático e ainda cozinha as melhores receitas, como se aquela casa fosse um autêntico programa de TV voltado para donas de casa, mas sem um papagaio a tiracolo. Toda mulher sonhar ter o seu FABIANO em casa. O rapaz veio de Santa Catarina para tentar a sorte no Rio e acabou encontrando a mulher perfeita para o seu tipo caseiro e prendado: SIMONE trabalha como diretora financeira da Construtora Mercury. Se a mulher esconde um segredo que nem ela sabe que envolve uma mentira, FABIANO também tem o seu. E este pode mudar os rumos de toda a família.

Os gêmeos do milênio

Em 1999, SIMONE engravidou de gêmeos plurivitelinos em fins de março/início de abril – o médico nunca soube precisar. A gravidez virou manchete de jornais e revistas voltadas para a família. Naquela barriga poderiam estar os primeiros gêmeos do milênio. Todos sabiam que o ano 2000 não significava a contagem de novos mil anos, isto só aconteceria em 2001, mas a simbologia que envolvia a virada de ano influenciava as pessoas, e com aquela gravidez não seria diferente. A cesariana foi marcada para a meia-noite do dia 1º de janeiro. O casal estava exultante com o nascimento. Em nenhum outro momento, Fabiano vira a mulher tão feliz. Ele sabia que SIMONE estava curada do vício do álcool, mas acreditava que aquela gestação seria a pá de cal em qualquer medo de ambos com relação a alguma recaída da bela executiva da construtora Mercury. Estavam casados havia dois anos, sem qualquer briga ou desentendimento mais grave.

YOLANDA, que se sentia preterida pelos pais desde a infância, ampliou a raiva histórica que tinha da irmã quando ela engravidou. Entretanto, ao contrário do que pensava quando inventou a chantagem do acidente, SIMONE deu a volta por cima e colocou sua vida nos eixos. Virou uma mulher decidida, madura e ainda mais bela do que quando jovem. Ao ser apresentada por SIMONE a FABIANO, quando ainda eram namorados, YOLANDA se apaixonou pelo belo cozinheiro. Casou-se com o PROFESSOR FERENZI apenas porque já estavam namorando e para não ficar sozinha. Mas prometeu a si mesma que o belo e prendado cunhado de ombros largos, algum dia, seria dela.

O ano de 1999 correu rapidamente, SIMONE ganhou um barrigão daqueles! Seriam dois meninos, GONÇALO e PAULINHO. O quarto estava pronto, as roupinhas compradas, os sonhos de uma família feliz para sempre devidamente encomendados. Quando faltava menos de uma semana para o nascimento, um exame revelou que uma das crianças estava morta. O médico sabia que aquele fato quase inexplicável – os últimos exames estavam ótimos – seria uma verdadeira bomba para a família, sobretudo para SIMONE. Decidiu contar primeiramente para FABIANO. Sem pensar duas vezes, o então pai do milênio pediu ao obstetra que não revelasse nada a SIMONE. Sua ideia parecia insana, e era mesmo, mas seria a forma mais fácil de não ver a mulher cair em depressão e, possivelmente, na tentação do álcool: comprar uma criança para colocar no lugar do bebê morto.

Lembrou-se de JOYCE RAMOS, antiga conhecida do tempo em que morava na comunidade Maciço do Morro da Cruz, em Florianópolis (SC). A mulher agenciava a venda de crianças de mães que não tinham condições de criá-las. Ele era pequeno, mas se lembrava com clareza das ações de JOYCE em parceria com VÍTOR, o falecido marido. Três meses antes do exame que revelou a morte de um dos bebês de SIMONE, houve um jantar promovido por ARLINDO MENDONÇA, nos jardins da mansão, para funcionários da Construtora Mercury. Nesse jantar, FABIANO reencontrou JOYCE, agora com o nome de DINORAH.

Ela trabalhava como cozinheira na residência do poderoso empresário. Os dois conversaram rapidamente sem que os convidados notassem. Foi a ela que FABIANO recorreu, apesar de DINORAH – desde a chegada ao Rio – jamais ter participado de novas compras e vendas de bebês. Em princípio, ela recusou o pedido do antigo vizinho. Mas vendo sua situação de desespero, decidiu ajudá-lo.

Os contatos de DINORAH fizeram com que FABIANO conseguisse rapidamente um "novo" GONÇALO para o lugar do que havia falecido. Com a conivência do médico que chefiava a equipe na sala de cirurgia, o bebê foi colocado no berçário e a história dos "gêmeos do milênio". Rendeu matéria até no Jornal Nacional.

Esta intermediação da venda da criança custou caro para DINORAH (ver trama principal), mas a vida da família de SIMONE seguiu o feliz roteiro que FABIANO quis preservar. Somente YOLANDA não ficou satisfeita com toda a repercussão daquele nascimento.

SIMONE e o tédio de um casamento perfeito

Uma família perfeita, uma história de cinema. Executiva bem--sucedida desde muito jovem, SIMONE ficou ainda mais madura após a maternidade. Tornou-se uma profissional disputada pelo mercado. Virou diretora financeira da Construtora Mercury.

Nos dias de hoje, sobre aquele lar tão badalado graças aos "gêmeos do milênio" são lançados os olhares constantes de todo o Jardim Oceânico. "Essa coisa de familiazinha perfeita me irrita neles", sempre praguejou YOLANDA. Os comentários são 90% femininos, na medida em que FABIANO, cozinheiro de mão cheia, trabalha como dono de casa e adora essa função. De quebra, ainda faz as mulheres suspirarem no calçadão. Ele, de fato, tem aquela pinta de galã e marido-modelo: com seu corpão sarado, vai à feira, à padaria, pega os filhos na escola, e só tem olhos para SIMONE. As tentações são de todos os tipos, cores, e sabores, mas ele resiste. Ama a esposa incondicionalmente.

Em casa, todos os dias, almoços e jantares são banquetes. Sempre com novos temperos e receitas, FABIANO faz de tudo para agradar à mulher. No futebol semanal, (FABIANO é um centroavante respeitado nas várzeas um pouco mais aprumadas da Barra), o marido exemplar é motivo de discussão entre os amigos cangurus, que o enxergam como uma espécie de estudo de caso para a vida deles no futuro, caso se casem.

CHUCHU, o homem cujo noivado já dura 13 anos, não entende por que o amigo se casou. Já RICARDO, até pela sua fama de arame liso – e já contaminado por um amor desenfreado pela misteriosa mulher de burca – apoia totalmente a relação de entrega a SIMONE. E DIEGO ARAGONÉZ não perde a piada e as encarnações em FABIANO, ao dizer que ele é um autêntico "dominado" pela mulher executiva. "Ela, certamente, não te valoriza", diz.

O canguru concurseiro parece ter razão em seu discurso. Nos últimos tempos, alguma coisa se desconectou no sentimento de SIMONE com relação ao marido. A certeza de um homem sempre presente, prendado, sincero e sensível passou a entediar a executiva. É a única mulher no planeta que já não enxerga tanta beleza em FABIANO. Para ela, falta ao cozinheiro um pouco mais de ambição e conquistas relevantes fora das paredes do apartamento da Barra da Tijuca. Ao conhecer o deputado JUREMIR depois de sua separação da protagonista da trama, RAQUEL (ver trama principal), SIMONE decidirá pedir o divórcio, para espanto de toda a família.

Nem YOLANDA, que achava que o casamento dos dois iria acabar porque FABIANO se encheria do excesso de compromissos profissionais da irmã, vai acreditar. Os gêmeos decidirão ficar com o pai. SIMONE vai sair de casa para morar com JUREMIR.

O fim do casamento marca uma virada profissional para FABIANO, que terá de ir atrás de um emprego. O ex-dono de casa vai abrir um pequeno restaurante, que logo começará a crescer. As receitas, temperos e charme da FABIANO correrão por todo o Rio de Janeiro, e logo ele se tornará um *chef* respeitadíssimo no Rio. Então, se aproximará da ativista JUANITA, filha de PEPE. A moça, que já arrastava um caminhão de frutas inteirinho pra cima do cozinheiro quando ele ainda era casado, finalmente, vai conseguir fisgá-lo. Mas YOLANDA conseguirá separá-los graças à descoberta do segredo sobre os gêmeos.

FERENZI, YOLANDA e a descoberta do segredo sobre os gêmeos

A relação do professor de psicologia e ambientalista FERENZI com YOLANDA nunca foi pacífica. Casaram-se logo depois de SIMONE e FABIANO, apenas para que a irmã caçula não se sentisse inferior à primogênita. O professor ministra aulas na faculdade onde estudam

KARLA, JUANITA, MANU e NATASHA. Querido por suas alunas, é um profissional muitíssimo respeitado na faculdade e espécie de voz da consciência para muitas personagens, sempre pronto a ouvi-las.

Seu trabalho como ecologista está ligado, principalmente, à defesa das lagoas do bairro. Apenas YOLANDA não considera o marido essa maravilha toda. Acha que o salário de professor – que também a sustenta – nunca os fará subir na vida. Muito menos a alcunha de defensor da ecologia. Sonha com vida próspera, joias, carrões e viagens. Mas, de maneira contraditória, YOLANDA tem uma paixão escondida exatamente pelo marido da irmã, que sequer trabalha fora.

Na verdade, a maioria de suas ações sempre teve SIMONE como alvo. É a inveja da irmã que a faz atingi-la com tramoias que quase nunca dão certo. YOLANDA não quis ter filhos porque a simples ideia de carregar alguém na barriga por nove meses causa-lhe repulsa. Ela é autossuficiente, quer se dar bem e, de preferência, às custas da queda de SIMONE. Quando ela sair de casa e colocar um ponto-final em seu casamento, YOLANDA também vai se separar de FERENZI e se assanhar para o ex-cunhado que, àquela altura, já estará de novo romance e atuando como um *chef* de cozinha em meteórica ascensão.

Depois do meio da trama, YOLANDA descobrirá a história das trocas de bebês orquestrada por FABIANO no ano 2000 e utilizará este segredo como nova chantagem: desta vez para que o cozinheiro fique com ela. O romance será apenas uma invenção para atingir SIMONE, mas FABIANO será obrigado a largar JUANITA, sua nova namorada, por quem já estava apaixonado. SIMONE tomará um susto quando a irmã entrar na festa de lançamento do novo livro de FERENZI acompanhada de FABIANO e, depois de muitos anos, voltará a se interessar pelo ex-marido. O choque, aliás, será para todos: GONÇALO e PAULINHO não entenderão a atitude do pai, que sempre revelou uma certa repulsa pela ex-cunhada. YOLANDA triunfará soberana naquela noite, seu grande sonho desde a adolescência, mas a alegria vai durar muito pouco.

Na volta para casa, enojado com toda a cena de que participara, FABIANO decide contar o segredo sobre a compra de bebês para

SIMONE e GONÇALO. A revelação causará uma reviravolta na família. GONÇALO é um menino rebelde e preconceituoso, implica com uma colega de escola, TAÍS, filha de ROBSON, contador da Construtora Mercury, justamente porque ela é adotada. Como lidará com o fato de que ele – tão cheio de verdades equivocadas – também é adotado? O menino custará a absolver o pai de criação. No fim da trama, GONÇALO descobrirá que é filho de ARLINDO com uma ex-amante, amiga de DINORAH. FABIANO nunca soube deste detalhe sobre a adoção.

Apesar do choque, SIMONE perdoará o ex-marido e, mais ainda, enxergará naquele gesto um ato de grandeza e amor. O homem que, para ela, havia se tornado desinteressante em meio à falta de ambições, novamente será visto com a admiração de outros tempos. Voltará a se apaixonar por ele, revelando um arrependimento pelo fim do casamento perfeito. No final da novela, FABIANO ficará dividido entre JUANITA e SIMONE.

O caso com ARLINDO MENDONÇA

O segredo sobre os gêmeos do milênio foi contado para YOLANDA por ETELVINA, que queria se vingar de SIMONE (ver trama principal). Essa aproximação entre as vilãs levou YOLANDA para dentro da mansão e ela acabou tendo um caso com ARLINDO.

Após a morte de ETELVINA, que foi consequência de uma briga entre as duas, YOLANDA ainda reinará por algum tempo na mansão. Seus conflitos com a governanta BERENICE, que conhece a identidade do verdadeiro pai de GONÇALO, serão constantes. Ela tentará humilhar a serviçal, procurando ser uma cópia da antiga patroa.

Seus arroubos de dondoca vão durar pouco. O polígamo ARLINDO cansará de YOLANDA, expulsando-a da mansão. Mas nossa "vilã Tom & Jerry" não desistirá de seus golpes, e ainda fará uma última tentativa.

O derradeiro golpe furado de YOLANDA

Afastada da irmã, sem FABIANO, sem ARLINDO, e longe de reconquistar FERENZI, que já estará envolvido com uma de suas alunas – a bela e insegura KARLA –, a ardilosa YOLANDA tentará um último golpe. Num de seus passeios pelo calçadão da praia da Barra da Tijuca, ao parar em um quiosque para tomar água de coco, vai encontrar um senhor negro muito simpático, que se apresentará como rico empresário do ramo do agronegócio. Sujeito bem-apessoado e bom de lábia, ele contará a YOLANDA que é viúvo e sem herdeiros, tratando de discorrer sobre fazendas, cabeças de gado e altíssimos lances em leilões de búfalos.

Os olhinhos de YOLANDA brilharão, imaginando os benefícios que aquele contato, feito ao acaso, pode render. O que ela nem desconfia é que ali não está nenhum empresário bem-sucedido, mas sim o velho parlapatão SEU CLÁUDIO, marido de DONA ZILDA e pai de RICARDO e MANU, em mais um dos seus muitos personagens praianos para obter vantagens. Será um conto do vigário de ambas as partes. Os dois manterão contato e começarão um romance cheio de interesses: a intenção de CLÁUDIO é se sentir um autêntico garotão ao lado de uma moça quase 35 anos mais nova. Já YOLANDA deseja apenas orquestrar o bom e velho golpe da barriga. Para quem odiava a ideia de ter filhos, engravidar de um milionário não seria tão ruim, já que, na esteira da gravidez, viriam muitas conquistas.

YOLANDA vai mesmo engravidar de SEU CLÁUDIO e, no início, nem desconfiará do golpe que sofreu. O falso empresário alegará uma viagem de negócios para o exterior – como forma de pensar o que fazer para solucionar aquele caso – e YOLANDA começará sua extensa lista de planos, viagens e compras para a vida nova que acha que vai ganhar. Um dia, numa ida à faculdade para cobrar de FERENZI um aumento na mesada que ainda recebe mesmo depois de ter saído de casa, YOLANDA humilhará o professor, chamando-o de derrotado e medíocre. Contará sobre a gravidez de um homem "rico", e sairá da sala radiante, achando que, finalmente, conseguiu seu momento de glória. Serão pouquíssimos minutos de triunfo.

Na saída, vai ver SEU CLÁUDIO, que veio buscar MANU após a aula. Ela vai seguir o carro do empresário aposentado e descobrirá que foi enganada. O escândalo vai parar todo o edifício. DONA

ZILDA, arrasada, colocará o marido para fora de casa. Ele vai rumar para o apartamento do filho RICARDO, o antigo canguru que terá a especial missão de reaproximar os pais. YOLANDA vai dar à luz o filho daquele homem que, de rico, nunca teve nada. Será, agora, sustentada por ele e FERENZI, mas muito longe do *glamour* com o qual sonhou a vida toda. O bebê nascerá mulato e terá como padrinhos DONA ZILDA e RICARDO.

Arroubos da adolescência

São cinco adolescentes de 13 anos pulverizados por cada núcleo da novela: VIVIANE; TAÍS; BÓRIS; GONÇALO e PAULINHO. Todos receberão influência direta das tramas adultas que os envolvem. Eles estudam no mesmo colégio na Barra da Tijuca em que a protagonista RAQUEL, após chegar ao Rio de Janeiro com JUREMIR e a filha VIVIANE, vai dar aulas.

VIVIANE é uma adolescente insatisfeita por ter se mudado para o Rio de Janeiro depois que o pai, o deputado JUREMIR, foi empossado no lugar de um antigo parlamentar cassado. A menina adora JUREMIR, não sabe que seu verdadeiro pai é MARCUS (ver trama principal) e tem muita implicância com RAQUEL. Pensa que foi a mãe quem o convenceu a assumir o cargo, e sente que o amor dela por JUREMIR jamais existiu de verdade.

Já TAÍS foi adotada por ROBSON e GISELE como uma espécie de compensação para a perda da filha ROBERTA, há mais de 20 anos. GISELE morreu de câncer em 2005. TAÍS é negra e sempre soube que foi adotada, já que o pai e o irmão, CHUCHU, por quem possui verdadeira adoração, são louros.

Num prédio próximo vivem GONÇALO e PAULINHO, filhos de SIMONE e FABIANO, festejados como gêmeos do milênio no ano 2000 por, supostamente, terem nascido no primeiro minuto do dia 1º de janeiro. A verdade, porém, é outra: numa ação desesperada de FABIANO (ver trama paralela "Duas irmãs e os gêmeos do milênio"), SIMONE não chegou a descobrir que um dos gêmeos que esperava morreu ainda na sua barriga, poucos dias antes do nascimento.

FABIANO comprou GONÇALO e o colocou no lugar do bebê morto, segredo que guarda a sete chaves.

PAULINHO, o filho legítimo, é um adolescente muito inteligente e boa-praça, um contraste bastante claro, se comparado ao "irmão" GONÇALO, típico rebelde sem causa, que apronta todas no colégio.

No outro lado da cidade, na Tijuca, Zona Norte, mora BÓRIS, filho da materialista MARIA AUGUSTA com o sovina IVAN. BÓRIS é superdotado, mas faz de tudo para esconder esta característica dos amigos da escola.

BÓRIS, o superdotado

Não é fácil ser filho de um ex-casal que vive em pé de guerra com conflitos que envolvem, geralmente, questões ligadas à futilidade da mãe gastadora (MARIA AUGUSTA) e à esquisitice de um pai excessivamente pão-duro (IVAN). BÓRIS nasceu como caçula de uma família que já estava em pé de guerra fazia algum tempo. Foi uma espécie de tentativa de salvação matrimonial, mas não deu certo. Para complicar a vida do garoto, pai e mãe se separaram, mas moram na mesmíssima vila, na Tijuca. E ele vive se equilibrando entre os dois lares, ouvindo histórias de cada lado. Os pais se preocupam tanto com os recados insanos mandados por intermédio de BÓRIS, que nunca perceberam uma faceta da qual o garoto não se orgulha e tenta esconder a todo instante: ele é superdotado.

Na escola, com medo de parecer "diferente" e de não ser aceito por parte dos colegas, o menino erra de propósito algumas questões em provas apenas para se igualar aos coleguinhas de classe. BÓRIS é o gordinho com cara de comilão que senta na última fila e, aparentemente, não quer nada com a Hora do Brasil. Adora futebol, mas nunca viu o seu time – América –, herança e carma herdado do avô, SEU JUCA, ser campeão de coisa alguma. Vive brincando com os colegas na sala de aula, rindo e contando piadas, o que gera a ira das professoras. As notas baixas e reprovações, entretanto, nunca aparecem, e isso intriga a todos. PAULINHO, filho "legítimo" de FABIANO e SIMONE, desconfia do amigo, já que BÓRIS tem ótimo desempenho sem fazer os deveres de casa, nem copiar todas as lições do quadro. "O que este bagunceiro faz pra se dar tão bem nas provas? "

PAULINHO é o mais esforçado, o mais interessado nas aulas, o que desperta mais atenção. O irmão, GONÇALO, o chama de "*Nerd*", em razão dos óculos fundo de garrafa que repousam sobre aquele nariz, que já sente a presença das primeiras espinhas. Apesar da fama de bom aluno, está a anos-luz do brilhantismo de BÓRIS que, aparentemente "voando" em sala, pode, rapidamente, resolver a mais difícil das equações e continuar sua costumeira galhofa. Na verdade, as bagunças de BÓRIS são uma espécie de autodefesa para o fato de ser superdotado. Querido pelos colegas – da turma da primeira fila, aos bagunceiros que comanda no fundo da sala – e motivo de desconfiança dos professores, o garoto vive uma autêntica sinuca comportamental.

Pai e mãe também não entendem por que tantas reclamações na caderneta não repercutem em notas baixas no boletim. BÓRIS chegará ao cúmulo de errar quase todas as questões de uma prova, de propósito, apenas para, finalmente, parecer "normal". Será PAULINHO o primeiro a perceber o brilhantismo do colega de classe e sua angústia por não se aceitar superior aos demais. O garoto revelará suas desconfianças sobre BÓRIS às irmãs dele, NATASHA e DIANA. Os três, com a ajuda de RAQUEL, professora da turma, irão ajudá-lo a perder o medo de, finalmente, mostrar à escola sua condição especial.

O buyiling de GONÇALO sobre TAÍS

GONÇALO é o típico rebelde sem causa existente em várias famílias e salas de aula Brasil afora. Adolescente preconceituoso, falastrão, metido a dono da verdade, só tolera BÓRIS e alguns poucos colegas porque estes, na sua visão, podem ser considerados "normais". E o que seria a anormalidade na estranha cartilha de GONÇALO? Tudo o que é diferente dele. O garoto rechaça diferenças de qualquer espécie e age de maneira a destruir o que considera errado em seu pequeno dicionário de comportamento. Em casa, fica furioso pelo fato de a mãe, SIMONE, trabalhar e o pai, FABIANO, ser o responsável pelas tarefas domésticas. "Só aqui em casa existe pai mariquinha e mãe machona", diz.

O pai tenta a todo custo dar um jeito no filho, mas não há santo que modifique a conduta social nada amigável daquele pré-adolescente que pensa ter o rei na barriga. As confusões dentro de casa não param por aí: PAULINHO, o falso irmão gêmeo de GONÇALO (ver trama paralela "Duas irmãs e os gêmeos do milênio"), a toda hora é chamado de "*Nerd*" e "CDF" por ele, devido às notas altas e aos óculos de lentes espessas. O curioso é que como não estuda e, quase sempre, é obrigado a colar dos colegas, no fim das contas é ao irmão que procura para conseguir as respostas das provas. Sua principal vítima na escola, entretanto, é TAÍS, filha de ROBSON e da falecida GISELE.

O motivo não poderia ser mais torpe: o fato de ela ser negra e o pai, branco. TAÍS é adotada e demonstra bastante orgulho de sua história de vida. GONÇALO, entretanto, não esconde de ninguém que rejeita qualquer tipo de adoção, ainda mais aquela, que chama de "sinistra", demonstrando preconceito e intolerância. O garoto não deixa de "premiar" a menina com palavras muito duras. "Eles pensam que enganam a quem se cada um é de uma cor naquela casa? ", dirá o garoto, considerando-se o próprio senhor da razão. A jovem se sentirá humilhada e constrangida, apesar de confiar plenamente no amor que recebe do pai e do irmão. PAULINHO protegerá a menina de todas as formas e vai ser o principal combatente das ações protagonizadas por aquele que pensa ser seu irmão gêmeo.

Chamado ao colégio em razão do comportamento estúpido do filho, FABIANO receberá a notícia do *bullying* sobre a menina adotada com choque e preocupação. GONÇALO foi comprado pelo pai e colocado no lugar do filho morto que SIMONE esperava. Como lidará com o fato de que também foi adotado? Depois do meio da trama, GONÇALO vai receber a notícia de que ele e TAÍS são mais parecidos do que poderia imaginar.

A verdade sobre GONÇALO

Depois da separação do casal FABIANO e SIMONE, YOLANDA também vai se separar de FERENZI e fazer de tudo para ficar com o ex-cunhado. Àquela altura, FABIANO viverá um romance com a jovem e batalhadora JUANITA, ativista política que trabalha na ONG presidida por RAQUEL. O romance vai acabar quando YOLANDA descobrir o segredo de FABIANO sobre a troca de bebês, e chantagear o cozinheiro para fingir que os dois estão namorando. (Ver trama paralela "Duas irmãs e os gêmeos do milênio"). No início, com medo da reação do filho, ele cederá à proposta. Depois, sem suportar a pressão, vai revelar toda a história para SIMONE e GONÇALO.

O garoto que, após a separação dos pais, continuará morando com FABIANO – assim como PAULINHO – vai fugir de casa, deixando a família em pânico. Todas as pretensas verdades que sempre soube da própria vida terão caído por terra, e ele ainda estará imerso na situação que tanto despreza: é um filho adotado. Tão adotado quanto TAÍS, a menina negra de pai e irmão brancos de quem sempre zombou. Quem será seu pai? Por que logo ele é um filho ilegítimo? Aquele será um duro golpe em toda a família. GONÇALO deixará de morar com FABIANO, a quem só conseguirá perdoar no final da trama.

O garoto vai passar a conviver com o fato de ser adotado e, para isso, terá o apoio exatamente de TAÍS. Será o momento de redenção de GONÇALO, que pedirá perdão por tudo o que fez contra a menina desde que os dois se conheceram no colégio. Em paralelo a este movimento, vai buscar ainda saber a sua verdadeira história e a identidade dos verdadeiros pais. Nos últimos momentos da trama, o adolescente descobrirá que o seu pai é o poderoso ARLINDO TORRES MENDONÇA. GONÇALO é fruto de um relacionamento do presidente da Construtora Mercury com uma ex-amante e terá direito a uma parcela da fortuna ligada ao negócio.

A superproteção sobre VIVIANE

Nascida no norte fluminense, sem conhecer nada do passado de sua mãe (RAQUEL), a adolescente VIVIANE não vai gostar da mudança da família para o Rio de Janeiro. O suposto pai, JUREMIR, é suplente de um deputado que foi cassado após um escândalo político. Veio para o Rio a fim de assumir a vaga na Assembleia Legislativa. VIVIANE é muito apegada ao pai, de quem sempre recebeu carinho como se ela fosse, de fato, sua filha de verdade. Apenas JUREMIR e RAQUEL sabem que VIVIANE é filha de MARCUS, e só eles conhecem todo o passado que envolve a chantagem entre as avós da menina, ETELVINA e JOYCE RAMOS/DINORAH. (Ver trama principal).

Ao contrário do que ocorre com JUREMIR, VIVIANE tem muita implicância com a mãe. A adolescente acha que foi RAQUEL quem pressionou o pai para que a família se transferisse para a capital do estado. Além disso, sempre desconfiou que a ativista política não ama JUREMIR. Parece intuir que, por trás daquele casamento já desgastado e cheio de arestas, existe uma complexa trama.

RAQUEL será professora da turma onde VIVIANE, BÓRIS, GONÇALO, PAULINHO e TAÍS estudam. A proximidade entre as duas vai tornar a relação ainda mais conflituosa. Com a morte de DINORAH, virá à tona a verdade sobre a fuga de RAQUEL naquele *Réveillon* de 2000, quando os sonhos do então jovem casal caíram por terra. A descoberta de um novo pai irá confundir a cabeça da menina.

Quando RAQUEL e JUREMIR se separarem, haverá uma grande batalha judicial pela guarda de VIVIANE, mas ela vai preferir ficar com JUREMIR. Apenas no final da novela os pais legítimos conseguirão uma reaproximação definitiva com a menina.

A família ARAGONÉZ

O casal ARGONÉZ veio da Espanha para o Brasil na década de 70. PEPE, natural da ilha de Lanzaroti, tinha um restaurante na cidade de Santiago de Compostela, onde morava desde a adolescência. Após um discurso inflamado e emocionado contra a ditadura de Franco dentro do estabelecimento, foi perseguido pelas Falanges Franquistas e obrigado a fugir do país com a esposa. Não era uma nau, mas vieram pelo mar. Não era um novo descobrimento, mas a autodescoberta de um casal jovem e cheio de sonhos em meio a uma terra nova, sobre a qual nada conheciam. Caíram aqui durante o regime militar, o falso milagre econômico, promessas de uma nação que iria pra frente e outras baboseiras.

O que se sabe é que eles, sim, foram pra frente. Com dificuldades, claro, mas caminharam. Primeiramente, montaram uma barraquinha na feira, onde vendiam legumes. Mas o espírito empreendedor de ambos, filhos de comerciantes, logo fez a pequena barraca evoluir para uma maior, desta para uma quitanda e, da quitanda, para um restaurante, o Lanzaroti, um dos xodós dos moradores do Jardim Oceânico.

Compraram o terreno quando a região ainda era pouco habitada, viram a história do bairro acontecer, foram protagonistas e narradores da movimentação dos cariocas que, anos depois, povoaram a Barra da Tijuca, transformando-a em um dos mais famosos recantos do Rio. PEPE ARAGONÉZ, de pé naquele balcão, filmou na memória todos os momentos que desfilaram à frente do Lanzaroti.

PEPE é o típico paizão que trabalhou a vida inteira pensando no bem-estar dos filhos. Pagou os melhores colégios e as faculdades para os três. Como forma de projetar as próprias frustrações por não ter conseguido estudar – ele sempre quis ser médico – se aproximou um pouco mais do filho, característica natural do conservador clássico que fala de varão para varão sobre qualquer assunto... de varão, claro!

Viu crescer juntinha aquela turma de jovens que, certo dia, saiu de uma lanchonete com copos plásticos, cerveja e coca-cola pelas mãos para comemorar o noivado de MARCUS com RAQUEL em plena praia. "Aliás, há quando tempo o MARCUS não passa por aqui..." Achou a cena linda, lembrou das estripulias ainda na Espanha, dos próprios sonhos. E aí mora tamanha identificação e proteção com DIEGO.

Ama a prole – DIEGO, KARLA e JUANITA – da mesma forma, mas ao primogênito sempre se entregou um pouco mais. Segredos de menino que a mulherada da casa nunca entendeu. Não à toa permite que o filho apenas estude há dez (sim, DEZ) anos para passar num concurso público e siga sem trabalhar. Ora, DIEGO não é mais um adolescente, já tem 34, mas PEPE e PILAR – esta, a típica batalhadora que encara fogão, brigas, sonhos e devaneios do maridão com a mesma desenvoltura – encasquetaram que o "menino" vai ser "Doutor". Com as meninas, PEPE é mais durão, fala grosso, sonha com bom casamento, mas tem a mesmíssima adoração. O espanhol é humano demais até nas contradições.

O filho pródigo e as filhas trabalhadoras

DIEGO, o filho mais velho, xodó varão do paizão, formou-se em Direito há 10 anos. Foi uma festa de quase um mês inteiro naquela família. Desde então, o advogado resolveu tentar concurso público e se estabelecer em uma carreira promissora – juiz, promotor, desembargador, defensor.

PEPE e PILAR ficaram muito orgulhosos com os desejos do filho. As irmãs que, à época da formatura do irmão tinham 12 e 13 anos, também. Mas o projeto, claro, deveria ser rápido. "Faculdade boa, advogado recém-formado, não dou dois anos pro meu filho ser chamado de Doutor Aragonéz", confidenciou PEPE para um freguês antigo. O que ninguém contava é que a batalha para passar num concurso, na verdade, se revelaria uma verdadeira cruzada. Uma odisseia. Uma novela. Um drama. Um carma. Lá se vai uma década desde o diploma. Lá se vai uma década de desilusões. Sobrou apenas uma centena de gabaritos guardados numa pasta por DIEGO, espécie de dossiê das suas frustrações. A "agnóstica" PILAR já fez promessas para todas as Marias de que tem conhecimento. Consta, inclusive, que inventou algumas novas. Já pôs até a imagem de Santa Teresa D'Ávila de cabeça para baixo como castigo por ainda não ter ajudado o filho. Nada tem dado certo.

Mas onde entram as confusões no lar? Ora, as filhas cresceram, passaram para a faculdade de psicologia, viraram belas mulheres cheias de personalidade. E a elas foram entregues funções no restaurante, ou seja, ajudam os pais em alguns afazeres ligados ao estabelecimento, quer no caixa, no balcão, ou até mesmo no preparo de alguns pratos, já que a belíssima e insegura KARLA leva um jeito danado pra cozinha. Enquanto isso, DIEGO apenas estuda. Passa o dia trancafiado no quarto, de onde só sai para os cursinhos e, claro, para festinhas às sextas e sábados, muitas vezes escondido. Eis o conflito que levou à intolerância completa por parte das irmãs com relação àquele autêntico canguru concurseiro

Na última briga, JUANITA, que é a irmã mais revoltada com o protecionismo, apanhou a coleção de gabaritos das provas que

DIEGO jamais conseguiu chegar perto de passar e espalhou por todo o apartamento, gerando uma briga sem precedentes. Mas a situação ficou insustentável mesmo no dia em que o irmão provocou uma enorme confusão em mais umas das festas no apartamento de CHUCHU. Ele levou uma menina para o quarto do surfista sem saber que ali estavam dormindo ROBSON e DIANA, respectivamente, pai e madrasta do amigo. Só foi perceber que havia mais gente no espaço quando jogou a moça no colchão e, logo depois, pulou ele mesmo na cama. Foi uma gritaria e a festa acabou na hora. No dia seguinte, nos corredores do prédio, só se falava no desfecho do evento.

A partir daí, com vergonha dos pais, DIEGO vai, finalmente, sair de casa. A solução-canguru, entretanto, não será muito radical: morar em um apartamento localizado no mesmíssimo prédio da família, dividindo-o com os amigos, também cangurus, CHUCHU e RICARDO. Os espanhóis PEPE e PILAR continuarão bancando os cursinhos e provas do filho, mas JUANITA e KARLA não saberão deste detalhe.

O triângulo DIEGO, NATASHA e ANDREW

Foi numa festa para comemorar o aniversário de RICARDO que o canguru DIEGO conheceu NATASHA, a bela morena de olhos verdes e rasgados. A paixão mútua foi fulminante. A jovem namorava o poderoso e mau-caráter ANDREW THOMPSON, financista bem-sucedido que atua como vice-presidente da Construtora Mercury. O fato é que aquele romance, nascido por obra de uma "forçação de barra" violenta por parte da materialista e perua MARIA AUGUSTA, mãe da NATASHA, nunca a fez suspirar. Na verdade, a moça resolveu ceder aos caprichos da mãe, que sempre depositou na relação todas as suas fichas. "Isto é namoro para tirar a família do buraco", profetizou, certa vez, para a incrédula filha.

O encontro com DIEGO vai retirar NATASHA do prumo e daquele namorico sem sal com ANDREW. A moça tentará, em princípio, fugir do que sente, mas vai acabar cedendo aos encantos do advogado, que sempre soube dizer exatamente o que as mulheres gostam de ouvir. Com as outras, DIEGO só queria aumentar sua coleção de conquistas, mas com NATASHA tudo vai mudar.

ANDREW, que sempre enxergou a namorada como a mocinha da zona norte caída de amores por ele, homem mais velho e rico, vai demorar a perceber que o bonde passará sem que ele tome assento. Sempre preocupado com as tramoias ligadas à Construtora Mercury e as tentativas de colocar MARCUS e ARLINDO no bolso, deixará a bela morena escapar de seu controle.

Quando NATASHA colocar um ponto-final no relacionamento, ANDREW vai achar que se trata de uma pegadinha. "Como trocar um homem rico, bonito, poderoso? Só se for pelo presidente dos EUA ou pelo Bill Gates!" MARIA AUGUSTA vai achar que a filha está surtada, mas tentará, em princípio, se enganar, pensando que NATASHA conheceu um partido ainda melhor. Com o tempo, verá que não é nada disso. "Essa coisa de psicologia é um perigo! DIANA namora um homem de 60 anos e, agora, NATASHA joga um casamentão pela janela!" A moça tentará esconder o romance tanto de ANDREW como de sua família, mas acabará sendo flagrada aos beijos com DIEGO.

Não demorará muito para ANDREW levantar a ficha inteirinha do rapaz e bater tudo para a ex-sogra. "É pobre, um advogadozinho de porta de cadeia, filho de donos de um restaurantezinho de quinta! ". MARIA AUGUSTA vai precisar de muito mais do que sais de banho e uma tarde de compras no shopping para se acalmar. A mulher que sempre quis subir na vida de elevador panorâmico não poderá concordar com sua filha. "Com aqueles olhos verdes rasgados, como uma menina vai namorar um filho de comerciante que não trabalha? " A mãe vai tentar de todas as formas juntar novamente ANDREW e NATASHA, promovendo encontros-surpresa entre os dois. E, claro, não deixará de implicar com o novo genro, tentando humilhá-lo devido à condição de concurseiro sustentado pelos pais. ANDREW, entretanto, que posa de traído e santinho para MARIA AUGUSTA, mas é sujo e articulador, vai bolar uma trapaça ainda mais séria contra DIEGO, tramando contra a sua família.

A bela KARLA & o professor FERENZI / A ativista JUANITA & FABIANO

Ao contrário do irmão, DIEGO, as filhas de PEPE – KARLA e JUANITA – nunca tiveram muita moleza com o pai. A criação conservadora fez com que as duas, desde muito cedo, tivessem de trabalhar no restaurante, ajudando PILAR. Elas cursam juntas a faculdade de psicologia e são alunas do conceituado professor FERENZI, muito admirado em seu local de trabalho, mas considerado um fraco e derrotado dentro de casa pela ardilosa YOLANDA, sua esposa. A preocupação de PEPE com o excesso de concursos e carência de aprovações do filho fez com que não percebesse as joias de diferentes tipos que possui em casa.

KARLA é uma loura belíssima, bastante insegura, que atrai romarias de marmanjos ao restaurante. Pode-se desconfiar que os famosos pratos espanhóis de PEPE e PILAR perdem em número de fãs para ela. E, para completar seu excesso de predicados, a moça ainda cozinha como uma veterana, o que é um orgulho e tanto para a mãe.

JUANITA não tem a beleza da irmã, mas ganha (de goleada) no quesito personalidade. Fala e argumenta bem, "dobra" os pais em poucos minutos de prosa sobre qualquer tema. Foi presidente do Grêmio do colégio, líder do movimento estudantil e, recentemente, virou diretora regional de uma ONG para pessoas sem moradia (a ONG é presidida por RAQUEL, protagonista da trama, que JUANITA chegou a conhecer quando ainda era criança. As duas se reencontrarão e ficarão amigas – Ver trama principal). PEPE sempre achou a filha contestadora demais para os padrões que ele julga corretos, mas quando resolveu comprar a tesoura para cortar aquelas asinhas, já era tarde demais. A moça é a principal adversária das regalias que DIEGO possui dentro de casa. "Por que esse vagabundo não toma jeito e vai trabalhar? ", pergunta aos pais, que nunca encontram respostas decentes.

Quando DIEGO se mudar de apartamento, as duas terão a chance de tocar suas vidas sem se preocuparem mais com a árida questão familiar. A "liberdade" do irmão também será o salvo-conduto para que realizem projetos pessoais e sigam em frente. JUANITA mergulhará de cabeça nos movimentos sociais e na ONG, da qual se tornou diretora regional contra a vontade dos pais. Com RAQUEL, de quem vai virar muito amiga e confidente, participará de muitos movimentos em prol de pessoas sem moradia, como no caso da briga da Construtora Mercury por um terreno invadido (Ver trama principal). No meio da novela, quando SIMONE deixar FABIANO para ficar com JUREMIR, ex-marido de sua melhor amiga, JUANITA terá um romance com o "dono de casa perfeito", pai dos falsos gêmeos do milênio.

Na verdade, JUANITA sempre lançou olhares fulminantes para aquele dono de casa e paizão de família que faz a porção feminina da Barra da Tijuca inteirinha suspirar: FABIANO marca ponto no restaurante para comer os famosos petiscos de PEPE. Já separado, aquela troca discreta de sorrisos do passado – FABIANO nunca embarcou na onda, pois era fiel à mulher – vai evoluir para um namoro que, em princípio, não terá o apoio do velho espanhol. Como sua menina criada na rédea curta pode ficar com um desquitado pai de dois filhos? É um enredo complicado demais para os seus pensamentos permanentemente ligados a bons modos e costumes. No fim da novela, JUANITA terá de lutar pelo seu grande amor, já que SIMONE vai querer reconquistar o marido que abandonou.

A falta de sossego de PEPE com suas meninas, entretanto, não para por aí. Se JUANITA vai namorar o ex-marido de SIMONE, KARLA terá um romance com o ex-marido da irmã dela, FERENZI. Cansado das humilhações de YOLANDA, o professor de psicologia e ambientalista vai se separar da esposa, reencontrando o amor nos braços de sua mais bela e insegura aluna. O velho paizão espanhol praguejará tudo o que pode e não pode contra o professor e o curso de psicologia. "Onde está a ética deste curso? Este homem fez lavagem cerebral na minha filha!"

Com o tempo, será obrigado a aceitar o genro. FERENZI se verá flertando com a própria adolescência ao ser obrigado, até mesmo, a namorar na sala, sob o olhar atento de PEPE. Depois do meio da trama, KARLA receberá um convite para se tornar modelo fotográfica – mais um tiro de escopeta nos achismos sobre o que é certo e errado no dicionário de vida do comerciante espanhol. "Isto não é profissão de moça direita! " Com o apoio de FERENZI, KARLA aceitará o trabalho, que irá projetá-la nacionalmente.

Do restaurante à feira

A materialista MARIA AUGUSTA vai achar um espanto a troca de NATASHA, que deixará o ardiloso financista ANDREW THOMPSON para ficar com DIEGO. Ele se fará de coitadinho para a ex-sogra, que vê no financista uma chance de ascensão social para toda a família. O que MARIA AUGUSTA não sabe é que o vice-presidente da Construtora Mercury, com sua capa de bonzinho traído, é capaz das tramoias mais sórdidas para derrubar quem passe pelo seu caminho. O executivo arma a todo instante pra cima de MARCUS nas questões ligadas à construtora. Como não faria da mesma forma na vida pessoal? Perder a bela NATASHA para um sujeito que ele considera um pobretão é brincar com fogo no limite do seu narcisismo. ANDREW fará de tudo para atingir o concurseiro, e a forma mais covarde será mexer com aqueles que ele mais ama: seus familiares.

ROBSON, pai de CHUCHU, se divide entre as funções de contador da Construtora Mercury e do restaurante Lanzaroti. Munido desta informação, ANDREW armará um golpe para falsificar a declaração de ICMS do restaurante, obtida na sala onde ROBSON trabalha na construtora. A falsificação fará com que PEPE e PILAR percam o negócio que fizeram decolar. A notícia do fechamento do restaurante vai representar um choque de grandes proporções na Barra da Tijuca. Um dos mais tradicionais pontos de comércio do bairro, o Lanzaroti já faz parte da rotina dos moradores da região do Jardim Oceânico. Conhecido pelo tino comercial, competência e honestidade, PEPE terá o apoio de todo o bairro. Os moradores farão manifestações pela reabertura do estabelecimento, mas a justiça vai manter, num primeiro momento, as portas do estabelecimento fechadas.

Assim que explodir a bomba, DIEGO desconfiará de ROBSON, a quem sempre chamou de "tio". CHUCHU não aceitará passivamente a atitude do amigo, e os dois discutirão. Logo, o canguru concurseiro vai perceber a falsificação e a estupidez de ter desconfiado dos amigos, fazendo de tudo para provar que o negócio do pai nunca teve nada de ilícito. Com o restaurante fechado, PEPE e PILAR voltarão ao passado de feirantes, montando uma barraca de frutas na tradicional feira que funciona bem em frente à Vila da Tijuca. A reação de MARIA AUGUSTA quando descobrir que os sogros da filha estão dando expediente bem na porta de casa será de espanto e briga. Ela, a materialista convicta, que já odiou o fato de o genro ser filho de comerciantes, não poderá conceber a ideia de a situação ainda piorar. "De donos de boteco a feirantes. Daqui a pouco viram pedintes! "

Não será difícil vê-la saracoteando na feira apenas para humilhar PEPE e PILAR, que não se curvarão diante da empáfia daquela mulher cheia de joias falsificadas dos pés até a alma. Os conflitos ocorrerão a todo instante. No meio da trama, após incontáveis tentativas, DIEGO vai, finalmente, passar na prova para Defensor público. Será um motivo de orgulho e esperança para a família que viu seu negócio de anos encalhar numa feira. A surpresa, porém, será o fato de o ex-concurseiro não se adaptar ao cargo. Com a ajuda de alguns amigos, DIEGO conseguirá provar a tramoia orquestrada contra o Lanzaroti, e o estabelecimento será reaberto. Assim que o restaurante voltar a funcionar, DIEGO vai chocar a família ao pedir exoneração do cargo pelo qual batalhou por 10 anos. PEPE quase terá um infarto ao saber da novidade.

A partir de então, ciente de que um cargo público não vai fazê-lo feliz, DIEGO ingressará no negócio da família, para espanto ainda maior dos pais e das irmãs. O espírito empreendedor escondido por mais de 10 anos de provas frustradas e brigas de parar a vizinhança com KARLA e JUANITA vai aflorar. DIEGO, agora em sua novíssima faceta de empresário, transformará o Lanzaroti em uma famosa rede de supermercados. Será o grande desfecho para aquele que passou uma década correndo atrás de um sonho completamente equivocado.

ROBSON, DIANA e CHUCHU: um triângulo familiar

Eis um pai que se acostumou a cair e levantar. A vida de ROBSON é marcada por dramas e superações em sequência. Passou por provações que o tornaram um sujeito, ao contrário do que qualquer um poderia imaginar, extremamente otimista e jovem. Tem quase 60 anos, mas alma e carcaça de bem menos. Soube superar a dor das perdas que teve em sua família através da dedicação aos dois filhos. Hoje, é um sujeito tranquilo, bom de papo, cheio de fãs no calçadão. Quem o vê de longe correndo na praia do Pepê junto com CHUCHU, o primogênito, pode jurar que se tratam de dois irmãos. No campo profissional, divide-se entre as funções de contador da Construtora Mercury, presidida pelo velho amigo ARLINDO MENDONÇA, e do restaurante Lanzaroti.

Há vinte anos, ele e a mulher, GISELE, sofreram um duro golpe com a morte de ROBERTA, segunda filha do casal. A menina morreu de meningite, fato que chocou toda família e a vizinhança do condomínio da Barra da Tijuca. Quando o filho, CHUCHU, completou 18 anos e passou para a faculdade de administração (ano 2000), decidiram adotar uma menina negra recém-nascida, TAÍS, que, desde então, virou a princesinha do lar. A família viveu nos cinco anos seguintes momentos de felicidade plena. TAÍS trouxe alegria para o casal que, claro, custou a assimilar a morte de ROBERTA.

Em 2005, um câncer avassalador matou GISELE. Novo drama para quem já estava acostumada com a felicidade que TAÍS trouxera. Ela, com apenas cinco anos, e CHUCHU, um jovem imaturo típico de classe média, criado entre ondas e paparicos de todos os lados. ROBSON não teve muito tempo para processar a dor daquela perda. Era a hora de agir, seria pai e mãe a partir dali, não poderia esmorecer. Doeu muito novamente, mas decidiu seguir em frente. Entregou-se aos filhos, recolocou a família no prumo e, mais tarde, ele mesmo foi viver nova vida: descobriu um amor, a psicóloga DIANA, filha de MARIA AUGUSTA. (Ver trama paralela "A Vila da Tijuca")

O romance de ROBSON e DIANA

DIANA passou boa parte da vida achando que ficaria pra titia. Foi uma espécie de canguru solteirona até dois meses atrás, quando conheceu ROBSON e viu que todas as suas idealizações do amor eram uma senhora furada. Psicóloga, entregou-se à arte de desvendar a realidade dos outros e, durante um bom tempo, se esqueceu de construir a vida pessoal. Achava que algum príncipe encantado viria sobre um cavalo branco retirá-la da vidinha provinciana na Tijuca, aquela mesma casa e rua de paralelepípedos onde se ralava brincando de pique com a vizinhança. Pura ilusão. Foi descobrir um amor real nos braços de um viúvo sessentão pai de dois filhos.

O encontro de ROBSON e DIANA provocou problemas nas duas famílias. Os dois ainda não moram juntos, mas a crescente seriedade do romance preocupa tanto a mãe da psicóloga, quanto os filhos do contador da Construtora Mercury. As razões são sempre politicamente incorretas: MARIA AUGUSTA, que já empurrou ANDREW pra cima de NATASHA sem se questionar se a filha estaria feliz ao lado do financista, não tolera o fato de ter um genro mais velho do que ela. "Se homens de 30 anos já têm pacote, imagina um de 60? Uma dupla de filhos velhos é um pacote que paga excesso de peso! ", diz. AUGUSTA quer ver a primogênita cruzar uma igreja vestida de branco, de preferência com um jovem muito rico que a ajude a pular fora da Tijuca: "Nem o filho dele serve. Veja só: um surfista! "

Com o passar dos anos, sobretudo após a morte de GISELE, ROBSON passou a cobrar mais responsabilidades do filho, o surfista CHUCHU, jovem bonitão e bom de papo, dono de uma escolinha de surfe na praia, mas que não quer nada com a Hora do Brasil. CHUCHU, que já passou dos 30, ganha mal, mora com o pai e não economiza para viabilizar as farras. Quando ROBSON começou a namorar DIANA, passou a cobrar mais empenho do primogênito para que, finalmente, se estabilizasse na vida. E também como forma de reconquistar o seu espaço na residência, perante o domínio completo dos filhos. As brigas entre os dois cresceram e CHUCHU passou a achar que DIANA estaria influenciando as ações de ROBSON.

Além disso, ainda há o machismo preconceituoso de CHUCHU, que não acredita que a namorada do pai – apenas dois anos mais velha do que ele – possa ter se interessado de verdade por um sessentão viúvo. E os conflitos não acabam por aí. TAÍS, a caçula de ROBSON, que foi adotada quando ainda era um bebê, no ano 2000, não quer saber de outra mulher saracoteando no "terreiro" que já foi de sua mãe. Partem dela as principais implicâncias com relação a DIANA, que nunca conseguiu obter sucesso nas aproximações. A psicóloga sempre relevou o comportamento da menina, até pelo fato de compreender bem o drama e carências provocados pela morte de GISELE. TAÍS acredita piamente que, com a morte da mãe, a única mulher que pode comandar a casa é ela mesma, e, por isso, rechaça qualquer fala ou atitude de DIANA.

Quando CHUCHU sair de casa após a fatídica festa em que DIEGO leva uma menina para a cama onde ROBSON e DIANA estavam dormindo, TAÍS acusará a psicóloga de ter articulado para que o irmão fosse expulso. Serão incontáveis as tentativas de aproximação por parte de DIANA. No dia em que for buscar o irmão, BÓRIS, no colégio, se oferecerá para dar uma carona a TAÍS. A adolescente fará um escândalo dizendo que a psicóloga não tem o direito de querer tomar o lugar de sua mãe, voltando sozinha para casa. Transtornada, não verá que o sinal está aberto em uma das vias e será atropelada. A menina sofrerá apenas alguns arranhões e culpará DIANA pelo fato de ter atravessado a rua distraidamente. ROBSON faz de tudo para amenizar o clima dentro de casa, tentando coibir situações como esta, mas DIANA encontra terreno árido.

O AVC de ROBSON

Depois de provar que não teve a menor culpa no episódio de adulteração da declaração de imposto de renda do restaurante Lanzaroti, ROBSON convidará DIANA para morar com ele. Em represália ao convite, TAÍS chegará ao cúmulo de sumir um dia inteiro sem deixar pistas. Voltará no fim da noite com a expressão mais *blasée* do mundo, o que vai enfurecer o pai. A menina vai querer se mudar para o apartamento dos cangurus, mas o irmão negará o pedido. Apesar das evidentes manifestações de contrariedade de ambas as famílias, ROBSON não vai esmorecer no desejo de viver sob o mesmo teto que DIANA. O sonho, entretanto, vai durar muito pouco.

Logo após a decisão, o contador vai sofrer um Acidente Vascular Cerebral em pleno trabalho, e será internado às pressas. A notícia do

AVC pegará a todos de surpresa. "Que família fadada a desgraças, meu Deus! ", dirá DONA ZILDA que, no passado, era uma das melhores amigas de GISELE, falecida mulher de ROBSON. Por um bom tempo, ROBSON ficará em coma. Desde o começo, DIANA será uma presença incansável no hospital, movida pela crença de que o namorado logo conseguirá despertar sem qualquer tipo de sequela.

O AVC de ROBSON precipitará um movimento de retorno que parecia impensável desde a festa que culminou na migração dos cangurus rumo à mudança de apartamento: CHUCHU voltará para casa, de mala, prancha e cuia, com o intuito de cuidar de TAÍS. Apesar da ajuda financeira de ARLINDO MENDONÇA, pai de MARCUS e velho amigo de ROBSON, será o momento de virada e amadurecimento de CHUCHU, que terá de fazer decolar sua escolinha de surfe e, finalmente, crescer. MONALIZA, que, mesmo após a separação dos dois, continuará amando o surfista, será uma das pessoas com as quais ele poderá contar nos primeiros momentos em que o pai estiver em coma.

O maior auxílio, porém, será de DIANA. Ciente das dificuldades que o surfista vai encontrar para assumir algumas responsabilidades, a psicóloga será sua principal parceira para que o apartamento de ROBSON não afunde. TAÍS, apesar da tristeza pelo estado do pai, não deixará de lado as implicâncias com a moça. Desta vez, porém, não terá o apoio do irmão. CHUCHU, que chegou a pensar que DIANA logo abandonaria o pai diante do estado de coma, perceberá sua dedicação diante do drama familiar. Os dois se aproximarão fortemente e, no vão de incertezas sobre o futuro de ROBSON, perceberão surgir um sentimento mútuo que logo vai se acentuar.

O romance de DIANA e CHUCHU

Era uma vez dois jovens que não se davam muito bem, mas que, por força de um drama em comum, se aproximaram e se apaixonaram. Se a história de DIANA e CHUCHU começasse à maneira de uma fábula, a primeira frase seria, mais ou menos, essa. Quando ela começou a namorar seu pai, dois meses antes do AVC, havia uma certa aridez na relação dos dois. Ambos têm quase a mesma idade, viveram a mesma época, cresceram emoldurados pelos mesmos repertórios, músicas, estética multicor dos clipes dos anos 90, e foram com suas galerinhas ao cinema quando TITANIC estava em cartaz. Era estranho para CHUCHU ver uma moça de sua idade dizer "eu te amo" para o pai, entrando sem pedir licença no lugar de GISELE, figura que ele tornou imaculada após a morte de câncer.

Ele, um playboyzinho clássico da Barra da Tijuca, criado na praia e cercado de fãs que sempre suspiraram quando sacudia os cabelos louros parafinados, nunca parou para entender que a vida é bem mais do que de sol forte durante o dia e cinema no Barra Shopping à noite. O romance do pai com DIANA se chocava contra o que pensava ser normal, contra as suas verdades. Logo ele, protagonista de um romance de 13 anos com MONALIZA que, cá pra nós, nunca existiu concretamente... Falando de verdades? Bem, o fato é que para retirar alguém da inércia, nada mais eficaz do que um bom choque de ordem, expressão contemporânea que sintetiza bem a necessidade do surfista.

O choque de CHUCHU, que apenas adiou a sua adolescência quando a mãe morreu, vai acontecer quando se perceber sozinho no mundo após o AVC sofrido pelo pai. E ainda terá de se preocupar com a irmã, TAÍS, adolescente que, para aumentar o drama, vai precisar dos seus cuidados. Entretanto, CHUCHU acabará percebendo que conta também com o ombro feminino do qual desconfiava: DIANA. Ela será sua principal base, aquela que o consolará nos momentos de desespero. O drama vai aproximá-los sem que TAÍS possa fazer nada. Um impacto, uma descoberta, um amor que já nasce mais forte do que os mais de 10 anos em que esteve com MONALIZA.

Num primeiro momento, haverá resistência. Os dois negarão diante do espelho e do travesseiro. Rolarão na cama, cada um na sua, imaginando a loucura daqueles pensamentos. Como se apaixonar pela mulher do pai que está em coma? Carência diante do drama? Amor de verdade? CHUCHU se verá diante da maior descoberta e do maior conflito de sua vida em meio ao coma de ROBSON. Tudo o que não amadureceu em 30 anos será cobrado com juros e correção numa só tacada. Sutilmente, o amor vai se permitir desfilar em olhares, pequenos gestos, no dia em que resolverem tomar um drink e ele, como se aquilo fosse a atitude mais corriqueira do mundo, pegar nas mãos de DIANA e se perceber alisando sua pele.

E o que dizer da psicóloga, sempre tão racional diante dos conflitos alheios, dos dramas pessoais daqueles que chegam ao seu consultório e contam histórias parecidas? Apaixonar-se por CHUCHU não está em nenhum capítulo dos clássicos da psicologia que devorou na faculdade. Ela, portanto, será péssima analista de si mesma diante daquele amor inesperado. Entre dúvidas, culpa e desejo, os dois embarcarão escondidos no balão sem comandante de um romance, com receio da sentença, dos olhares, da desaprovação do mundo. Um amor conflitante e culpado.

ROBSON sai do coma: o dilema de DIANA

Um dia, do telefone do apartamento, vai ecoar a notícia que sempre esperaram, mas que, inconscientemente, até passaram a negar em meio às novas tintas daquele universo: ROBSON vai despertar do coma. TAÍS, exultante, vai receber a notícia. Ela, que nunca tolerou DIANA, terá percebido toda a história de aproximação entre a madrasta torta e CHUCHU, durante o tempo em que ROBSON esteve internado. Ficará quieta, como forma de preservar a unidade familiar e, também, devido ao estado do pai. Encontrar ROBSON com pequenas sequelas (rosto e fala estarão perfeitos, mas ele não conseguirá executar alguns movimentos, como levantar da cama) vai provocar uma mistura de culpa e constrangimento no novo casal.

Serão muitos os momentos em que CHUCHU, auxiliando o pai em algum movimento, cruzará os olhos com DIANA. Sem conseguir acompanhar aquelas cenas e sentindo o peso de ter traído ROBSON, ela sairá do quarto do contador chorando escondida. Por um curto período, os dois se afastarão a pedido de DIANA, mas o que sentem será muito mais forte. CHUCHU, mesmo culpado por ter se apaixonado pela mulher do pai, vai procurá-la e os dois voltarão a se encontrar. A psicóloga ficará atordoada, sem saber o que fazer diante daquela situação.

Aos poucos, ROBSON vai recuperar os movimentos e voltar à vida normal. Paralelamente a essa conquista, o contador começará a notar um certo clima de aproximação entre CHUCHU e DIANA, alguns olhares, situações de intimidade que não aconteciam antes do coma. O filho, assim como TAÍS, não tolerava a madrasta. Entretanto, desde a volta dele para o apartamento, os dois parecem ligados como se tivessem crescido juntos. A própria presença constante do surfista (ele já terá se mudado de volta para o apartamento do trio canguru), deixará ROBSON intrigado.

No fim da trama, o contador descobrirá o romance. DIANA se verá em meio a uma disputa velada entre pai e filho pelo seu amor. Um drama, aparentemente, maior do que todos os que já envolveram aquela casa, afinal, "confronta" os dois homens da mesma família em uma situação definitiva. A partir daquele momento, seja qual for a decisão da psicóloga, mais uma vez, a estrutura familiar será abalada, uma constante desde que ROBSON e GISELE perderam a pequena ROBERTA. Os anos passaram, mas novos enredos intrincados cismam em ditar os caminhos.

Com quem DIANA ficará? Eis a pergunta que somente os últimos capítulos de "Canguru" podem responder.

DESCRIÇÃO E TRILHA DOS PERSONAGENS

1. MARCUS

Marcus, 35 anos, moreno claro de olhos fundos, filho de Arlindo Torres Mendonça e Etelvina Mendonça, é o grande amor de Raquel e o protagonista da trama. Foi criado como o autêntico príncipe herdeiro de um império – a construtora Mercury – cuja origem é da família da mãe, mas que o pai fez decolar quando assumiu a cadeira de presidente.

Desde muito cedo Marcus demonstrou o desejo de seguir um caminho diferente do que imaginaram para ele. Jovem bonito, educado, sensível, romântico, fiel aos amigos e ao grande amor, amante dos clássicos da literatura e do cinema, com gosto musical eclético e requintado, seu grande sonho sempre foi o de se tornar escritor e sair cedo de casa para morar com Raquel. Os dois namoravam desde a adolescência. Imaginem aquele tipo de jovem que se emociona com a cena piegas de um casal de passarinhos na sacada do quarto, escreve contos de amor e é capaz dos gestos mais tresloucados para dizer o famoso "eu te amo". Esse é Marcus. Um homem que chora e não tem a menor vergonha de beijar no rosto os melhores amigos – Ricardo, Diego e Chuchu. Eis o último romântico, como canta Lulu Santos, um dos seus gurus espirituais que apontam a urgência da vida, embora também se identifique com Cazuza e Renato Russo.

Na sua geração, Marcus é diferente, único. Enquanto os amigos planejavam o futuro pensando em voltas ao mundo em 80 dias, festas de domingo a domingo, no esgarçar máximo das possibilidades poligâmicas proporcionadas por seios e bundas de todas as texturas e tamanhos, era Raquel, apenas ela, quem tomava o seu pensamento. Podemos defini-lo, em princípio, como um canguru às avessas, disposto a construir imediatamente sua própria história, sem amores líquidos ou prazeres imediatistas. O plano de se casar antes aos 22 anos pegou a mãe, a controladora e maquiavélica Etelvina, de surpresa. Se dependesse dela, Marcus ficaria em casa, sob o seu domínio e deliberações, até que passasse, e muito, dos 30 anos de idade. Ou então, iria morar no exterior para fazer todos os cursos possíveis, de forma a ganhar conhecimento e carcaça para, por fim, assumir os negócios da família. O namoro com a filha da empregada – sim, Raquel é filha de Dinorah, empregada da família – sempre fez de Marcus o homem mais feliz do mundo, mas representava um choque frontal com relação às pretensões da mãe.

No dia 16 de dezembro de 1999, Marcus pediu Raquel em casamento, numa cerimônia improvisada e muito original bolada com os amigos na Praia do Pepê. De um barquinho de papel machê que bailava no mar ao sabor dos ventos, sacou uma aliança. Os dois se beijaram, planejaram contar a todos sobre o casamento na festa de *Réveillon* do ano 2000, e celebraram ali o começo de uma história que, logo adiante, sofreria uma reviravolta com a qual não contavam. O motivo? A descoberta por Etelvina de um segredo do passado de Dinorah. A doméstica, antes de ser contratada para trabalhar na mansão, traficava bebês em Florianópolis (SC). A farsa veio à tona enquanto Dinorah negociava a compra de uma criança para Fabiano, seu antigo vizinho catarinense e marido de Simone, que estava grávida de gêmeos e prestes a dar à luz. Cinco dias antes do nascimento, que ocorreria no *Réveillon*, Fabiano foi informado pelo obstetra que um dos fetos falecera. Sem o conhecimento da mulher, resolveu substituir o bebê que não vingou. De posse desta autêntica bomba – e também das histórias de vendas passadas de bebês – poucas horas antes da noite de *Réveillon*, Etelvina chantageou Dinorah e Raquel, ameaçando entregar a doméstica para a polícia. A mãe de Marcus afirmou que a única maneira de poupar Dinorah seria Raquel se afastar do filho.

A chantagem deu certo e Raquel sumiu na noite do *Réveillon*, para desespero de Marcus. Ela disse para ele que estava confusa sobre o casamento e passou a virada sozinha na praia da Barra da Tijuca. Apesar de reconhecer que sua mãe estava errada e de condenar suas atitudes, não poderia deixar que ela fosse para a cadeia. Na praia, ela encontrou Juremir, seu professor da faculdade de Biologia, que havia insistido na véspera para que ela aceitasse uma bolsa da ONU na Amazônia, a qual ele iria supervisionar. Mas Raquel havia decidido desistir da oportunidade profissional para casar com o Marcus. Com a chantagem de Etelvina, ela vai com Juremir para a Amazônia.

Essa desilusão amorosa modificou a moldura e postura com que Marcus encarou a vida dali para frente. Por dentro, ainda há aquele jovem sonhador e amoroso das flores e poesias, apesar de ostentar um novo semblante. De canguru às avessas, se torna um canguru forçado, já que, aos 31 anos, continua em casa sob a batuta de Etelvina, que o controla utilizando o subterfúgio de uma doença inventada. A relação com o pai é fria e distante, pois Arlindo sempre se preocupou muito mais com as questões da empresa do que com o filho.

Marcus formou-se em Letras, mas abandonou o sonho de se tornar escritor para trabalhar na construtora Mercury, no cargo de supervisor de obras. É um executivo atento ao desenvolvimento e lucro da companhia, mas tem preocupações com a qualidade de vida dos funcionários e também com o meio ambiente. Não é difícil vê-lo contrário a projetos que possam alterar substancialmente alguns biomas brasileiros.

Namora a jovem Nicole, filha do Deputado Fonseca, mas não é um apaixonado. Ele ainda ama Raquel, apesar da loucura daquele *Réveillon* fatídico de que nunca se esqueceu. Trezes anos depois, Marcus vai reencontrar Raquel, que voltará para o Rio para presidir a ONG ECOLUTAS. Juremir ficará entre o Rio e Brasília, já que se tornou deputado federal após a cassação do antigo parlamentar do qual era suplente. Entre encontros, desencontros, descoberta da paternidade de Viviane e tramoias de Etelvina (que vai fazer de tudo para sua chantagem não ser descoberta), Andrew (que não quer ver Marcus no cargo de presidente da empresa) e Nicole (rival da protagonista e que, mais à frente, vai se unir a Andrew em vários golpes), Marcus e Raquel vão tentar retomar os planos originais de formar uma família e reconquistar o tempo perdido.

2. RAQUEL

Raquel, 33 anos, branca de cabelos castanhos, filha de Dinorah/Joyce, empregada da mansão de Arlindo e Etelvina Mendonça, é o grande amor de Marcus e a protagonista da trama. Pode-se dizer que, no início de sua vida, teve muita sorte. Afinal, seus pais eram traficantes de bebês e ela escapou por pouco de também ser vendida. Com a morte de Vítor (pai de Raquel) na cadeia, Dinorah – que conseguiu se livrar da prisão com a ajuda de uma identidade falsa – partiu para o Rio de Janeiro, grávida de Raquel. Na saída de um culto, Etelvina conheceu a mulher e decidiu contratá-la como doméstica, sem saber de seu histórico de problemas com a polícia.

Raquel nasceu com a mãe já contratada, e cresceu na mansão bastante próxima ao filho da patroa, Marcus. Etelvina, em princípio, não se preocupou com todo o carinho que envolvia as duas crianças, mas a chegada da dupla à adolescência fez com que percebesse o perigoso rumo daquela relação de amizade colorida. Perigoso para ela que, mesmo concedendo liberdade para que Raquel brincasse com Marcus, sempre deixou explícita para o garoto a diferença de mundos que os separava. Mas esta distância, definitivamente, só existia na cabeça de Etelvina – mulher fria e calculista, permanentemente preocupada em dividir pessoas e sonhos por castas. Raquel cresceu, ganhou corpo rápido, revelou-se uma mulher linda, de pele clara, sorriso largo e curvas bem definidas. Logo a casa inteira estava diante de uma jovem vistosa e também sensível, inteligente, com personalidade forte, de ideias progressistas.

O contato com Marcus fez com que conhecesse os clássicos da literatura, o poder de sedução das palavras, a música dedilhada no violão, danças embaladas por vinho tinto no quintal, os primeiros porres, segredos, carícias, pensamentos românticos e sensuais, o primeiro beijo, o primeiro homem, a primeira noite, o primeiro amor. Este despertar romântico condicionou uma menina cheia de predicados – que nem parecia filha da empregada, como preconceituosamente diziam algumas amigas de Etelvina, frequentadoras da mansão.

A poderosa mulher torcia o nariz para esses comentários, ao mesmo tempo em que, bem embaixo dos seus olhos de águia, o casal de adolescentes apaixonados começava a se formar. Perderam a virgindade juntos, no quarto de Marcus, num dia de chuva em que se esconderam do mundo e criaram o próprio universo paralelo. A exemplo de Marcus, Raquel sempre foi inclinada a ser um canguru às avessas.

Na direção contrária, Etelvina prometeu a si própria que daria um fim à relação. No dia 16 de dezembro de 1999, Marcus pede Raquel em casamento numa comemoração pra lá de inusitada com os amigos na praia do Pepê. Decidem contar para os pais sobre o casamento exatamente na festa da virada para o ano 2000. Cinco dias antes, porém, Etelvina descobre o segredo do passado de Dinorah. Ela flagra a doméstica acertando a compra de uma criança para o jovem Fabiano, antigo vizinho de Santa Catarina. É a senha para chantagear Dinorah e Raquel, apanhada de surpresa com relação à história obscura da mãe. Etelvina obriga Raquel a abandonar Marcus, ameaçando entregar Dinorah à polícia.

Por amor e proteção à mãe, Raquel desaparece na noite de *Réveillon*, para desespero de Marcus. Vagando sem rumo e aos prantos por aquele Rio de Janeiro de fogos, brindes e promessas de um novo mundo, encontra Juremir, seu professor na faculdade de Biologia. Apesar de ter uma queda pela aluna, ele insiste que ela deve contar toda a verdade para o Marcus e enfrentar a futura sogra. Raquel volta para a mansão, mas encontra a polícia à procura de Dinorah. A pressão aumenta quando Juremir aparece e Marcus tem uma crise de ciúmes. Raquel vai embora com Juremir para a Amazônia, aceitando uma bolsa para trabalhar na ONU, fugindo daquele caos.

O tempo passa. Treze anos depois, já nos dias atuais, Raquel está casada com Juremir e é mãe de Viviane, que não sabe se é filha de Marcus ou Juremir. Continua a mesma mulher inteligente, de fibra e com senso de justiça bem afiado. É presidente da ONG "Casa para todos", que é voltada para pessoas sem moradia. Os dois estão chegando ao Rio de Janeiro de mala e cuia: Juremir vai assumir o cargo de deputado estadual e ela será professora do ensino médio. Ele era suplente de um parlamentar cassado. Raquel nunca conseguiu se apaixonar pelo homem com quem se juntou, apenas tem gratidão porque ele assumiu a paternidade de sua filha. O amor por Marcus permanece intacto, mas ela prefere abafar o passado, evitando mexer em cicatrizes ainda não fechadas, e acredita que seu amor por Marcus se apagou com o tempo. Isso até reencontrá-lo no Rio de Janeiro e ver aquele amor da adolescência a dominar novamente.

Os planos mudam no dia em que se veem na praia – a mesma praia dos barquinhos de papel machê do pedido de casamento. Não conseguem trocar uma palavra – o segredo sobre o passado da mãe censura os seus desejos – mas os olhos deixam transparecer a urgência de resgate do tempo perdido. A partir daí, começa uma série de encontros, desencontros e conflitos que marcarão a trama dos dois. Da continuidade da chantagem de Etelvina, passando por planos em conjunto ou individuais de Nicole, namorada de Marcus, e Andrew, vice-presidente da Construtora Mercury, culminando na revelação sobre quem é o pai de Viviane; Marcus e Raquel não terão facilidade na busca do amor de infância interrompido no *Réveillon* do ano 2000.

3. RICARDO

Ricardo, 35 anos, moreno jambo, é filho de Seu Cláudio e Dona Zilda, e irmão de Manu. Canguru com DNA e carteirinha de sócio, é o típico trintão desligado das coisas práticas da vida. Trabalha como design de joias – bijuterias baratas, para sermos mais claros – em um ateliê improvisado no próprio quarto. Metrossexual alguns graus acima do tolerável na escala *Richter* do narcisismo, gasta seu dinheiro com cremes para o rosto, choque de brilho para os cabelos crespos – odiados por ele! – lentes de contato coloridas e roupas de grife. Fez lipoaspiração, implantou cabelos nas entradas que já se insinuavam no couro cabeludo, pensa em colocar silicone nos glúteos, usa roupinha estilo "mamãe sou forte". Mas não se engane, ele não é gay! Sua questão central é a vaidade exacerbada mesmo. E a falta de expediente para as coisas do cotidiano também. Não sabe engomar uma roupa, lavar louça, nem mesmo preparar um mísero miojo nas horas de aperto. Depende da mãe controladora e paparicadora para quase tudo: engraxar os sapatos, pregar um botão em uma peça, lavar as cuecas. Brinca de ser um Peter Pan de *pancake*.

Passa horas estudando os modelos de brincos, colares e braceletes de artistas famosas, na ânsia de desenhar o que seria a sua obra-prima. A inspiração da "joia do século" nunca veio, embora já conte com algumas clientes fiéis. Mas dinheiro que é bom, o dito vil metal que sustenta suas extravagâncias e contas, sai mesmo é do bolso do pai – Seu Cláudio – um coroa metido a garotão, que parece ignorar o fato de ter chegado aos 70 anos. Ricardo tem dificuldades para arrumar namoradas, poucas vezes passa do primeiro encontro. Na maioria dos casos, é ele quem pula fora, sempre com medo das responsabilidades de um relacionamento. Um jantar seu com uma pretendente pode virar uma autêntica comédia pastelão, se não for minuciosamente dirigido pelo pai ou pelos amigos Diego e Chuchu, os outros cangurus assumidos de nossa novela. Geralmente, os três também vão ao restaurante, e ficam de butuca na mesa ao lado, ditando cada ação. Definitivamente, é daquele tipo que custou a perder a virgindade, a aprender a dirigir, e que jogava bola de gude no carpete da sala de estar.

A relação com a irmã, Manu, com quem compartilha cremes e discussões, claro, é um caos: ele sempre usa os hidratantes da moça em muito mais quantidade do que devia. Com o avançar da trama, vai dividir um apartamento – no mesmo prédio dos pais – com os amigos de infância e vizinhos, Diego e Chuchu, e encarar todas as dificuldades do que, para ele, será uma baita ousadia: sair de casa e, finalmente, crescer. Mas os pais não lidarão bem com a novidade, e continuarão a meter o bedelho na vida do filho da mesmíssima forma.

A mudança de casa vai apresentar uma novidade inesperada: uma misteriosa compradora de suas joias, que sempre vai aparecer no apartamento vestida com uma burca. Nestes encontros, será passada ao público a impressão de que os dois sempre têm uma tarde ou noite de sexo intenso, mas isso nunca vai ser mostrado. Ricardo termina estirado no chão, amassado, cheio de marcas de batom, mas sem se recordar de nada. Suas lembranças apenas o informam que tudo aquilo foi provocado pela tal mulher de burca. Ela sempre some, mas volta. E o pagamento para as bijuterias que adquire acontece da mesmíssima forma saliente e *caliente*. Com o passar do tempo, após buscas, pistas, encontros e desencontros, ele poderá descobrir que a mulher de burca é, na verdade, Maria Augusta, a sogra do seu amigo Diego. Quem sabe não será ela a mulher o "ligará" para o mundo? O transcorrer da trama vai ainda fazê-lo um design de joias muito famoso, reconhecido do Chopin ao Pontal.

4. DIEGO

Diego Aragonéz, 36 anos, advogado, de pele clara e cabelos pretos, é filho do casal de espanhóis Pepe e Pilar, e irmão de Karla e Juanita. Seus amigos o chamam de Dieguito, mas a família sonha tanto que o filho se torne defensor, promotor ou juiz, que tratou de evidenciar o sobrenome. Era "Dr. Aragonéz!" pra cá e pra lá! É assim que o pai se refere ao filho. Desde que passou na prova da Ordem e se formou advogado, Diego tenta concursos públicos. Lá se vai uma década do dia em que prometeu aos pais que viraria "Doutor", o que encheu de orgulho o velho coração espanhol de Pepe, natural da ilha de Lanzarote, mas que passou boa parte da juventude na Galícia, de onde vem o prato mais pedido em seu restaurante, o "Pulpo à galega", uma espécie de polvo fatiado coberto com pimenta espanhola.

Os planos do filho de Pepe ainda não deram certo. Diego é o canguru "concurseiro", espécie clássica que achamos perambulando em cursinhos e cursões com suas pastas de couro, camisas sociais e o desejo de aprovação na cabeça. Dez anos de provas mil, noites perdidas, frases de "agora vai", figas e promessas a Santa Teresa D'Ávila e outras santas de igual peso. Dez anos de desilusões e litros de água benta e saliva para promessas jogadas pelo ralo. Verdade seja dita, os pais jamais esmoreceram e sempre deram força ao rapaz. Pilar, embora seja agnóstica, já prometeu subir as escadarias da Igreja da Penha até mesmo de ponta-cabeça *"No creo em las santas, pero que las hay, las hay"*. Entretanto, as irmãs, Karla e Juanita, não se conformam com o que consideram protecionismo com o primogênito. Ambas estudam e também trabalham no restaurante Lanzarote. Já Diego nunca precisou aparecer no estabelecimento, apenas se internou por 10 anos nos livros e legislações, algo que nunca foi convertido em uma aprovação sequer.

A demora nos resultados já esgotou o arsenal de desculpas criadas por Pepe e Pilar para convencerem as filhas de que aquela aposta em Diego não é uma furada. Em meio à crise familiar, o advogado vai se sentir obrigado a sair de casa e orquestrar um meio grito de independência com os amigos e vizinhos, também cangurus, Chuchu e Ricardo: eles se mudarão, juntos, para um apartamento no mesmo prédio onde foram criados. Os pais não apoiarão a migração, mas a crise com Karla e Juanita, de fato, estará insustentável, afinal, desde pequenas as duas dividem um pequeno quarto, e Diego – até mesmo para evitar perturbações aos seus estudos – dorme sozinho, em um cômodo só para ele.

Já em novo lar, e sem o conhecimento das irmãs, o filho continuará recebendo mesada de Pepe, que ainda aposta no sucesso em alguma prova. Ele seguirá sua tensa vida de concurseiro, agora dividindo os estudos com as manias metrossexuais de Ricardo e o estilo largadão e despreocupado de Chuchu. No meio deste caminho, o advogado vai conhecer Natasha, jovem estudante de psicologia que namora o ardiloso e perturbado Andrew, o vice-presidente da Construtora Mercury. A paixão entre os dois será fulminante, aquele tipo de encontro de olhares no meio da multidão de deixar qualquer cupido orgulhoso do serviço feito. Mas o amor não será fácil, sobretudo pelas dificuldades impostas pelas manipulações e tramoias de Andrew, com o apoio inicial de Maria Augusta.

No transcorrer da trama, Diego vai finalmente passar em um concurso, mas descobrirá, para espanto de todos, que a vida no serviço público não é a sua praia. Ele, então, vai largar tudo, transformar a barraca de feira dos pais (que perderão o restaurante) em uma rede de supermercado, ficar muito rico e ser feliz ao lado do grande amor, com o apoio até mesmo da sogra, Maria Augusta, que, àquela altura, estará bem menos materialista, mas, obviamente, vai curtir bastante a ascensão social daquele a quem chamava de "o filho do feirante".

Pensar no que Natasha faz.

5. CHUCHU

35 anos, administrador, loiro atlético, filho de Robson com a falecida Gisele, irmão de Taís, e quase enteado de Diana. É ele quem completa nossa trinca de Azes cangurus clássicos da trama. Seu verdadeiro nome é Juarez, mas o apelido de infância está grudado como tatuagem até hoje. Virou marca e charme. Começou Juju, mas, com o tempo, sofreu variações estilísticas de naturezas variadas até ficar Chuchu mesmo. A fama de ser um legume sem gosto, entretanto, está a anos-luz de definir o rapaz, afinal, ele é o bonitão saradão pra lá de desejado das areias da Praia do Pepê. Corpo malhado, bermudão, camisetas regatas, sorriso no rosto e cabelos louros, Chuchu é dono de uma escolinha de surfe para crianças. O administrador, entretanto, muito mais preocupado com as suas ondas do que em fazer o negócio decolar, vê sempre o dinheiro faltar no fim do mês, e segue adiando a independência financeira e familiar.

Faz o estilo *bon vivant* desapegado, é querido por todos, e não está nem aí para regras, horários e rotinas. Nunca adiantaram os conselhos de Taís, a irmã adotiva de 14 anos, que é muito ligada a ele: Chuchu curte apenas seu "solzinho de lei" na praia, vive de bermudão, camiseta e chinelo, e deixou para mais tarde o crescimento pessoal ou qualquer tipo de ambição natural para alguém que já ultrapassou a fronteira dos trinta. Seu MBA foi em mar, *reggae* e Kelly Slater. A gestão de vida é realizada sob as mesmas teorias de administração que aplica para o seu armário, onde habita um pedaço de pizza mofado há mais de um ano, e ele nem se dá conta.

Foi mimado a vida toda por Gisele, que, ao morrer, deixou um filho absolutamente infantil e dependente. O preço de tantos paparicos, obviamente, não tardaria a ser cobrado, e com juros e correção monetária: a namorada, Monaliza, também administradora e com quem estudou na faculdade, vive pressionando-o para que tome jeito. Ela, que trabalha como secretária na construtora Mercury, almeja se casar logo com Chuchu, montar uma família, ter uma porção de filhos, mas percebe que o sonho está à deriva em mares onde o rapaz passa os dias a surfar. Os dois se conheceram pouco antes do *Réveillon* de 2000, quando foram apresentados por Laerte, seu antigo melhor amigo, também administrador; hoje, gerente de compras da Mercury. Homem de muitos negócios e pouca diversão, seu estilo é totalmente oposto ao do canguru surfista: quer subir ao altar o quanto antes, e com uma moça em especial – justamente a namorada de Chuchu. Apaixonado por Monaliza desde a juventude, Laerte maldiz com todas as forças o dia em que colocou aquele louro bronzeado de fala mansa na vida da moça. Passou a odiá-lo. Mas o namoro de 13 anos, espécie de casamento sem responsabilidades – mesmo com todo amor que a administradora sente pelo professor de surfe e vice-versa – vai balançar, e Laerte entrará em cena para tentar recuperar o tempo perdido. Os confrontos entre os dois rapazes serão inevitáveis.

Com o total apoio de Robson, que já não aguenta mais as zorras do filho no apartamento, o surfista vai se mudar, ao lado de Ricardo e Diego, para um imóvel localizado no mesmo prédio. É lá que os cangurus irão aprender o que é ser adulto de verdade, e onde ocorrerão festas e agitos que abalarão o sossego da vizinhança. Depois da metade da trama, a vida do surfista vai sofrer uma reviravolta quando seu pai, Robson, sofrer um Acidente Vascular Cerebral que o deixará um bom tempo em coma. Chuchu terá de cuidar de Taís e, para isso, contará com o apoio de Diana, namorada mais jovem de Robson, com quem tinha uma relação pouco amistosa. Estes acontecimentos forçarão a mudança de postura de Chuchu e também o aproximarão de Diana. Apesar de negar para si mesmo por um tempo, acabará se apaixonando pela namorada do pai, um sentimento que já nasce mais forte do que os mais de 10 anos em que ficou com Monaliza. Como lidar com este amor e a culpa por uma espécie de traição ao pai? Tal conflito vai condicionar o amadurecimento daquele que, até os 30 anos, deixou a vida caminhar ao sabor dos ventos e de sua prancha parafinada.

6. ETELVINA MENDONÇA

Etelvina, 58 anos, é a mulher do empresário Arlindo Torres Mendonça e mãe de Marcus. Sobre o dito popular de que dinheiro não traz felicidade, Etelvina é o tipo de mulher que não tem vergonha de mudar o rumo dessa prosa: o dinheiro compra a felicidade. Ricaça, poderosa, mas sem um sobrenome que a inclua na alta sociedade carioca, foi o seu falecido pai quem colocou a pedra fundamental do império que atende pelo nome de Construtora Mercury. Sempre conseguiu, ou melhor, comprou o que quis, de objetos valiosos a pessoas, influência e às tentativas de entrar nas grandes festas do Rio. Arrematou, tal qual uma peça barata, até mesmo o marido, que largou o amor de sua vida – Maria Augusta – apenas porque viu uma chance de ascensão social ao lado da aprendiz de megera com o nariz empinado. Desde então jogou no filho seu desejo de conquistar um espaço entre as maiores *socialites* do Rio. Sobra-lhe grana, falta-lhe o *glamour*.

Etelvina é manipuladora, cínica, mordaz, dominadora, preconceituosa, maquiavélica, vaidosa, mesquinha, autoritária, odiável da raiz até as pontas. Uma cobra alimentada à base de caviar e muito champanhe. Bonita, esguia e com aparência jovial, não conhece preceitos éticos e derruba qualquer barreira para fazer valer os seus objetivos. No único sopro de bondade que teve na vida – mesmo assim, porque queria alguém para ficar de olho em qualquer deslize do marido dentro de casa – contratou uma empregada que, mais tarde, utilizaria como arma para acabar com o relacionamento do filho. Marcus, desde adolescente, namorava Raquel, a filha da tal doméstica contratada, Dinorah. O romance cresceu, e ela tratou de mexer os seus pauzinhos para dar cabo daquela história. Logo após descobrir sobre os planos de casamento de Raquel e Marcus, ela ouviu uma conversa em que Dinorah tramava a compra de um bebê para o jovem Fabiano, seu antigo vizinho na Comunidade Maciço do Morro da Cruz, em Florianópolis. A revelação expôs o passado da empregada, que traficava bebês junto com o falecido marido, Vítor. Foi a arma perfeita para que Etelvina chantageasse Raquel, ameaçando colocar sua mãe atrás das grades.

A megera obrigou a moça a se afastar de Marcus. Raquel fugiu com Juremir, seu professor de biologia. Treze anos depois, já nos dias atuais, Etelvina segue como a águia do palácio: fingindo doenças esporádicas, consegue salvo-conduto para muitas de suas maldades. O filho, ao contrário do que planejou quando ainda estava com Raquel, está em casa até hoje – ele tem 35 anos. Aliada de Nicole, atual namorada de Marcus, vislumbra os benefícios sociais que aquela relação com a filha do Deputado Fonseca, acionista da construtora, trará para a sua família. A volta de Raquel vai atrapalhar seu domínio exclusivo, já que a moça estará disposta a acertar as contas com o passado.

7. ARLINDO

Arlindo Torres Mendonça é marido de Etelvina e pai de Marcus. Engenheiro por formação, tornou-se um empresário bem-sucedido ao assumir o controle de um império construído pelo sogro, a Construtora Mercury. Habilidoso, fez a empresa crescer a ponto de atingir o *status* de maior do país. Ao contrário da mulher, não é mau caráter, mas é o típico vaidoso que cede aos encantos, brindes e brilhos do poder. Arlindo gosta de ser poderoso. A construtora o apresentou a financistas, políticos, bravatas, superfaturamentos, crimes do colarinho branco, ações, viagens, cassinos, ternos de linho, mulheres maravilhosas, carros importados e a Paris, onde passou a lua de mel com Etelvina.

Se ele é corrupto, cheio de falcatruas com o Dep Fonseca, então é mau caráter.

Ao casar com uma mulher rica, Arlindo afastou as frustrações de homem de classe média, que terminaria seus dias morando em uma pacata vila na Tijuca, junto a uma porção de crianças. Esta sede de *status* fez com que abandonasse o grande amor de sua vida, Maria Augusta. Naquele tempo, os poderes de uma gorda conta corrente pesaram muito mais. Mas o empresário nunca a esqueceu e, desde quando ela se separou de Ivan, ele a cerca tentando retomar uma história há mais de 30 anos esquecida. O empresário nunca desconfiou que Maria Augusta pudesse estar grávida quando ele a deixou. Mas, nas últimas semanas, passou a acreditar que a psicóloga Diana, hoje com 33 anos, é sua filha. Entretanto, terá uma grande decepção ao descobrir que isso não é verdade.

A relação com o filho, Marcus, sempre foi de distanciamento. Preocupado com os negócios, deixou para Etelvina a educação do menino, que cresceu sem ter a sua companhia para um futebol na praia, ou à ida ao Maracanã. Arlindo não apareceu nem mesmo para aplaudi-lo quando Marcos ganhou a medalha de ouro, até hoje pendurada na porta do armário, no campeonato de natação do colégio. Os beijos de bom dia e boa noite eram os únicos contatos entre os dois, manifestação protocolar e adestrada de carinho que não sensibilizava nenhuma das partes.

Com o transcorrer da trama, Arlindo perceberá o vazio desta sua vida focada 24 horas em *business*, licitações e espigões erguidos em cada ponto do Brasil. Afinal, bem embaixo do seu nariz, e sem que fizesse nada, Etelvina foi capaz de uma chantagem ardilosa para separar o próprio filho da mulher por quem se apaixonou ainda menino. O empresário vai viajar no tempo e enxergar ali própria a história de amor com Maria Augusta, sendo que foi ele mesmo que se impediu de vivê-la no passado.

A partir de então, decidirá recuperar as pessoas que deixou escapar ao longo da vida – do filho Marcus, àquele romance juvenil com Maria Augusta. E descobrirá que Gonçalo, um dos gêmeos de milênio, é seu filho.

Pensar se isso é bom pra trama.

8. NICOLE

Nicole Fonseca, 31 anos, linda, provocante, sensual, é filha do Deputado Fonseca e namorada de Marcus há cinco anos. Assistente do empresário Arlindo Mendonça na Construtora Mercury, foi apresentada ao filho por Etelvina, que vê na moça de cabelos longos e beleza emblemática uma espécie de passaporte para os chás e biscoitos amanteigados da alta sociedade. O motivo é simples: ela é filha de um poderoso deputado federal, homem que movimentou seus pauzinhos e asseclas para que a construtora prosperasse, e que tem penetração nas altas rodas mais fácil do que cheiro de Chanel legítimo.

Nicole passou a primeira infância vendo sua mãe ser espancada e traída pelo pai, homem sem escrúpulos e sem caráter. A mulher morreu em circunstâncias pra lá de misteriosas, mas aquela história de violência no seio da própria casa nunca saiu de sua cabeça. Cresceu com problemas psicológicos associados a um ódio mortal de Fonseca. Sonha arruiná-lo. O público, em princípio, vai achar que a moça é mesmo apaixonada pelo namorado, dado o seu esporte rotineiro de tentar infernizar a vida de Raquel, antigo amor de Marcus, e à sua insistência em casar com ele. As tramas de Nicole, entretanto, têm o pai como destino. Bonitinha e ordinária, doce e ardilosa, controversa e objetiva, aproximou-se do filho dos donos da construtora Mercury com o intuito de dar um golpe em Arlindo, desmascarando, na sequência, os negócios sujos que mantém com Fonseca.

No meio da trama, já aliada e amante de Andrew Thompson, o vice-presidente da construtora Mercury, tentará ajudá-lo a assumir a cadeira de presidente ao contar para Etelvina sobre a reaproximação entre seu marido e Maria Augusta. Nicole também será peça-chave no enredo bolado por Andrew para tomar o restaurante Lanzarote do casal Pepe e Pilar. Apesar de associada a este *yuppie* clássico, Nicole se autodenomina uma mulher de esquerda, comunista, tentativa de autoconvencimento de que é completamente diferente do pai a quem tanto odeia, homem com inclinação política de direita.

Com o tempo, vai demonstrar que sofre de esquizofrenia. No final da trama, os problemas psicológicos ficarão totalmente evidentes: ela vai sequestrar Marcus e exigirá como preço do resgate não só uma quantia em dinheiro, mas também que Arlindo revele para toda a imprensa os negócios ilícitos que ele e Fonseca estabeleceram ao longo dos anos. Os traumas da infância, definitivamente, deixaram marcas profundas. Terminará a novela num manicômio para se tratar da dupla personalidade.

9. DEPUTADO FONSECA

Deputado Fonseca, 61 anos, é pai de Nicole. Um político não muito diferente de muitos que vemos desfilar de terça a quinta em

Brasília. Ambicioso, mentiroso, bom de lábia e discurso, criador de factoides, prevaricador e sem escrúpulos, seu domicílio eleitoral é o Rio de Janeiro, onde parece estar sempre de férias e fazendo contatos escusos. Presidente do Partido Conservador (PC), se autodenominou, com o cinismo próprio dos políticos bravateiros, "O defensor da família", e controla a bancada com mãos de ferro.

Na juventude, foi membro da Vanguarda Popular Revolucionária (VPR) e chegou a se exilar em Moscou, onde foi acolhido pelo casal Dimitri e Catarina, membros da KGB. Mas o tempo fez com que aquele jovem idealista se tornasse um homem frio e sem caráter.

Tô achando que isso é muito irreal. Ele pode ser escroto desde sempre, ter apoiado os militares, como o Bornhausen, mas corrupto de verdade e não apenas babaca e preconceituoso. Acho que o núcleo russo pode existir, mas não precisa ser da KGB. Podem ser imigrantes e ponto.

Sem vergonha de ser calhorda, é comum vê-lo citar uma frase de Martin Luther King em seus discursos – "O que me preocupa não é o grito dos maus, mas o silêncio dos bons" – e se diz apreciador da biografia do líder negro. Obeso e branquelo como cera, conseguiu provar com um exame de DNA parido sabe-se lá em que clínica, que o seu sangue é mais negro do que branco, tratando de incluir tal característica no programa eleitoral que o conduziu à Câmara. Mas a política é apenas o seu trampolim para negócios grandiosos e conchavos. Possui um percentual na Construtora Mercury, que está em nome de um laranja, o vice-presidente da companhia, Andrew Thompson.

Na vida pessoal, o dito "defensor da família" sempre mostrou uma faceta diametralmente oposta a esse perfil. Polígamo, nunca se importou com a mulher, por ele espancada com frequência. Sua filha, Nicole, sempre assistiu impotente às humilhações a que a mãe era submetida, desde atos violentos de toda a espécie, até a presença de inúmeras amantes dentro da própria casa. A mulher morreu há mais de 20 anos, em circunstâncias misteriosas que a polícia nunca soube decifrar. Fonseca se descabelou no enterro, mas no dia seguinte já circulava com uma loura de fechar o Planalto em dia de CPI. Em razão desse perfil – e sem que desconfie – sua principal inimiga é a própria filha, Nicole, que fará de tudo para destrui-lo. Ele nem sonha que a moça se aproximou de Marcus com o intuito de descobrir as tramoias do Deputado com Arlindo Mendonça na Construtora Mercury. Ao longo da novela, vai ser enganado por Andrew Thompson e terá grandes embates com Raquel, que é presidente da ONG "Casa para Todos", destinada a pessoas sem teto. No fim da trama, Nicole, já demonstrando claramente sofrer de esquizofrenia, vai sequestrar Marcus e exigirá de Arlindo a revelação para a imprensa de todas as maracutaias orquestradas em conluio com seu pai.

10. DINORAH/JOYCE RAMOS

Dinorah/Joyce, 55 anos, catarinense de pele clara, é mãe de Raquel e trabalha como doméstica na mansão de Arlindo e Etelvina Mendonça. No passado, ao lado do segundo marido, Vítor, Joyce Ramos vendia bebês de mãe pobres da comunidade Maciço do Morro da Cruz, em Florianópolis (SC), onde moravam. Foi a forma nada convencional e ilícita que encontraram para arrumar dinheiro. Quando a polícia descobriu os crimes que a dupla cometia, Vitor foi preso (ele acabou morrendo na cadeia), mas Joyce conseguiu fugir usando uma identidade falsa: Dinorah.

Ela estava grávida de Raquel, sua segunda filha. O primogênito fora vendido na época em que conheceu Vitor, quando ainda era casada com um homem violento que a espancava. Decidida a entregar seu filho para adoção, foi convencida por Vitor de que seria melhor para ela e para o bebê que a criança fosse vendida para uma família com dinheiro. E assim foi feito. Os dois, então, se juntaram e passaram a intermediar novas vendas, até o dia em que o marido foi preso e ela teve que comprar a identidade falsa e fugir do estado.

Acho que a Raquel devia ser a única filha dela, senão vai dar a sensação de que o outro filho vai aparecer a qualquer momento, e a história já tem muitos casos de adoção.

Já no Rio de Janeiro, ao sair de um culto, Dinorah conheceu Etelvina, que a convidou para trabalhar em sua casa. Mulher com trajetória e perfil dúbio, o nascimento da filha, aos poucos, tratou de humanizá-la, levando à reflexão sobre a vida que levava no Sul e ao arrependimento da negociação do filho mais velho ainda recém-nascido, de cujo rosto nunca mais conseguiu se lembrar. Ao ver que a filha, Raquel, crescia muito ligada ao filho da patroa, tentou convencer a menina de que o mundo dos dois seria diferente. Mas já era tarde. Os adolescentes cresceram juntos, se apaixonaram, namoraram e resolveram se casar.

Etelvina, a patroa vil e autoritária, prometeu a si mesma que faria alguma coisa para acabar com aquela relação. Ao tomar conhecimento, por acaso, do segredo do passado de Dinorah, executou seu plano. A descoberta aconteceu enquanto a doméstica, depois de 20 anos longe da prática, negociava a compra de uma criança. O interessado era Fabiano, seu antigo vizinho catarinense e marido de Simone, que estava grávida de gêmeos e prestes a dar à luz. Cinco dias antes do nascimento, que ocorreria no *Réveillon*, Fabiano foi informado pelo médico que um dos fetos estava morto. Sem o conhecimento da mulher, resolveu substituir o bebê que não vingou. De posse desta nitroglicerina pura – e também das histórias de vendas de bebês passadas, que haviam lhe custado um mandado de prisão – poucas horas antes da noite de *Réveillon* 2000, Etelvina chantageou Dinorah e Raquel, ameaçando entregar a doméstica para a polícia. A mãe de Marcus afirmou que a única maneira de poupar Dinorah seria Raquel se afastar do filho.

A chantagem deu certo e Raquel sumiu por 13 anos, para desespero de Marcus. Nos dias atuais, ao voltar para o Rio junto com o marido, Juremir, Raquel resolve procurar e perdoar a mãe. Dinorah, hoje, é uma mulher seca, resignada, envelhecida e triste, bastante humilhada por Etelvina, que sempre fez de tudo para ratificar a antiga chantagem e deixar claro seu controle sobre aquele passado obscuro. Com a chegada de Raquel, a ardilosa primeira-dama da Construtora Mercury vai voltar a infernizar mãe e filha.

A vida da Dinorah vale a pena para a novela?? Ela evita que Raquel volte pro Marcus, mas ela deixa Raquel muito vulnerável e fraca. Tô pensando se não seria melhor a Dinorah morrer e a partir daí a Raquel voltar para infernizar a vida da Etelvina. Ela tem um plano de vingança e vai ficar cega até conseguir o que quer, que é desmoralizar a vilã. Ela quase perde tudo, inclusive a filha, então encontra a redenção nos braços de Marcus novamente. Mas a megera não a deixará em paz.

11. JUREMIR

Juremir, 47 anos, é o marido de Raquel e pai postiço de Viviane. O encontro com Raquel na fatídica noite de *Réveillon* em que ela foi obrigada a abandonar Marcus mudou a vida dele. Foram morar na Amazônia, onde Raquel aceitou uma bolsa da ONU supervisionada por ele. Ao longo de 13 anos, ele virou fazendeiro e depois ingressou na política, sempre com boas intenções. É do Partido Conservador (PC), mas ao contrário do presidente da sigla, o deputado Fonseca, Juremir é um político honesto. Ao longo de sua trajetória, vai se deixar corromper, mas se redime no final.

Nos dias atuais, vai assumir o cargo de deputado estadual, já que o parlamentar do qual era suplente foi cassado num escândalo envolvendo lavagem de dinheiro. Raquel, então, vai retornar ao Rio, enquanto Juremir se divide entre a Cidade Maravilhosa e Brasília, precipitando os conflitos que envolvem o passado de Raquel, e que incluem, claro, a filha Viviane. Juremir não vai aceitar facilmente perder o amor de sua vida para Marcus. No meio da trama, batalhará judicialmente com Raquel pela guarda de Viviane e terá um relacionamento com Simone, mulher de Fabiano, que vai se apaixonar por ele.

Pensar se ela seria a melhor opção para ser amante dele.

No fim, também perderá este novo amor, forçando-se a se casar em comunhão de bens e contrato de fidelidade canina com a única mulher que, de fato, o escolheu: a política. Trabalhará por causas nobres, ajudará os mais necessitados e terminará pobre. Um autêntico deputado Caxias, o último romântico da política. Com a prisão de Fonseca, no fim da novela, assumirá a Presidência do PC, mudando seu nome para PCP (Partido das Causas Populares).

Acho uma boa oportunidade para mostrarmos como funciona o esquema de corrupção no congresso. Como mesmo os políticos que entraram sem a intenção de roubar acabam se corrompendo. Como o sistema é tão sujo que leva a maioria junto. E como a corrupção começa com coisas pequenas dentro da sociedade. O Juremir pode ter entrado como um deputado honesto, cheio de boas ideias, mas não consegue implementá-las se não abrir concessões. É aí que ele se ferra e perde Raquel. Em nome de um ideal ele vai se ver envolvido com o Fonseca e metido em um monte de confusão. Mas ele é um homem bom, que foi corrompido. O ideal é que ele seja punido e se arrependa. Principalmente por expor Raquel.

12. VIVIANE

Viviane, 12 anos, é a filha de Raquel e Juremir, pelo menos no registro. Só será revelado quem é o verdadeiro pai biológico dela ao longo da trama. Raquel não sabe se é Marcus ou Juremir. Viviane é uma autêntica adolescente contemporânea, ligada e plugada em computadores, internet e tecnologia. Como foi criada longe da cidade do Rio de Janeiro, em princípio, vai ter dificuldades para lidar com a mudança de residência e de vida. Afinal, como qualquer adolescente, já pertencia a uma turma de amigos em Manaus.

Apesar dessa virada na vida da família ter acontecido por causa de Juremir – com quem mantém uma relação muito próxima e afetuosa –, Viviane pensa que foi Raquel quem o forçou a se mudar. A menina sente que Juremir não é correspondido em seu amor e nutre certa implicância com a mãe. Ela também está longe de gostar do engajamento político de Raquel, que atua como presidente de uma ONG voltada para a defesa do meio ambiente.

Para completar a rixa, Viviane não vai suportar estudar na escola onde a militante política será professora. Neste colégio, conhecerá Taís, Bóris e os falsos gêmeos do milênio, Gonçalo e Paulinho. Todos estudarão na mesma classe. No meio da trama, quando Marcus souber que é pai de Viviane, a adolescente se verá em meio a uma batalha judicial por sua guarda. Ela escolherá ficar com Juremir, àquela altura já separado de Raquel. Sua relação com o pai verdadeiro só vai melhorar no fim da novela, quando finalmente entender que ele nunca poderia desconfiar de sua existência antes da mudança da família para o Rio.

Tem que decidir se Marcus é realmente o pai dela.

13. SEU CLÁUDIO

Seu Cláudio, 71 anos, é pai de Ricardo e Manu, e marido de Dona Zilda. De pele negra e traços fortes, enquanto Zilda ia envelhecendo em seu mundo de preocupações com os filhos, Seu Cláudio negociou com mais habilidade a relação com o tempo. Pelo menos é o que ele acha. Sem aviso prévio e pagamento do FGTS, decidiu dispensar Chronos, que, na sua sincera opinião, é um deus sem-vergonha e controlador. O "coroa garotão", como se autoproclama, poderia ser considerado a origem da síndrome de Peter Pan que persegue Ricardo, mas são casos de enfermarias distintas. O engenheiro trabalhou por 30 anos para comprar o apartamento na Barra da Tijuca e, depois de aposentado, resolveu acreditar que a vida na terceira idade é um flerte com a adolescência. Voltou no tempo sem a menor cerimônia. Um autêntico Benjamin Button tupiniquim, mas sem o viço do Brad Pitt, que passo a passo regredia. Jogou fora os projetos e camisas sociais com botões que apertavam seu pescoço e, hoje, vive a saracotear de bermuda, chinelão havaianas e camisas coloridas, estilo turista australiano.

Na praia, seu *hobby* é azarar as menininhas, que o faz ser chamado de tio ou ridículo por quase todas. A cada dia, as cantadas vão ficando mais elaboradas, e ele passa a se fingir de turista, milionário, fazendeiro, dono de construtora importante, bicheiro, filósofo, deputado, médico, enólogo conceituado, profeta, cartola de futebol, astrólogo de artista, conferindo asas às suas neuroses mais profundas. É um poeta da galhofa e da falta de noção. Não foi um pai muito presente, deixou os serviços limpos e sujos da criação da prole para Zilda. Vai ficar mais próximo do filho no dia em que ele sair de casa (quer dizer, mudar para o apartamento ao lado, mas continuar dependendo dos pais). Afinal, as festinhas no minifúndio canguru serão conhecidas do Leme ao Pontal, e ele, claro, não poderá ficar longe dos batidões que ocorrem do lado de lá da parede.

Sua vida vai sofrer uma reviravolta quando engravidar a ardilosa e interesseira Yolanda, 35 anos mais jovem que ele. Yolanda será casada com o Professor Ferenzi até a metade da trama, mas os dois se divorciarão. Já separada, conhecerá Cláudio e acreditará piamente na personagem que ele vai inventar para si: um milionário solteirão em busca de um amor. O golpe do baú no ricaço de araque, representado por uma gravidez, fará a moça, que sempre odiou crianças, dar com os burros n'água. A notícia do filho fora do casamento vai provocar uma verdadeira hecatombe na já desgastada relação com Zilda. Num primeiro momento, ele tentará esconder a todo custo a pulada de cerca, mas logo o segredo será revelado. Expulso de casa, Cláudio terá de passar um tempo no apartamento do trio canguru. Com o nascimento do filho, vai descobrir a delícia chapliniana de ser pai depois dos 70. No fim, será perdoado pela mulher, e recomeçará seu casamento.

14. DONA ZILDA

Dona Zilda, 66 anos, mulher de Seu Cláudio, é mãe do canguru metrossexual Ricardo e da estudante Manu. Se para quase todas as mães é complicado aceitar que os filhos voem, tenham vida e pensamentos próprios, para Zilda, isso é impossível. Nem mesmo uma junta de terapeutas daria jeito em uma mulher que, conscientemente, planejou cada passo dos filhos desde o nascimento.

É um caso edipiano mais do que avançado, caricato, insano e bem-humorado, que quase requer a intervenção de um pai de santo para que saia dos corpos que não lhe pertencem. Não é má, não é vilã, não é perversa. É apenas mãe demais. Daquelas com bobes na cabeça, vestidão florido, unha sem esmalte. Frustrou-se porque não viu o filho estudar medicina fora do Brasil, como sempre sonhou. Frustrou-se porque a filha não foi advogada. Vive frustrada. Mas logo cria novos anseios, sempre tendo a prole como protagonista das histórias da carochinha que cria na cabeça. Foi ela mesma quem, de certa forma, os impediu de crescer. Excesso de ingerência, participações especiais em tramas que não a traziam no elenco, mimos exagerados. Não à toa, Ricardo virou um sujeito metrossexual e cheio de problemas com relacionamentos: a mãe sempre queria que fosse o mais cheiroso, o mais engomadinho no colégio (lembram-se da propaganda em que uma mãe dizia para o filho "cuidado com o shortinho? "), e ainda colocava defeito em cada uma das suas namoradinhas de infância. Criou um monstro alimentado à base de lipoaspiração e cremes esfoliantes.

O grito de independência de Ricardo, que vai se mudar junto com Chuchu e Diego, ficará só nas aparências: Zilda vai dar expediente no apartamento, sempre que puder, com seu implacável senso ditador de regras. Durante incertas até mesmo nas concorridas festas promovidas pelos rapazes, não será difícil encontrar Seu Cláudio, coroa metido a garotão e garanhão, que também vai adorar frequentar o apê do trio. O rolo de macarrão dará a dica do que virá pela frente.

No meio da trama, Zilda receberá um golpe com o qual não contava: o marido vai engravidar uma moça 30 anos mais jovem que ela. Este autêntico fio desencapado vai modificar por completo as relações familiares e a forma de Zilda se relacionar com os filhos. Num primeiro momento, impactada pela revelação, colocará o marido para fora de casa. Com o tempo, aceitará a pulada de cerca e será até mesmo madrinha do filho de Cláudio.

15. MANU

Manuela, 22 anos, é filha temporã de Dona Zilda e Seu Cláudio, e irmã de Ricardo. Imersa em um lar perturbado por uma mãe controladora, um pai metido a garotão e um irmão metrossexual em grau máximo, é o contraponto apolíneo às formas dionisíacas tresloucadas que se manifestam na família. Bonita, inteligente e decidida, estuda psicologia, tem uma bolsa de estudos na faculdade e faz estágio remunerado. Sonha montar um consultório e ser uma importante terapeuta de casais, talvez uma tentativa inconsciente de resolver as próprias questões familiares.

Sua relação com Ricardo não é nada boa, já que o irmão rouba os cremes que ela compra com o suado dinheiro do estágio. Quando está perto do irmão, a moça tem um súbito mal de regressão e desce ao nível de infantilidade dele, o que a deixa muito irritada. Zilda odeia a faculdade da filha, já que havia imaginado uma carreira de advogada para a moça. Manu vai se apaixonar por Laerte – diretor de compras da construtora Mercury – homem que, assim como ela, sempre quis se casar e formar família. Os dois se conheceram por intermédio de Ricardo e ficaram amigos, mas ela logo se encantou por seu jeito sério e trabalhador. A moça vai precisar de muita paciência e autoestima para esperar um possível abrandamento do amor histórico que o rapaz nutre por Monaliza, secretária da Mercury e namorada de Chuchu, um dos melhores amigos de seu irmão. Quando a relação de Chuchu com Monaliza enfrentar uma tempestade séria, Laerte irá atrás da concretização daquele sentimento histórico. Manu, mesmo arrasada, será sua confidente. Com o tempo, Laerte poderá perceber que o grande amor de sua vida sempre esteve mais próximo do que ele poderia imaginar.

16. PEPE

Pepe Aragonéz, 61 anos, é pai de Diego, Karla e Juanita, e marido de Pilar. Natural da ilha de Lanzarote, na Espanha, veio para o Brasil no começo da década de 70, depois de criticar publicamente a moribunda ditadura do General Franco, em um discurso emocionado no restaurante do qual era proprietário (herança dos pais, recém-falecidos), localizado na cidade galega de Santiago de Compostela, onde morava desde a adolescência.

À época com 21 anos, Pepe foi ameaçado de morte pelas falanges franquistas e resolveu sair do país. Juntou os seus trapos e os da jovem esposa, Pilar, e ambos tomaram um navio rumo ao Brasil.

Durante a década de 70, trabalhou no Rio de Janeiro como feirante. O tino comercial daquele espanhol que nunca deixou de lado o sotaque carregado fez com que da pequena barraca de frutas e legumes, dez anos depois, partissem para um negócio maior: um restaurante. Aproveitaram os bons preços dos terrenos e imóveis daquele Jardim Oceânico – que fica no começo da Barra da Tijuca – ainda pouco movimentado do início da década de 80 e plantaram sua história na região.

Trinta anos depois, o bairro cresceu e o negócio acompanhou a mesma escalada em progressão geométrica. Hoje, é difícil encontrar quem não conheça os famosos mariscos do restaurante Lanzarote, um dos pontos de encontro símbolo do bairro. Pepe é o estereótipo do espanhol bonachão, que fala alto, tem opinião sobre tudo e está sempre disposto a iniciar uma discussão. Desde o nascimento do filho, Diego, encasquetou com a ideia de que faria de tudo para que o garoto fosse alguém na vida. Pagou os melhores colégios, cursos, a faculdade de Direito, mas o filho ainda não se colocou na vida. Diego tenta há 10 anos passar em um concurso público, e Pepe segue acreditando que ele será um "doutor", o "Doutor Aragonéz", como vive contando para os amigos do restaurante. Esse investimento em Diego provoca uma verdadeira guerra dentro de casa, já que ele é o único da família que não trabalha. As filhas, Karla e Juanita, estudantes, ajudam os pais no restaurante e ficam revoltadas com o que consideram protecionismo com aquele autêntico canguru. Karla também brigará com o pai quando se envolver com seu professor de psicologia, Ferenzi, 20 anos mais velho.

Com a sequência dos acontecimentos, quando Diego conquistar Natasha, namorada do ambicioso Andrew, vice-presidente da Mercury, o executivo vai buscar se vingar do advogado concurseiro atingindo justamente o negócio honesto de Pepe. O financista vai adulterar a declaração de ICMS do restaurante Lanzarote feita por Robson – que se divide entre as funções de contador da construtora e do restaurante. Essa fraude vai fazer com que Pepe perca o restaurante e tenha de voltar a ser feirante, dessa vez em um ponto distante da Barra da Tijuca, mais precisamente na rua em frente à Vila Tijucana onde moram as famílias de Dimitri e Seu Juca. Maria Augusta não aceitará com facilidade que a filha tenha sogros feirantes que, ainda por cima, dão expediente na porta de sua casa.

17. PILAR

Pilar Aragonéz, 58 anos, é mãe de Diego, Karla e Juanita, e mulher de Pepe. Natural de Santiago de Compostela, na Galícia, não pensou duas vezes em acompanhar o marido na aventura de se lançar ao mar e descobrir uma nova vida no país de língua portuguesa sobre o qual sempre ouviu saborosas histórias. Ficou no peito apenas a saudade dos pais, a quem vê a cada dois anos, quando retorna à sua terra natal para as visitas sempre tão aguardadas por ambos os lados. Típica espanhola de sotaque carregado, é uma mulher trabalhadora e sem grandes vaidades, dedicada ao restaurante e à família. Além de braço direito de Pepe, acompanha o marido no desejo de ver o filho aprovado em um concurso público. Mas apenas para o travesseiro já ensaia dizer que Diego nunca conseguirá tal feito. As esperanças, confessa entre os dentes, estão escasseando. Apesar disso, seu histórico de promessas para uma possível vitória do filho é extenso, e inclui turismo por uma meia dúzia de cidades religiosas ao redor do mundo – de Ávila a Aparecida – isto sem falar nas visitas a mais de uma dezena de igrejas brasileiras, sendo que prometeu subir as escadarias da Penha de umas 20 formas distintas. Pilar é uma mulher racional. Por isso vive brigando com as santas em suas orações. Diz que não acredita em religião, mas, na dúvida, resolve rezar. E não se enganem: as orações de Pilar são pragmáticas. Ela batalha por tudo que quer e não deixa o trabalho para os santos.

Mais difícil do que Diego gabaritar qualquer avaliação, será Dona Pilar pagar tudinho o que prometeu ao longo da última década. Tenta a todo custo conter a raiva e falatório das filhas, que ajudam nos afazeres do restaurante e reclamam com veemência das regalias concedidas ao campeão mundial de concursos sem aprovação. Ele é o único que não trabalha. O filho sairá de casa, ou melhor, mudará para o apartamento ao lado com a ajuda de um cheque do pai todo santo mês, e os ânimos serão aplacados. A vida de Pilar (e da família) sofrerá uma mudança de rumos quando Andrew, vice-presidente da construtora, enfurecido por ter perdido a namorada, Natasha, para Diego, forjar que ela e o marido sonegaram o ICMS do restaurante. Perderão quase tudo e voltarão a ser feirantes, desta vez com uma barraca em frente à vila onde mora a futura sogra do filho. A materialista Maria Augusta, mãe de Natasha, não vai ficar nada feliz em ver o casal tão perto de sua casa e aprontará muitas confusões.

18. KARLA

Karla, 22 anos, é filha de Pepe e Pilar, e irmã de Diego e Juanita. Bonita, morena estilo Penélope Cruz, com corpo esculpido nas melhores academias da Barra da Tijuca, a estudante de psicologia é, junto com os petiscos cuja fama corre o litoral carioca, a principal atração da restaurante do velho Pepe. Ela não gosta muito de trabalhar lá – sobretudo porque o irmão, Diego, obteve o salvo-conduto para apenas estudar, visando aos concursos públicos. Apesar de tantos atributos, sujeitos e predicados, e de ser uma das melhores alunas da classe, a moça tem uma autoestima próxima ao magma terrestre, o que chama a atenção do Professor Ferenzi: "como uma jovem tão bonita pode se anular tanto por medo da vida? ". Já separado da maquiavélica Yolanda, ele vai perceber que a busca por esta resposta o fez se apaixonar por Karla.

O sentimento será correspondido e os dois viverão uma história de amor que vai provocar a revolta do conservador Pepe. Na visão do comerciante, um professor mais velho nunca poderia se aproximar da sua menina. No meio da trama, quando a família perder o restaurante após a tramoia de Andrew, Karla será convidada a trabalhar como modelo fotográfica, e terá total apoio de Ferenzi para que aceite. Mais uma vez, Pepe sentirá o orgulho machista impiedosamente ferido, sobretudo quando a beleza da filha estiver estampada em diversos catálogos e propagandas. Mas logo o patriarca espanhol sentirá orgulho da filha e será seu fã número um.

19. JUANITA

Juanita, 23 anos, filha de Pepe e Pilar, irmã de Diego e Karla. Também estudante de psicologia, faz uma espécie de contraponto às características da irmã. Não é tão bonita, nem a mais brilhante nos estudos, mas apresenta personalidade marcante nas atitudes e no modo de se vestir. Partiu dela a pressão mais intensa para que o irmão concurseiro saísse de casa. Nunca concordou com as regalias entregues a Diego, e sempre achou a mãe submissa demais. Vai se aproximar de Raquel, nossa protagonista, quando ela defender um grupo de invasores de terra que se apropriaram de um terreno da construtora Mercury, na Barra da Tijuca. As duas logo perceberão que têm afinidade no altruísmo, senso de cidadania e espírito coletivo. Ficarão muito amigas. Em seus encontros com as amigas Natasha e Manu, na praia do Pepê, Juanita se verá em desvantagem nos atributos físicos, mas compensará este detalhe com sua personalidade forte e idéias progressistas. Será ela que, ao lado de Raquel, descobrirá a tramoia de Andrew contra seus pais, que culminará no fechamento da restaurante. Durante a trama, viverá um romance com Fabiano, homem apaixonado pelos serviços do lar e pelos filhos, que será abandonado pela mulher, Simone.

A Manu, a Karla e a Juanita estudam psicologia?! São vizinhas, irmãs e amigas desde a infância e fazem a mesma faculdade. Acho que a Juanita podia fazer outro curso. No que acrescenta ela fazer a mesma coisa? Que outra profissão ela poderia ter?

20. ROBSON

Robson, 58 anos, é pai de Chuchu e Taís, sua filha adotiva, viúvo de Gisele e namorado de Diana. Há quase trinta anos, Robson e Gisele sofreram um duro golpe, quando a filha, Roberta, então com quatro anos, morreu de meningite. À época, o casal também já tinha Juarez (Chuchu), um ano mais velho. Aquela morte prematura traumatizou a família, e condicionou uma relação de mimos e cuidados extremos com o filho. No ano 2000, quando Chuchu fez 22 anos, o casal decidiu adotar Taís, uma espécie de compensação pela perda da filha. Cinco anos depois, novo golpe para a família: a morte de Gisele, vítima de câncer.

Desde então, Robson, amigo de infância de Arlindo Torres Mendonça e contador da construtora Mercury, acumula duas funções, recebendo todas as benesses e problemas por este equilíbrio na corda bamba: é pai e mãe de Chuchu e Taís, um autêntico "pãe" dos dias de hoje.

Homem charmoso e bem conservado para a idade, Robson superou os dramas de sua vida com jogo de cintura e muito otimismo. Além do trabalho na construtora, também faz a contabilidade do restaurante Lanzarote. Há dois anos, namora Diana, psicóloga tímida e trabalhadora, filha de Maria Augusta. O namoro provocou um rebuliço dentro de casa, já que os filhos não aceitaram a chegada da moça. Taís, a adolescente que passa pelos turbilhões emocionais e hormonais próprios desta fase, rechaça a ideia de uma nova mulher cantando de galo nas cercanias que eram de sua mãe. Já Chuchu, um boa-praça de sol e mar, mas com uma boa dose de imaturidade machista pulsando nas veias, não crê que uma mulher da sua idade possa se interessar por um quase sessentão.

Após o meio da trama, Robson sofrerá um Acidente Vascular Cerebral, o que o fará ficar em coma por algum tempo. Será o momento em que Chuchu se aproximará de Diana, contribuindo para o seu amadurecimento e o fim da fase canguru. Apesar de negarem até para o espelho num primeiro momento, os dois se apaixonarão. Esse triângulo vai criar um drama psicológico em ambos, já que aquele amor surgido de maneira pura e incontrolável representará uma traição direta a Robson que, mesmo recuperado do coma, apresentará algumas sequelas neurológicas do AVC.

21. GISELE

Gisele, já falecida, mulher de Robson, mãe de Chuchu e Taís. Há quase trinta anos, Robson e Gisele – mulher muito bonita, sofisticada e ótima mãe – sofreram um duro golpe quando Roberta, filha do casal então com quatro anos, morreu de meningite. À época, os dois já tinham Juarez (Chuchu), um ano mais velho. Aquela morte prematura traumatizou a família e condicionou uma relação de entrega absoluta e até exagerada com relação ao filho. No ano 2000, quando o mimado Chuchu completou 22 anos, o casal decidiu adotar Taís, uma espécie de compensação pela perda da filha. Cinco anos depois, Gisele morreu de câncer. Mesmo tendo convivido com a mãe apenas por um breve período de sua vida, Taís sempre recebe a sua visita em sonho.

22. TAÍS

Taís, de 14 anos, negra, é a filha adotiva de Robson e Gisele (já falecida), irmã de Chuchu e quase enteada de Diana. Adolescente que vive os conflitos, espinhas e dramas adocicados próprios da idade, encara com bastante naturalidade o fato de ter sido adotada. Não é difícil vê-la falar com orgulho da atitude dos pais no passado. E é justamente por não esconder de ninguém sua origem – o que também fica explícito pelo fato de ser negra, diferentemente do pai e do irmão – que a menina sofrerá uma espécie de *bullying* no colégio. Gonçalo, filho de Simone e Fabiano, é o colega de classe que mais implica com Taís, mas o tempo tratará de revelar que também ele foi adotado. A lembrança falha um pouco quando tenta se recordar de Gisele, afinal, era muito pequena quando ela morreu, mas a mãe sempre volta, em seus sonhos, para confortá-la diante dos medos e questões de menina.

A dupla masculina entregou-a com cetro e coroa à condição de rainha daquele lar de dois marmanjos, e ela recebe a pompa dos paparicos, além de tentar colocar um norte na desordem reinante, sobretudo no quarto de Chuchu. É a principal aliada de Monaliza, namorada do surfista, na cruzada quase impossível para fazê-lo largar as ondas e dar direção para o namoro de 13 anos com ares de canoa furada. Já com Diana, a namorada mais nova do pai, a relação é de muita implicância: assim como Chuchu, Taís não aceita uma substituta para sua mãe, a quem se refere como uma espécie de criatura imaculada. A adolescente tolera menos ainda uma possível troca no comando daquele apartamento onde ela – sem chances de divisão de posto – é a estrela da Companhia. Apesar do campo sempre minado, Diana não desiste: faz de tudo pra se aproximar da menina. Após a metade da trama, Robson sofrerá um AVC. Chuchu – que terá saído de casa para morar com Diego e Ricardo – voltará para o apartamento com a missão de cuidar de Taís.

A principal aliada do rapaz será Diana que, a partir de então, sofrerá a ira ainda mais implacável da menina. Desta vez, a caçula, entretanto, não terá o apoio do primogênito, que, com o tempo, surpreenderá a si próprio e à irmã, ao se apaixonar pela namorada do pai.

23. LAERTE

Laerte, 34 anos, administrador, é o diretor de compras da Construtora Mercury. Amigo de cursinho pré-vestibular de nossos quatro mosqueteiros, sempre foi o "estranho no ninho" dos cangurus, o mauricinho engomado, arrumadinho e apolíneo da galera. Um autêntico "dobra-calça", como foi apelidado. Ao contrário do resto do time, seu sonho sempre foi arrumar um bom emprego e se casar, de preferência com Monaliza, paixão desde os tempos de adolescente. O plano de subir ao altar com a moça azedou no dia em que ele apertou o gatilho de um fogo amigo contra si próprio, ao levá-la para a festa de *Réveillon* do ano 2000 que Marcus ofereceu em sua casa. Sem que pudesse fazer nada, houve uma química imediata entre Monaliza e Chuchu, seu antigo melhor amigo, e os dois terminaram a noite juntos.

Como se diz na gíria dos cangurus, Laerte levou a carne para o churrasco de Chuchu. O resultado foi que o novo casal logo embarcou em um namoro que já dura 13 anos, e Laerte direcionou toda a sua vida para a parcela profissional, sem se esquecer do ódio que nutre pelo surfista. A bolada nas costas ficou bem viva na memória, assim como o amor por Monaliza, que jamais arrefeceu. Depois de formado, tornou-se um profissional de ponta, e logo conseguiu emprego na Construtora Mercury, com auxílio de Marcus. Divide um apartamento com Andrew, o ambicioso financista vice-presidente da companhia. Juntos, os dois superfaturam equipamentos e desviam dinheiro da compra de materiais, mas Laerte apenas abraçou o esquema para tentar se posicionar na vida, comprar um bom apartamento e se casar. De preferência com Monaliza, claro. Não é corrupto de vocação como Andrew, e vive um drama de consciência após as falcatruas de que participa.

Acho inverossímil ele dividir apto com o vice-presidente da empresa!

Manu, a irmã de Ricardo, o canguru metrossexual designer de joias, é sua principal amiga e confidente. A jovem é completamente apaixonada por Laerte, mas ele nem desconfia disso. Quando o romance de 13 anos entre Chuchu e Monaliza for a pique, o rapaz tentará recuperar o tempo perdido, mas sempre com um incômodo sentimento de segunda opção. No fim da trama, pode descobrir que o amor verdadeiro está mais próximo do que ele poderia imaginar.

24. MONALIZA

Monaliza, 33 anos, é a namorada de Chuchu e secretária da construtora Mercury. Lá se vai mais de uma década desde o dia em que, convidada por Laerte para ir a uma festa de noivado na praia, conheceu aquele belíssimo surfista louro de voz mansa, cheio de suingue. Era Juarez, o Chuchu. Foi paixão à primeira vista. Logo depois daquele *Réveillon* de 2000, já estavam namorando – o que provocou a ira de Laerte, apaixonado pela moça – e tudo parecia caminhar para um destino tradicional: igreja, marcha nupcial, bolo, padrinhos. Parecia.

Namoram há 13 anos, mas as perspectivas de casamento, para desespero da moça, a cada dia ficam menores. Chuchu só quer saber de ondas, administra sem grandes ambições sua escolinha de surfe para crianças, sente até calafrios quando passa em frente a uma igreja. Já Monaliza sonha crescer no trabalho, casar e ter uma penca de filhos com o namorado. Esta incongruência que se arrasta há um bom tempo gera conflitos e começa a colocar em xeque aquela duradoura relação.

A saída de casa de Chuchu, que vai morar com os amigos Ricardo e Diego, criará em Monaliza a falsa ilusão de que aquele é o ensaio para uma independência que terminará em casamento. Leitora voraz de revistas para noivas, ela sonha com o seu grande dia. Mas será um alarme falso. O namoro de 13 anos, espécie de casamento sem responsabilidades – mesmo com todo o amor que a administradora sente pelo professor de surfe e vice-versa – vai balançar, e Laerte entrará em cena para tentar recuperar o tempo perdido. Os confrontos entre os dois rapazes serão inevitáveis. Depois do meio da trama, quando Robson, pai de Chuchu, sofrer um AVC e o surfista voltar para casa com a missão de cuidar da irmã, Monaliza perceberá o amadurecimento do rapaz. Este crescimento, entretanto, será acompanhado por uma paixão inesperada, com a qual Chuchu jamais ousaria sequer sonhar: Diana, a namorada do pai. Mesmo envolvida com Laerte, Monaliza não aceitará passivamente perder o amor de treze anos para a então madrasta enjeitada.

25. PROFESSOR FERENZI

Professor Ferenzi, 45 anos, é o marido de Yolanda, e professor de psicologia de Natasha, Karla, Juanita e Manu, além de ter Diana como sua assistente. Professor bonitão, de fino trato e guarda-roupa, e também muito sério, é uma espécie de "voz da consciência" da novela, sempre com uma palavra de consolo ou motivação para estimular ações e tomadas de decisão de algumas personagens. É um marido fiel e dedicado à esposa Yolanda, mulher ardilosa, fria, mal-humorada e invejosa, que tem um transtorno obsessivo com relação à irmã, Simone. Nenhum terapeuta, nem mesmo ele, jamais entendeu o porquê de tanta amargura para um coração só. Ferenzi sonha ser pai, mas Yolanda rejeita de todas as formas a possibilidade de um filho. Não quer ficar feia, gorda, além de detestar crianças. Tantas frustrações dentro de casa fazem com que o professor se dedique quase integralmente ao trabalho, como forma de esquecer o clima de conflitos que encontra da porta de casa para dentro.

Com o desenrolar da trama, percebendo que a mulher é um caso apenas para uma junta de Freuds reencarnados, vai decidir se separar de Yolanda. Neste meio tempo, se encantará por Karla, a louraça arrasa-quarteirão da faculdade que, apesar de ótima aluna, tem problemas de autoestima. O romance vai cair como uma bomba na família de Karla, já que seu pai, o conservador espanhol Pepe, dono do famoso restaurante Lanzarote, não aceitará com facilidade um genro bem mais velho que sua filha. Psicólogo e ambientalista conceituado, ao lado de Karla, Ferenzi se verá flertando com um passado quase adolescente, tendo de, às vezes, namorar na sala de estar, sob o olhar atento e fuzilante do sogro. Ele achará graça desta situação, que irá conferir viço e novo sabor para a sua vida, após a amarga experiência com Yolanda. A megera, claro, mesmo não possuindo qualquer amor pelo ex-marido, vai querer jogar água no chope daquela felicidade toda.

Como ambientalista, organiza manifestações em defesa da despoluição da Lagoa de Jacarepaguá, que cruza toda a extensão da Barra da Tijuca.

26. YOLANDA

Yolanda, 36 anos, é a mulher do Professor Ferenzi e irmã de Simone. Invejosa, ardilosa, venenosa, mal-humorada e cínica, não tem a beleza, muitos menos o carisma e estilo da irmã. Eis a nossa autêntica vilã Tom e Jerry, sempre pronta a tramar enredos maldosos que não dão muito certo. Não trabalha, vive à custa do salário do conceituado professor Ferenzi, mas só reclama da vida. Possui olho gordo incorrigível na carreira de sucesso de Simone, diretora financeira da Construtora Mercury. Para completar, Yolanda ainda é apaixonada pelo marido da irmã, Fabiano, homem muito bonito e fiel, que trabalha como dono de casa.

No passado, quando Simone tinha 20 anos e Yolanda, 19, as duas viveram o drama de perderem os pais – Sérgio e Helena – num acidente de carro em que ambas sobreviveram. Era aniversário de casamento deles. Yolanda dirigia o veículo, mas, aproveitando-se do fato de a irmã estar completamente embriagada, mentiu para ela sobre a história do acidente. A verdade é que Sérgio e Helena, alcoólatras desde moços, saíram do restaurante naquele fatídico dia de 1995 completamente bêbados. Simone, que herdou de ambos o fraco pelo alcoolismo, também bebera demais. Por este motivo, Yolanda resolveu assumir o volante. Em uma rua afastada do Centro, perto de casa, perdeu o controle do veículo, que capotou diversas vezes. Sérgio e Helena, em quase coma alcoólico no banco traseiro, morreram na hora. Yolanda conseguiu sair do carro e retirar Simone, desacordada, do veículo.

Quando a polícia chegou, a caçula assumiu a responsabilidade pela tragédia. Inventou ter sofrido uma fechada violenta de um caminhão, alegou que a pista estava molhada, conseguiu ser desculpada por familiares e amigos. Mas apenas para Simone contou outra história. Mentiu ser a irmã quem estava ao volante, afirmando ter assumido a culpa apenas para livrá-la da cadeia. Desde este dia, Yolanda utiliza o falso segredo como forma de intimidação em diversas situações. Arrasada pela culpa, Simone buscou tratar-se do vício do álcool, focou seu pensamento na carreira profissional (promessa que fizera aos pais) e, ao conhecer Fabiano, já era uma nova mulher.

O passado, entretanto, sempre bate à porta pela boca de Yolanda. Não é difícil vê-la ameaçar Simone com chantagens baratas: "Seu marido ficará decepcionado se souber que a mulherzinha dele dirigia bêbada no dia do acidente...". Fabiano sabe apenas que a mulher já foi alcoólatra. Com o decorrer da novela, seu casamento com Ferenzi vai naufragar. Ela nunca foi apaixonada pelo professor, a quem sempre considerou um coadjuvante em toda e qualquer trama na vida a dois. Sozinha, sem Ferenzi e sem conseguir conquistar Fabiano, vai conhecer o caricato Seu Cláudio em uma de suas caminhadas matinais na praia do Pepê. Conhecido nas redondezas por bancar o garotão e inventar personagens para si próprio, Cláudio enganará Yolanda, passando-se por um milionário. Ela cairá no conto do vigário e pensará ter descoberto as seis dezenas da Mega Sena acumulada pregadas na testa do simpático vovô. Apesar de odiar a possibilidade engordativa de ser mãe, a megera indomável moverá mundos e fundos para engravidar daquele pretenso partidão. E vai conseguir. A gravidez provocará uma revolução na vida de ambos, que, obviamente, nunca foram apaixonados um pelo outro.

27. SIMONE

Simone, 37 anos, é mulher de Fabiano, mãe dos gêmeos Gonçalo e Paulinho, e irmã de Yolanda. Executiva bem-sucedida da Construtora Mercury, ao lado do marido embarcou num casamento que as revistas femininas taxariam de "moderno", num daqueles famosos testes de múltipla escolha. É ela quem trabalha e põe o dinheiro em casa; é ele quem cuida das tarefas domésticas. Bonita, elegante e muito decidida, quem a vê esbanjando segurança no trabalho não imagina que, por trás daquele sorriso branco do último clareamento, encontra-se um segredo – que ela não sabe ser mentiroso – guardado a sete chaves. Simone acha que foi ela a responsável pela morte dos pais, Sérgio e Helena, num trágico acidente há quase 20 anos. Era o aniversário de casamento deles. Yolanda dirigia o veículo, mas, aproveitando-se do fato de a irmã estar completamente embriagada, reinventou como quis a história do acidente.

A verdade é que Sérgio e Helena, alcoólatras frequentadores do A.A., saíram do restaurante naquele dia de 1994 completamente bêbados. Simone, que herdou da dupla a paixão pelos copos, também bebera demais. Por esse motivo, Yolanda resolveu assumir o volante. Em uma rua deserta, perto de casa, perdeu o controle do veículo, que capotou diversas vezes. Sérgio e Helena, desmaiados pela bebedeira no banco traseiro, morreram no mesmo instante. Yolanda conseguiu sair do carro e retirar Simone, totalmente grogue, do veículo. Quando a polícia chegou, a caçula assumiu a responsabilidade pela tragédia. Inventou ter sofrido uma fechada violenta, jogou a culpa na pista molhada pela chuva torrencial que caíra naquele dia, conseguiu posar de vítima para familiares e amigos. Mas apenas para Simone contou uma versão diferente. Mentiu ser a irmã quem estava ao volante, e afirmou ter assumido a culpa apenas para livrá-la da cadeia.

Desde este dia, Yolanda utiliza o falso segredo como forma de intimidação em diversas situações. Arrasada pela culpa, Simone buscou tratar-se do vício do álcool, focou seu pensamento na carreira profissional (promessa que fizera aos pais) e ao conhecer o marido Fabiano já era uma nova mulher. Fabiano apenas sabe que a mulher já foi alcoólatra, nem desconfia das chantagens. O marido, aliás, foi protagonista de outra trama – também desconhecida por Simone –, desta vez ligada à sua gravidez. Mãe dos chamados "Gêmeos do milênio", Gonçalo e Paulinho, ela foi uma das primeiras mulheres a ter filhos naquele que, erroneamente, convencionou-se chamar de o ano da virada de século. A alegria do fato, entretanto, só foi mantida por uma intervenção de Fabiano. Poucos dias antes do nascimento, o obstetra descobriu que um dos bebês estava morto na barriga de Simone. Temendo a reação da mulher, sobretudo uma possível recaída com relação ao álcool, o marido implorou ao médico que não contasse nada à esposa. Os dois, então, bolaram um "plano perfeito": com a ajuda de Dinorah, mãe da protagonista Raquel e amiga de sua mãe dos tempos em que ambos ainda moravam na Comunidade Maciço do Morro da Cruz, em Florianópolis, Fabiano conseguiu uma criança recém-nascida e colocou no berçário ao lado de Paulinho, o gêmeo sobrevivente (antes da mudança para o Rio, Dinorah trabalhava negociando crianças de mães que não tinha condições de criá-las).

Até a revelação deste segredo, que somente ocorrerá no meio da trama, Simone irá se apaixonar por outro homem, Juremir, ex-marido de Raquel. O fim daquele casamento que parecia perfeito forçará a revelação dos segredos que envolvem o passado da família.

Pensar se ela é a melhor pessoa pra ter um caso com Juremir. Acho que quando Fabiano conheceu Simone ela ainda devia ter recaídas, pra esse medo do vício dela ser mais forte. E ela resolveu parar de beber de vez quando engravidou.

28. FABIANO

Fabiano, 38 anos, é o marido de Simone e pai de Gonçalo e Paulinho. Homem fiel, justo, educado, muito bonito e querido por todos da vizinhança, é o companheiro que toda mulher gostaria de ter. Trabalha como dono de casa, ocupando-se dos afazeres domésticos – desde pequenos reparos na residência até a limpeza e a alimentação dos filhos e da esposa. É um autêntico homem de forno e fogão, característica que herdou da mãe, exímia cozinheira. Tantos predicados e vocação para os cuidados do lar despertam desejo e fantasia em outras mulheres, sobretudo na maquiavélica Yolanda, cunhada e vizinha, que arrasta um caminhão inteirinho para ele.

Fabiano é o único que, a bordo dos seus quitutes e carisma, consegue amolecer aquela serpente venenosa sempre pronta a dar o bote.

A fama de homem prendado corre o calçadão, onde se exercita toda manhã e mantém o corpo atlético, para suspiro do fã-clube surgido de maneira espontânea. Fabiano também não dispensa o já famoso futebol de terça à noite com Chuchu, Diego e Ricardo, nosso trio de cangurus, que mora num prédio próximo ao dele.

Quando seus filhos nasceram, motivado pelo grande amor que sente por Simone, Fabiano tomou uma decisão muito complicada – segredo que guarda a sete chaves até hoje. Poucos dias antes do parto, ocorrido na virada para o ano 2000, o obstetra descobriu que um dos bebês gêmeos plurivitelinos estava morto. Fabiano pediu ao médico que nada fosse contado a Simone e conseguiu, com ajuda de Dinorah – mãe de Raquel e sua ex-vizinha em Florianópolis (SC) – outro bebê para colocar no lugar. O marido temia que uma possível depressão da mulher com o fato de ter perdido uma das crianças pudesse levá-la novamente às bebidas, já que Simone é ex-alcoólatra.

Com o passar do tempo, Fabiano sofrerá um duro golpe, quando a esposa se apaixonar por outro homem, o deputado Juremir, marido de Raquel, e decidir colocar um ponto-final naquela união que parecia perfeita. A separação vai uni-lo ainda mais aos filhos, que irão preferir ficar com ele, mas forçará o então dono de casa a procurar emprego. Yolanda, divorciada de Ferenzi, tentará a todo custo conquistar o coração de Fabiano, sem sucesso. Mais à frente, o segredo sobre a compra do bebê será então descoberto, e Fabiano, que, àquela altura, terá conseguido se tornar um dos chefs de cozinha mais respeitados do Rio de Janeiro, perderá a confiança de Gonçalo. Simone perdoará o ex-marido, enxergando naquele ato do passado uma prova de amor a ela. Fabiano terminará a novela buscando resgatar a relação com filho ilegítimo, e dividido entre a arrependida Simone e uma nova paixão, a jovem e decidida Juanita.

29. GONÇALO

Gonçalo, 13 anos, é filho ilegítimo de Simone e Fabiano, irmão postiço de Paulinho, mas só descobrirá este segredo após o meio da novela. No ano 2000, foi festejado como um dos chamados "Gêmeos do milênio". Saiu em todas as capas de revista ao lado do irmão, Paulinho, já que a dupla nasceu exatamente à meia-noite do dia 1º de janeiro. Este fato, entretanto, esconde um complicado enredo que Fabiano vai tentar esconder por toda a vida, mas que será revelado no meio da trama. Poucos dias antes do nascimento, o obstetra descobriu que um dos bebês de Simone estava morto. Temendo uma possível depressão da mulher com o fato, Fabiano conseguiu – por intermédio de uma ex--vizinha da época em que morava em Santa Catarina, Dinorah – um novo bebê recém-nascido, e substituiu o filho que nasceu morto.

Com um tipo físico mais forte que o do irmão, Gonçalo faz o estilo rebelde sem causa da família. Preconceituoso, metido a líder da turma que fica no fundo da sala de aula, é o autêntico adolescente marrentinho de classe média. Pratica *bullying* com colegas de classe, sobretudo Taís, filha adotiva de Robson. As piadinhas sobram até mesmo para o irmão, que é bem mais inteligente do que ele. No meio da trama, com a separação dos pais, vai preferir ficar com Fabiano e não perdoará Simone por ter rachado o lar aparentemente perfeito. Essa ótima relação com o pai, entretanto, será interrompida pela descoberta do segredo sobre sua origem. A partir da revelação, Gonçalo pedirá perdão a Taís e mudará seu estilo. Mas somente no fim da novela conseguirá aceitar a atitude de Fabiano.

Mesmo após descobrir que é filho do poderoso Arlindo Mendonça, vai preferir continuar com o pai de criação, embora aceite o pai biológico.

Não acho que ele deva descobrir quem é o pai.

30. PAULINHO

Paulinho, 13 anos, filho biológico de Simone e Fabiano, irmão de Gonçalo. Um dos "Gêmeos do milênio" festejados em capas de revista no ano 2000, é a porção gente boa, amável e conciliadora da dupla. Garoto bem mais inteligente do que a média da turma, possui ótima relação com todos os colegas do colégio e não aceita as provocações do irmão com relação à colega Taís, filha adotiva de Robson. Gonçalo também não deixa de implicar com ele, ironizando suas ótimas notas em todas as disciplinas. O apelido de "Nerd" e o deboche com relação aos óculos fundo de garrafa, entretanto, nunca o deixaram irritado. Leitor voraz de Harry Potter, sonha ser astronauta, e vive de olho nas estrelas com a sua luneta de altíssimo alcance. Quando os pais se separarem, vai preferir ficar com Fabiano, mas diferentemente de Gonçalo, não guardará mágoas da mãe pela atitude de sair de casa. A revelação sobre a origem de Gonçalo vai unir os falsos gêmeos que passarão a ser muito mais amigos do que antes. Paulinho terá papel fundamental na reaproximação entre o irmão e Fabiano, ao final da novela.

> **Acho que ele não precisa ter trabalhado na KGB, é fantástico demais. Ele podia ter o sonho de ter trabalhado lá e por isso dá uma de detetive trapalhão.**

31. DIMITRI

Dimitri, 76 anos, trabalhou no serviço secreto do Partido Comunista Soviético (a temida KGB) até 1990, quando se mudou para o Rio de Janeiro, e nem chegou a ver a queda do regime e as mudanças de paradigma que aconteceriam no ano seguinte. Na antiga URSS, era o responsável, junto com sua mulher, Catarina, por receber os brasileiros comunistas que desembarcavam em Moscou (um deles foi Fonseca, que, atualmente, é deputado). Em razão deste contato, desenvolveu um carinho natural pelo país. Ao chegar ao Brasil, revela gostos inusitados para quem saíra do regime socialista, sobretudo o culto a ícones da cultura norte-americana, como o roqueiro Elvis Presley e os *westerns* do *cowboy* John Wayne. Dimitri também é um apreciador da música brasileira das décadas de 60 e 70, possui uma enorme coleção de vinis de movimentos musicais da época, como a Jovem Guarda e a Tropicália, todos eles presenteados por exilados brasileiros que passavam uma temporada em Moscou sob seus cuidados.

Sua memória e ligação com a música daqui são tão grandes, que seria capaz de dizer, em poucos segundos, todos os campeões dos antigos festivais da canção. Boa praça e bastante querido entre os vizinhos e netos, teve um filho com Catarina, o esquisitão Ivan, um divorciado sovina que implica bastante com aquele estilo de vida, focado em boemia, futebol e vinis carinhosamente paparicados. Adora bailes da terceira idade, festas, partidas de futebol de botão com o vizinho Juca e a molecada do bairro, e é o agitador político-cultural em qualquer ambiente com mais de duas pessoas. Gosta de gente, sabe cativar e já entende todos os sabores desta terra onde canta o sabiá. Sim, ele conhece Gonçalves Dias, Drummond, Carlos Gomes, fica até emocionado ao ouvir "O Guarani". Um autêntico "tupiniviético". Os três – Dimitri, Catarina e Ivan – moram juntos em uma casa numa vila da Tijuca. Este imóvel e um seguro de vida em nome de Dimitri foram heranças deixadas por um famoso comunista brasileiro, já falecido.

Mas tudo isso não passa de fachada. Na verdade, durante os anos de KGB, Dimitri acumulou muito dinheiro em paraísos fiscais espalhados pelo mundo. No meio da trama, vai investir parte desse dinheiro para comprar um percentual da construtora Mercury. Seu real objetivo, no entanto, é desmascarar o deputado Fonseca, sócio da construtora, pois acredita que ele foi o responsável pela morte de sua filha, Olga, que também era integrante da KGB.

Olga veio para o Brasil com Fonseca em 1979, ano da anistia política no país. Ela recebeu a missão de proteger o então militante comunista, mas acabou se apaixonando e casou com ele, que nunca soube que a esposa era filha de Dimitri e

Catarina. O casamento durou até 1989, quando Olga morreu em circunstâncias muito suspeitas. Nas memórias e traumas infantis da filha do casal, Nicole, que tinha cinco anos quando a mãe morreu, estão registradas histórias de maus-tratos e traições.

Se a Olga fosse agente secreta ia deixar o Fonseca bater nela?! Acho estranho... Ela não devia ser nada, só filha de russos.

Dimitri, então, acabará se juntando a Nicole na luta para destruir Fonseca. Entretanto, quando descobrir que o deputado também é pai de Diana, será convencido pela jovem, a quem também considera como neta, a desistir do plano.

Não acho que o Fonseca deva ser pai de Diana. Tem muito filho ilegítimo nessa novela.

32. CATARINA

Catarina, 75 anos, é a esposa de Dimitri e mãe de Ivan. Companheira e leal, pode ser descrita, sem medo de escorregões em clichês, como a cara-metade do antigo membro do Partido Comunista Soviético. Catarina, aliás, desempenhava a mesma função do marido, e não pensou duas vezes quando ele fez a proposta para que começassem vida nova no Brasil: foi a primeira a arrumar as malas.

Já em solo brasileiro, nas curvas da estrada de Santos, perdeu praticamente todo o sotaque russo e virou uma brasileira legítima, destas que se esgoelam em Copas do Mundo e são fãs apaixonadas de Roberto Carlos.

Dimitri, aliás, jura de pés juntos o oposto, mas tem um pouco de ciúmes desta adoração toda que a esposa nutre pelo rei da Música Popular Brasileira. Marxista, hedonista e feminista, é uma mulher que consegue estar casada há mais de 50 anos com o mesmo homem e, ainda assim, surpreendê-lo, como no dia em que o convidou para ir a um motel, para escândalo do filho e dos mais conservadores. A dupla adorou. Catarina é uma senhora bonita, bem apessoada, que sabe se vestir bem e adora a vida social ativa que o marido vive de inventar para o casal. Como contraponto a este comunismo pós-moderno, também guarda em si o tipo clássico de avó da literatura, adorada pelos netos, para quem sempre conta histórias da época em que ainda morava na potência vermelha da Guerra Fria. Com o filho sovina, a relação não é tão amena, já que sempre defende o marido das implicâncias de Ivan, e ironiza a todo instante o seu arsenal de esquisitices.

33. IVAN

Ivan, 56 anos, divorciado, é filho do casal Dimitri e Catarina. Caso comum de Canguru tardio ou reincidente, voltou a morar com os pais após separar-se de Maria Augusta, com quem teve os filhos Natasha e Boris. Antes do casamento, quando ainda estava apaixonado pela ex-mulher, decidiu assumir como dele uma filha de um primeiro relacionamento de Maria Augusta, Diana. Nunca soube que o pai da criança está vivo. Com estilos de vida totalmente diferentes, o casamento perdeu fôlego, mas, ainda assim, durou 23 anos.

O passar do tempo fez com que virasse um exemplar enciclopédico e caricato de sujeito sovina ou pão-duro, destes que reutilizam o saquinho do chá para visitas diferentes, ou imprimem documentos importantes em papéis com um dos lados já utilizados. Se os pais estão à frente do tempo, Ivan ficou parado na história, com seu leque de sovinice, o que pode ser expresso em seus trajes: quase sempre a mesma calça jeans surrada, camiseta e jaqueta. Um comunista acumulador de riqueza, mesmo hoje, soaria contraditório. No caso de Ivan, é uma bandeira que ele carrega para as coisas mais simples da vida. Possui uma agência de turismo ilegal. Utiliza um jipe adaptado para apresentar o Rio de Janeiro aos turistas – notadamente eslavos, já que domina o idioma. Seus contatos são todos feitos pela Internet da casa dos pais, forma mais econômica de agenciar novos clientes.

Na sua geografia particular para enganar turistas, as praias da Barra da Tijuca, Copacabana e Leblon estão separadas por alguns poucos quarteirões, tudo em nome da economia de combustível do velho jipe que existe deste os tempos do casamento com Maria Augusta. Sua relação com a ex-mulher, aliás, é conflituosa desde bem antes do nascimento de Boris, o caçula. O filho foi planejado para tentar salvar o lar, que já estava à deriva. Atrasos de pensão e brigas com a filha Natasha são rotineiros. Dos familiares mais próximos, apenas Diana, a filha que assumiu e que, verdade seja dita, sempre tratou como se fosse dele, tem paciência com o agente de turismo.

34. MARIA AUGUSTA

Maria Augusta, 53 anos, ex-mulher de Ivan e mãe de Natasha, Boris e Diana, esta última, sua filha mais velha, fruto de uma única noite com o deputado Fonseca, fato nunca revelado para Diana e que só aconteceu porque ela queria se vingar de Arlindo Mendonça, seu grande amor, que a abandonara naquela mesma noite. O empresário que, à época do romance, trabalhava como engenheiro recém-formado em uma pequena firma, largou a namorada para ficar com a milionária Etelvina, dona da construtora Mercury, com quem é casado até hoje.

Mineira, natural de São João Del Rey, a partir daquela desilusão amorosa virou uma mulher que traz em si a filosofia do "você vale pelo que tem", comum em muitas bocas e pensamentos deste século. Casou-se com Ivan que, apaixonado, concordou em assumir a paternidade de Diana. Mas a relação foi para o vinagre, dadas as diferenças gritantes entre ambos: viviam em pé de guerra, entre outros motivos, pelo óbvio conflito entre a gastadora e o "mão fechada". Mesmo assim ficaram casados por tempo suficiente para terem os filhos Natasha e Boris. A separação ocorreu logo após o nascimento do caçula.

Maria Augusta é o que se pode considerar um retrato pleno de tintas de nossa sociedade consumista. Quando telefones celulares ainda não eram vendidos feito pão quente às sete da manhã, andava com um falso só para dizer que possuía o aparelho. Ostenta bijuterias como se fossem joias assinadas por *designers* famosos, veste roupas extravagantes, vive maquiada em casa, contrai dívidas com facilidade, estoura limites do cartão de crédito, vive no vermelho.

Além de esconder a paternidade da filha mais velha, Augusta guarda outro segredo, este um tanto curioso e caricato: como tem vergonha das joias falsas que compra, sempre vai atrás de novas peças trajando uma espécie de burca para não ser reconhecida. Foi assim, fingindo ser a mulher de um *sheik* árabe, que conheceu a oficina doméstica de Ricardo, o canguru metrossexual de quem passou a ser cliente mais do que VIP. Ela, em princípio, não queria ser reconhecida por Manu, irmã de Ricardo e amiga de sua filha, Natasha. Eis o motivo inicial do disfarce. Mas logo no primeiro encontro sentiu uma enorme atração pelo jeito do rapaz, e agarrou-o em plena oficina, sem deixar revelar sua real identidade. Virou, a partir de então, a "compradora da burca". As visitas de Maria Augusta passaram a ser constantes, e o desfecho nunca foge ao mesmo *script*: Ricardo termina descabelado, amassado, como se tivessem feito a noite de amor do século, mas sem se lembrar de nada. Maria Augusta sempre some, deixando o rapaz louco, intrigado e apenas com uma boa sensação de ter passado uma noite *caliente*. Mas ela volta. E repete a cena. Ricardo, que tem problemas para arranjar namoradas, não vai descansar enquanto não descobrir a identidade daquela sedutora mulher de burca, que o faz agir com a desenvoltura de um veterano. E Augusta fará de tudo para esconder tal faceta, apesar de nunca deixar de voltar para "comprar" as bijuterias pelas quais acaba nem pagando.

Ela ainda brinca de ser artista plástica – nunca conseguiu vender nenhum quadro – mora na mesma vila do ex-marido e dos ex-sogros russos. A casa em que reside, modesta, mas confortável, também abriga o pai, Seu Juca, um viúvo aposentado da Rede Ferroviária Federal, e os três filhos. Apesar de sustentada por Juca, que pretende viver na pacata vila tijucana até a morte, tenta, a todo custo, convencê-lo a se mudarem para um pequeno apartamento – o famoso "apertamento" – na Barra da Tijuca. Aos poucos, Maria Augusta vai perder sua faceta consumista, surgida como uma espécie de defesa após a traumática rejeição quando ainda estava grávida, e voltar à sua feição pura e desapegada esquecida no passado. E quem sabe pode revelar sua verdadeira identidade para Ricardo, terminando a trama como o amor da vida do trintão que mal tirou as fraldas. Ou, talvez, recuperar a paixão da juventude pelo poderoso Arlindo Mendonça.

35. SEU JUCA

Seu Juca, 80 anos, viúvo e aposentado da Rede Ferroviária Federal, é o pai de Maria Augusta e avô de Diana, Natasha e Boris. Bonachão de gargalhadas fartas e muito amigo de Dimitri, é o típico tijucano salgueirense e torcedor fanático do América, a quem acompanha como uma espécie de religião nas derrotas e vitórias. Atualmente e há algum tempo, bem mais nas derrotas, diga-se de passagem. A amizade com Dimitri, aliás, começou porque o russo logo simpatizou com aquele senhor tão vidrado em instituições de cor vermelha. Cardíaco, é cercado de cuidados por toda a família, mas vive contrariando as orientações médicas: não dispensa uma bebidinha e os famosos charutos cubanos conseguidos pelo amigo russo, que vivem escondidos nos lugares mais inusitados da casa. Além de Boris e Diana, é o único que encontra paciência para lidar com as esquisitices do ex-genro, Ivan, defendido pelo aposentado até mesmo quando finge esquecer o pagamento da pensão dos filhos. Sua principal adoração, entretanto, é Brigite, a diarista, uma loura cheia de predicados curvilíneos que se divide entre os serviços domésticos nas casas de Dimitri e na dele, e a quem chama de "minha Bardozinha", em referência à estrela americana Brigite Bardot. Pra que fazer uso do remedinho azul se, em sua casa, há um belo viagra natural?

36. NATASHA

Natasha, 30 anos, é filha de Maria Augusta e Ivan. Fruto de uma consumista inveterada e de um sovina de carteirinha, a jovem cursou duas faculdades sem concluir nenhuma até se encontrar na faculdade de psicologia. Foi a saída para que não surtasse em meio a esta guerra nada fria dentro de casa. O fato de a meia-irmã, Diana ser psicóloga também serviu como empurrão. Deu certo: é uma das melhores alunas do professor Ferenzi e estagia na área de RH da construtora do empresário Arlindo Mendonça. É jovem, bonita, de cabelos longos, olhos rasgados e verdes, e anda sempre bem vestida. Nunca entendeu o porquê de a mãe sempre perguntar sobre Arlindo e suas características como patrão. Já tem até uma resposta pronta: "ninguém sabe que estagiária existe".

Ela não pode dizer isso, já que namora o vice-presidente.

Namora o ambicioso Andrew, financista norte-americano de pai brasileiro recém-empossado como vice-presidente da construtora.

Apesar de não concordar com os delírios de grandeza da mãe – que enxerga no relacionamento da jovem um perfeito trampolim para ascensão de toda a família – acabou cedendo às pressões para que o namoro vingasse, mesmo não caindo de amores pelo executivo. A relação com aquele que Maria Augusta chama de "gringo pra amarrar e casar" vai passar por uma tempestade quando Natasha conhecer e se apaixonar por Diego, clássico espécime de canguru que tenta passar em concurso público há quase 10 anos. A estudante é, ainda, amiga de Manu, Karla e Juanita, estas duas últimas irmãs de Diego, com quem pode ser encontrada na praia da Barra da Tijuca, na altura da barraca do Pepê, em fins de semana de sol, e também na faculdade onde estudam.

37. BÓRIS

Bóris, 13 anos, é o filho caçula de Ivan e Maria Augusta. Foi concebido em meio às inúmeras crises do casamento nada pacífico dos pais, como forma de salvar aquele coletivo já desgovernado. Depois da separação, assim como as irmãs Diana e Natasha, foi morar com Maria Augusta, mas tem uma relação cúmplice com o pai esquisitão. Dele, aliás, já começa a herdar uma tendência à sovinice desmedida, característica que o leva a ser chamado de "Ivanzinho" por todos os moradores da Vila. Mas, na verdade, luta para esconder uma característica que, aparentemente, seria uma bençâo: Bóris é superdotado. Como não quer parecer diferente dos colegas nem ser chamado de CDF, erra de propósito nas provas e promove badernas na última fila da turma. Atua como uma espécie de espião-mirim infiltrado pelo pai para vigiar Maria Augusta e seu poderio gastador. Gordinho, com as mudanças hormonais da pré-adolescência, vai passar por conflitos próprios dessa fase. Em parceria com o avô, Juca, promove torneios de futebol de botão, dos quais Dimitri é, vamos assim dizer, sócio benemérito.

38. DIANA

Diana, 33 anos, é filha de Maria Augusta com o deputado Fonseca, mas nunca soube quem é seu verdadeiro pai. Fonseca, aliás, também não faz ideia da existência da filha. Ele e Maria Augusta só passaram uma noite juntos, justamente a noite em que ela foi abandonada por Arlindo e procurou o deputado para se vingar. Algum tempo depois, Maria Augusta conheceu Ivan, que, por estar apaixonado, assumiu a criança como sendo dele. O casamento dos dois acabou em uma guerra de manias e incompatibilidades, mas sua relação com o pai que não sabe ser postiço é muito boa desde a infância. Psicóloga, Diana é compreensiva, responsável e muito querida por todos. Trabalha como assistente do Professor Ferenzi, com quem divide o consultório. Tipo de moça que enxerga o amor com ares próprios de sétima arte – destes que envolvem vinho, Paris e boa música – via com desespero a idade passar e, em meio à sua rotina de clássica canguru, certo indício de estar ficando para "titia", apesar dos notórios predicados e beleza. E pior: titia do próprio irmão, Boris.

Seu estilo, mais "freado" que o da irmã, Natasha, pode ser expresso no modo simples de se vestir. Este mundo carente de viço e novidades, então, sofre uma reviravolta ao perceber que o príncipe encantado não era louro de olhos azuis e, para completar, dispensava o cavalo branco. Descobriu o amor há dois anos com Robson, um viúvo de 58 anos, pai de dois filhos – Chuchu, um dos nossos três cavaleiros cangurus, e Taís, filha adotiva superprotegida e um tanto "rebelde sem causa". Robson, que é contador da construtora Mercury, era casado com Gisele, que morreu de câncer quando a caçula tinha cinco anos. Desde então, Taís chamou para si a responsabilidade de cuidar do "pai" e vê Diana como uma espécie de exército invasor a ser combatido com artilharia de guerra. Com Chuchu, o filho trintão que não sai de casa, a relação também não é um mar de rosas, simplesmente porque o professor de surfe – um rapaz boa praça, porém imaturo e machista – não acredita que uma moça da sua idade possa se interessar por um coroa quase sessentão e, ainda por cima, viúvo.

Após a metade da trama, Robson vai sofrer um Acidente Vascular Cerebral e ficar um tempo em coma. Chuchu, então, terá de voltar para casa e cuidar da irmã, Taís. Ele terá o auxílio de Diana para enfrentar mais este turbilhão pelo qual a família passará. Como a dor também aproxima as pessoas, os dois deixarão as rusgas de lado e, entre descobertas, desejo e culpa, acabarão se apaixonando. Diana tentará resistir aos encantos do rapaz de todas as formas, mas o amor falará mais alto. Como trair seu namorado com o filho dele? Este será o grande conflito da psicóloga.

Mais à frente, Diana vai desvendar o segredo sobre quem é o seu verdadeiro pai, fato que ignora até boa parte da trama. Esta revelação despertará conflitos e interesses, que envolverão a mãe, Maria Augusta, e a fria e calculista Nicole, além do casal russo Dimitri e Catarina. Tantas mudanças na vida de Diana farão com que, da moça tímida e pouco vaidosa do passado, desponte uma mulher segura, decida e de muita personalidade ao final da novela.

Ela não me pareceu tímida nos embates com Chuchu do primeiro capítulo.

39. ANDREW THOMPSON

Andrew, 38 anos. Americano de pai brasileiro, o financista é o vice-presidente da construtora Mercury e namorado de Natasha, filha de Ivan e Maria Augusta. Filhote clássico da geração *yuppie*, almoça, janta e desjejua com trabalho. Bonitão, educado, mordaz, destruidor, meticuloso, cínico, faz a linha terno e gravata impecáveis, *blackberry* na mão, e um punhal na outra, sempre disposto a subir um degrauzinho a mais na briga por poder. Com o decorrer da trama, vai demonstrar que, para atingir os seus objetivos, não teme dar um drible nas canetas em qualquer manual de ética e bom senso. Aliás, sequer leu algum nesse estilo. Seu princípio é não ter princípios. Ao lado de Laerte, gerente de compras da Mercury, superfatura materiais e desvia vultosas quantias de dinheiro.

Andrew terá a companhia da jovem Nicole em uma missão ainda mais ousada: vai tentar tomar a empresa de Arlindo e assumir a cadeira de presidente. Antes, porém, terá de passar por cima do ambicioso Deputado Fonseca, pai de Nicole, de quem é laranja em sua participação acionária na construtora. Além disso, é o financista quem cuida das contas do parlamentar em paraísos fiscais como as Ilhas Cayman e a Suíça. Como contraponto a esta característica, e talvez em consequência dela, Andrew também age como homem atormentado, com mania de perseguição, cheio de medos tolos, e que sofre pesadelos à noite. Vê vultos na madrugada, ouve bebês chorando, parece torturado por um pânico incontrolável.

O fato de ainda não morar sozinho, apesar do ótimo salário pago pelo cargo que ocupa – ele divide um *flat* com o amigo Laerte – faz do executivo um canguru híbrido. Foi a forma que encontrou para escapar da solidão e exorcizar os "fantasmas". Mas eles sempre voltam na calada da noite, cada vez mais histéricos, uivantes e perversos à medida que Andrew apronta. Acorda tremendo, assustado ou chupando dedo, espécie de regressão infantil sem escalas. A namorada Natasha, estudante de psicologia, vai enxergar nele, com o decorrer da trama, traços de síndrome do pânico. O romance vai balançar quando ela conhecer Diego, este, sim, um canguru "puro sangue", que ainda mora com os pais e vive de tentar passar em concurso público. Andrew não aceitará ser trocado por um filho de imigrantes e vai contar com o apoio de Maria Augusta para tentar segurar o romance. Seus métodos, claro, não serão nada ortodoxos, e incluirão destruir os negócios da família de Diego.

Acho que ele deve morar sozinho.

40. BRIGITE

Brigite, 27 anos, diarista que trabalha nas casas de Dimitri e Seu Juca. Louraça de fechar a Rua da Alfândega em dia de liquidação, é o autêntico "telefone vermelho" às avessas que envolve as duas casas e os dois mundinhos beligerantes: Ivan e Maria Augusta. Se na época da Guerra Fria o telefone vermelho – que ligava Moscou a Washington, sem intermediários – salvou o planeta de um conflito nuclear, Brigite é o próprio telefone sem fio, pronta a disparar guerras de todas as naturezas. Mas não faz por maldade, ou de caso pensado. Apenas é o típico exemplar da fofoqueira convicta, até mesmo caricata, que aumenta histórias e confere a elas o colorido que achar mais conveniente. Fã e rainha dos funks e batidões das popozudas do bairro, sonha virar artista e fazer sucesso com seu shortinho jeans sempre apertado.

Estabanada até o último fio do cabelo oxigenado, quebra uma louça por dia da vastíssima coleção de Catarina, que não consegue conter o espírito "terrorista" da moça. Da sua língua solta pode, quem sabe, começar a ser revelado o segredo sobre a paternidade de Diana, que não sabe ser filha do deputado Fonseca: a língua é grande e os ouvidos aguçados captam além das paredes. Mas isso só o tempo vai dizer. Como se não bastasse tanto rebuliço, é, ainda, o Viagra natural de Seu Juca, que vive encantado com as curvas da moça – a quem chama de "Bardozinha". Ela nunca entendeu direito o porquê do apelido, mas acha "maneiro". Brigite está toda empolgada desde que o velho Juca prometeu que a faria passista na tradicional escola de samba onde já foi diretor, o Salgueiro.

41. CARMOZINO

Carmozino, 50 anos, é o porteiro do prédio localizado na Barra da Tijuca, onde moram as famílias dos três cangurus clássicos da trama. Pense num edifício e seus pilares. Agora imagine um prédio em que o porteiro é o pilar central da construção. Pois não há metáfora mais apropriada para Carmozino. Sem ele, o edifício, literalmente, desaba, é o caricato equilibrista daquela vizinhança que desfila cangurus proclamadores da auto independência, coroa garotão, espanhóis da Galícia e outras misturas mais. Faltou cerveja? Chama o Carmozino. O vizinho reclamou do barulho da festa? Carmozino dá um jeito de contornar a situação. Algum marido tem de levar uma surra por ter olhado um rabo de saia na praia? Que apanhe o Carmozino! Nascido em Belém (PA), a forma mais fácil de irritar aquele hábil negociador e contador de histórias de mão cheia é chamá-lo de nordestino. Carmozino terá um mapa do Brasil pronto a mostrar em que região se encontra o seu Pará querido, sobre o qual conta histórias que até Virgem de Nazaré – da qual é devoto – duvida. "Égua, maninho" é o seu bordão típico para toda e qualquer situação. Torcedor ferrenho do Paysandu, faz uma economia extra vendendo mandingas compradas no mercado Ver-o-peso.

Mora num quartinho do prédio e divide o ambiente com uma vasta coleção de cerâmica marajoara e também um enorme pôster de sua eterna musa inspiradora, a cantora Fafá de Belém, voz que o faz despejar uma "nuvem de lágrimas" de saudades ao se recordar de sua terra natal. E como saudade deve ser devidamente finada, lema de sua falecida mãezinha, na hora em que as lembranças apertam, o porteiro prepara um Pato no Tucupi para toda a vizinhança. O cheiro empesteia o prédio, mas os moradores se fartam com a típica iguaria do Norte.

42. BERENICE

Berenice, 53 anos, é a governanta que cuida com mãos de ferro da mansão da família Mendonça. Vive à base do típico complexo de *poodle* de madame, ou seja, acha – pelo menos na hora de lidar com quem é subordinado a ela – que é parte integrante e fundamental da família, e, portanto, com liberdade para distribuir ordens a torto e a direito em cima de Dinorah e Clóvis. Ela, inclusive, tem a mesma mania da patroa de humilhar Dinorah, apesar de nunca ter entendido o porquê daquela hostilidade sem tréguas com relação à cozinheira. Perto de Etelvina, entretanto, canta fininho, e ai dela que saia do tom com a patroa! É a autêntica aprendiz de vilã, puxa-saco de poder. Vai da leoa ao espírito de cordeiro numa fração de segundos. Sonha ser poderosa, repete frases de Etelvina, ensaia seus gestos e passos e, escondida, experimenta todo o seu guarda-roupas. Aliás, "vestida" de Etelvina no luxuoso quarto da patroa, brinca de achar que é madame, e até desanda a brigar com o espelho, chamando-o de "Dinorah" e "Clóvis".

43. CLÓVIS

Clovis, 52 anos, é o motorista de Arlindo e Etelvina Mendonça. É a típica personagem que tudo sabe, tudo vê e ouve, mas se mantém quietinho até mesmo por questões de sobrevivência naquela autêntica selva onde bate ponto com seu pé de chumbo repousado no acelerador. Tem pleno conhecimento de muitas das questões e segredos que rondam a mansão da família Mendonça, mas finge ser ignorante para quase todos os assuntos. Berenice, a governanta da casa, sempre implica com os desligamentos e aparentes desconhecimentos dele, mas o motorista sabe e capta muito mais coisas em cada "vai e vem" dos patrões do que ela possa imaginar. Cada um puxa o saco para um patrão. Berenice joga de beque central botinudo no time de Etelvina, a quem defende incondicionalmente. Já Clovis é fiel a Arlindo, uma espécie de anjo da guarda travestido de chofer que está sempre presente nas horas em que o executivo mais necessita. As personagens da trama que se relacionam com Clóvis respondem às suas perguntas – grande parte delas dissimuladamente tolas – com o mesmo bordão característico: "claro, Clovis!".

44. VITOR

Vitor, já falecido, foi o segundo marido de Dinorah/Joyce e pai de Raquel. Se envolveu com Dinorah e, juntos, passaram a viver de um negócio ilícito: tráfico de bebês de mães pobres da Comunidade Maciço do Morro da Cruz, em Florianópolis (SC), onde moravam. Quando a polícia descobriu a ação da dupla, Vitor foi preso, mas Joyce, usando a falsa identidade de Dinorah, conseguiu fugir para o Rio. Vitor morreu na cadeia. (Só aparece em cenas de flashback).

CENÁRIOS

– Mansão da família Mendonça

Na Barra da Tijuca, luxuosa, duplex, bem mobiliada (mansão clássica de novela, com imponente escadaria ligando a sala de estar aos cômodos do segundo andar, quartos confortáveis, banheiro da suíte belíssimo).

Sala de estar;
Sala de jantar;
Cozinha;
Suíte de Arlindo e Etelvina;
Suíte de Marcus;
Quarto de Dinorah e Berenice;
Quintal com amplo gramado, jardim e piscina;

– Construtora Mercury

Escritórios comerciais na Avenida das Américas (Barra da Tijuca), com luxuosas instalações

Sala de reuniões ampla, com cadeira na cabeceira para o presidente;
Escritório de Arlindo, com antessala para secretária;
Escritório de Andrew Thompson, com antessala para secretária;
Escritório de Marcus, com antessala para secretária;
Escritório de Simone;
Sala de Nicole;
Sala de Robson;
Sala de Laerte;
Antessala onde ficam Monaliza (secretária) e Natasha (estagiária);
Corredores;
Uma espécie de copa para conversas no café;

– Apartamento de Raquel e Juremir

Apartamento luxuoso e bem mobiliado em um belo prédio da Barra da Tijuca. Juremir e Raquel dormem em quartos separados

Sala de estar;
Quarto de Juremir;
Quarto de Raquel;
Quarto de Viviane;
Cozinha;
Varandão;

– Apartamento de Nicole e do Deputado Fonseca

Apartamento duplex na Barra da Tijuca

Sala de estar;
Quarto de Nicole;
Quarto de Fonseca;
Escritório (com bar) de Fonseca;

– Vila da Tijuca

Clássica vila da zono norte do Rio: rua com paralelepípedos, casas para famílias de classe média, jogo de amarelinha desenhado na calçada, um grande portão de ferro na entrada, fazendo barulho de enferrujado quando é aberto.

– Casa de Dimitri

Casa modesta na Vila da Tijuca, decoração com motivos russos em paralelo com referências à música brasileira, vinis espalhados, um pôster de Elvis Presley também pendurado, decoração nada convencional.

Sala de estar;
Quarto de Dimitri e Catarina;
Quarto/Sede da Agência de Turismo de Ivan;

Quarto alugado de Monaliza;
Cozinha;

– Casa de Juca

Casa também modesta na Vila da Tijuca, decoração popular, com canecos antigos, pinguim na geladeira, cristais antigos na mesa de centro, porta-retratos com fotos em preto e branco, flâmulas do América e dos Acadêmicos do Salgueiro penduradas na parede.

Sala de estar;
Quarto de Juca e Bóris;
Quarto de Natasha e Diana;
Quarto de Maria Augusta;
Cozinha;
Varanda com rede;

– *Flat* de Andrew Thompson e Laerte

Flat duplex executivo na Barra da Tijuca, mobília moderna e discreta, tendendo para tons de cinza.

Sala de estar;
Quarto de Andrew;
Pequeno *home office* de Andrew;
Quarto de Laerte;

– Prédio dos Cangurus

Prédio com dez apartamentos, de apenas três andares, próximo à Praia do Pepê, no Jardim Oceânico, Barra da Tijuca. No mesmo andar, moram o trio canguru e seus familiares.

Portaria de Carmozino e hall de entrada;
Quartinho de Carmozino;

Elevador;
Garagem;

– Apartamento de Dona Zilda e Seu Cláudio

Apartamento com decoração típica de quem se mudou de uma casa mais ampla no subúrbio, mas não se desfez dos balangandãs da antiga residência.

Sala de estar;
Quarto de Zilda e Cláudio;
Quarto de Ricardo;
Quarto de Beth;
Cozinha;

– Apartamento da família Aragonéz

No mesmo andar do apartamento de Zilda e Cláudio. Bem decorado, com algumas referências à Espanha, em especial à ilha de Lanzarote e à cidade galega de Santiago de Compostela.

Sala de estar;
Quarto de Pepe e Pilar;
Quarto de Diego;
Quarto de Karla e Juanita;

– Apartamento de Robson

Situado também no segundo andar. Com uma decoração cheia de referências praianas e um pouco mais zoneado do que os outros. Sente a carência de um toque feminino na disposição dos móveis e peças.

Sala de estar;
Quarto de Robson;
Quarto de Chuchu (muito zoneado, com prancha escorada na parede). Vai virar um pequeno escritório;

Quarto de Taís ;
Cozinha;

– Apartamento dos Cangurus

Os cangurus não se mudarão sequer de andar. Apartamento do mesmo tamanho dos outros três, o local será uma "obra" eternamente em construção, pranchão no meio da sala, cozinha bagunçada e suja, cômodos nunca arrumados. Apenas o quarto de Diego será mais organizado, em razão dos seus estudos para passar em um concurso público.

Sala de estar;
Quarto de Diego;
Quarto e, ao mesmo tempo, ateliê de Ricardo;
Quarto (cafofo) de Chuchu;
Cozinha;

– Prédio de Simone e Yolanda

Prédio no mesmo estilo, mas um pouco mais sofisticado que o dos Cangurus, também localizado no Jardim Oceânico, na Barra da Tijuca.

– Apartamento de Simone e Fabiano

Apartamento bem mobiliado, arejado, com cores claras, bem cuidado por Fabiano.

Sala de estar;
Sala de jantar;
Suíte de Simone e Fabiano;
Quarto de Gonçalo e Paulinho;
Cozinha;

– Apartamento de Yolanda e Ferenzi

Apartamento amplo, mas um pouco menos vistoso que o de Simone.

Sala de estar;
Suíte de Yolanda e Ferenzi;
Pequena biblioteca e consultório de Ferenzi;
Cozinha;

– Restaurante Lanzaroti

Restaurante de Pepe e Pilar, bastante conhecido no Jardim Oceânico. Estabelecimento espanhol estilo Chico Recarey, mas com a pompa mais intelectualizada, frequentado por escritores e artistas. Com algumas prateleiras de livros na decoração, fotos de escritores espanhóis, da ilha de Lanzaroti, de Santiago de Compostela e das bateas galegas.

Fachada;
Salão do restaurante;
Cozinha;

– Faculdade

Típica faculdade particular carioca localizada na Barra da Tijuca, salas de aula bem cuidadas, alunos e professores.

Fachada;
Sala de aula do Professor Ferenzi;
Corredores;
Lanchonete dos alunos;

– Colégio dos adolescentes

Colégio tradicional onde estudam os adolescentes da trama

Fachada;
Sala de aula dos adolescentes;
Pátio;
Sala de professores;

– Quadra de futebol

Quadra na Praça do Ó onde se realizam as "peladas" semanais envolvendo Fabiano e o trio de Cangurus.

– Feira

Localizada em frente à Vila da Tijuca, vai se tornar cenário da trama quando o casal Aragonéz perder o seu restaurante.

LOCAÇÕES PARA OS PRIMEIROS CAPÍTULOS

– Comunidade carente em Florianópolis (SC);

Casas;
Pracinha;
Bar;
Vizinhança;

– Casa de Dinorah e Vitor na Comunidade;

– Cela de cadeia onde Vitor será preso e, posteriormente, encontrado morto;

– Casa de adoção onde Dinorah conhecerá Vitor;

– Restaurante, na Barra, onde jantavam os pais de Yolanda e Simone antes da morte (Reconstituição da cena do jantar e, posteriormente, do acidente de carro);

– Igreja de Etelvina;

– Hospital (para exame e nascimento dos gêmeos do milênio. Posteriormente, será utilizado para a morte de Dinorah e revelação do segredo sobre paternidade de Gonçalo);

– Restaurante do hotel onde a família de Juremir conhecerá Raquel;

– Festa em que Diego conhecerá Natasha;

– Restaurante onde Marcus surpreenderá Raquel e Dinorah;

– Edifício que motivará briga entre a ONG de Raquel e a Construtora Mercury;

– Rodoviária de Florianópolis (Dinorah, grávida, foge da cidade com identidade falsa);

– Praia do Pepê (cena com os barquinhos de papel machê e escola de surfe de Chuchu);

– Ruas próximas à orla do Pepê (Barra da Tijuca), quando Raquel fugir e encontrar Juremir em pleno *Réveillon* do ano 2000;

– Aeroporto (Quando Marcus e Raquel quase se vêem);

– Orla da praia (reencontro de Marcus e Raquel);

LOCAÇÕES FORA DA CIDADE CENOGRÁFICA PARA TODA A NOVELA

– Praia do Pepê – escolinha de surfe de Chuchu;
– Fachada do edifício dos Cangurus – Barra da Tijuca;
– Fachada do edifício das irmãs Simone e Yolanda – Barra da Tijuca;
– Fachada do edifício do Deputado Fonseca – Barra da Tijuca;
– Fachada do edifício de Raquel – Barra da Tijuca;
– Fachada do flat de Andrew Thompson – Barra da Tijuca;
– Externa da mansão de Arlindo – Barra da Tijuca;

3

CANGURU

ROTEIRO DO CAPÍTULO 001 –
Primeiro tratamento (Borrão)

Novela de

Felipe Pena

OBSERVAÇÕES:

Capítulo maior do que o normal para que sirva como apresentação.

O núcleo da Tijuca (núcleo cômico) ainda não aparece neste capítulo.

PERSONAGENS DESTE CAPÍTULO:

RAQUEL, MARCUS, CHUCHU, DIEGO, RICARDO, ETELVINA, ARLINDO, DINORAH, ROBSON, GISELE, DIANA, PEPE, PILAR, ZILDA, CLÁUDIO, TAÍS, JUANITA, KARLA, JUREMIR, DEP. FONSECA, NICOLE, FABIANO, SIMONE, DR. ATALIBA, LAERTE, MONALIZA, BERENICE, VÍTOR, POLICIAL 1, POLICIAL 2, MENINAS 1, 2 E 3, MULHER, ENFERMEIRA, JOVENS ECOLOGISTAS.

CENA 1 – PRAIA DO PEPÊ (EXT. / DIA).

Nossa história começa ao som de *surf music* e com imagens aéreas da praia do Pepê: os surfistas pegando onda, as velas de *kite* dançando ao vento, o frescobol muito bem jogado na areia. Sobre essas imagens, a legenda: **Rio de Janeiro – dezembro de 1999**. Detalhamos o surfista que vem no tubo perfeito. É CHUCHU, um loiro de abdome trincado, 22 anos. Na areia, três meninas marombadas observam o surfista. Acompanhamos os movimentos na onda até ele chegar à praia, fincar a prancha na areia e se aproximar das cocotas, que estão deitadas de bruços na canga coletiva.

Chuchu – Fala aí, galera! *(ele enquadra as meninas com as mãos, como se tivesse uma câmera)* Essa é a visão do paraíso. Na moral, parei na de vocês. Vou ancorar meu barco aqui mesmo.

Ele se deita entre elas, de barriga para cima.

Menina 1 – Belo tubo, Chuchu.

Menina 2 – Você continua o melhor surfista do Pepê.

Menina 3 – E aí, qual é a boa de hoje? Vai ficar pegando onda até de noite?

Chuchu – Pode ser. Mas quem sabe rola uma festa privê lá em casa mais tarde!? Tão a fim? Eu faço a caipiroska do Chuchu pra vocês. A especial: de morango.

Menina 1 – Pras três? Qual é? Tá me estranhando?

Chuchu – Que é isso, minha sereia!? A gente já tá quase no ano 2000. Faltam só cinco dias pro novo milênio. O mundo vai mudar.

Menina 2 – O novo milênio só começa em 2001, Chuchu. E não muda nada.

Chuchu – Como não? Eu já tô até sentindo a mudança. Olha só esse mar, o sol, as ondas. A gente tem que aproveitar a vida.

Ele ri e se enrola com as três. (*SOBE SOM da surf music*). No meio das brincadeiras, vê RICARDO e DIEGO a poucos metros dali. Ricardo é moreno jambo, cabelo bem cuidado, metrossexual. Diego é hispânico, músculos torneados sem exagero, barba por fazer. Estão com outros jovens, todos na faixa dos 20 anos. São umas trinta pessoas, que montam pequenos barcos de papel machê e arrumam bebidas e petiscos em uma mesa improvisada sobre um isopor.

Diego – Será que isso vai dar certo, Ricardo?

Ricardo – Tem que dar. Planejei tudo com cuidado. Você não tem ideia do trabalho que foi pra fazer esses barquinhos! Ainda bem que a galera ajudou. Mas o talento foi todo meu, claro.

Diego – Não tô falando dos barcos. Tô falando dessa ideia maluca do Marcus.

Ricardo – Ideia maluca, por quê?

Diego – Onde é que já se viu? Casar com essa idade? A Raquel é legal, tudo bem. Mas o Marcus mal terminou a faculdade. É muito cedo pra isso.

Ricardo – Qual é o problema, Diego? Ele gosta dela, é rico, pode fazer o que quiser.

Diego – Esse é o problema. Duvido que a mãe dele concorde com o casamento.

Ricardo – Só porque a garota é pobre? Dá um tempo! Isso é coisa do século passado. Ninguém olha mais pra essas diferenças. Estamos quase na era de *Aquarius*. As coisas mudaram, meu amigo.

Chuchu vem caminhando pela areia com as três meninas.

Diego – Olha lá, Ricardo! O Chuchu é incrível mesmo. Três de uma vez só?! Esse é o cara!

Ricardo – É muito cara de pau, isso sim. (t) Pô, é o dia mais importante do Marcus e ele traz essas marombadas do Pepê?

Diego – Relaxa! Vai ver ele trouxe pra gente. Já que o Marcus não pode mais aproveitar, a gente aproveita. As três são gatas.

Ricardo – Vocês são todos uns ogros mesmo. Só conseguem pensar nisso.

Com a prancha debaixo do braço, Chuchu apresenta as meninas da praia.

Chuchu – Salve, rapaziada. Essas aqui são... Como é o nome de vocês mesmo?

Ricardo – *(Para Diego, sussurrando)* Não falei?

O telefone de Ricardo toca, anunciando uma mensagem.

Ricardo – Galera, o Marcus tá chegando. Cada um com seu barco.

Na excitação de Ricardo, corta para:

CENA 2 – CALÇADÃO DO PEPÊ (EXT. / DIA).

Um casal apaixonado caminha pelo calçadão da praia da Barra em direção ao Pepê. São MARCUS E RAQUEL, nossos protagonistas. Ele tem 22 anos, é moreno, olhos de claustro, a respiração arfante dos apaixonados. Ela tem 20 anos, é loura, o pescoço altivo das mulheres de personalidade. Mostramos beijos e risadas cúmplices. (Tudo embalado pela 1ª estrofe de "Vento no Litoral", da Legião Urbana). Marcus aponta para o mar.

Marcus – Lembra da primeira vez que viemos aqui?

Raquel – A gente era criança. Você saiu de casa escondido e me trouxe junto. Tua mãe quase enlouqueceu. *(riem)* E quase demitiu a minha mãe, né?

Marcus – Imagina. Ela nunca faria isso. (t) E olha que nós voltamos aqui muitas e muitas vezes! Com e sem permissão. *(mais risos)*

Raquel – Eu lembro do primeiro poema que você leu pra mim. Foi lá no quebra-mar. *(aponta para o final da praia)*. No pôr do sol. Era um poeta francês. Você segurou a minha cabeça e...

Marcus – *(interrompe)* Respirei o odor de teus cabelos e mergulhei neles o meu rosto, como um homem com sede na água da fonte. E depois agitei um lenço perfumado pra dispersar as lembranças do ar.

Raquel – *(embevecida)* Esse mesmo! Lindo! Lindo! **Você** é lindo!

Marcus – Baudelaire, meu amor. Baudelaire. E aqui está (*tira um lenço do bolso*) o lenço.

Eles param quase em frente ao Pepê. Marcus venda a namorada com o lenço e aperta uma tecla no celular.

Raquel – Que é isso, Marcus?

Marcus – Confia em mim, branquinha.

Eles descem por uma pequena escada em direção à areia. Marcus tira as sandálias de Raquel e a conduz, vendada, até o lugar onde estão os amigos, que fazem silêncio. Quando chega perto do mar, ele retira a venda. Do ponto de vista de Raquel, mostramos 20 barcos de papel machê navegando em círculos na pequena lagoa entre o mar e a areia. Nas velas de cada barco, vemos o nome de Raquel envolvido por um coração estilizado. Os olhos dela demoram a se acostumar com a luz. As imagens aparecem aos poucos, como um espetáculo que se descortina para o espectador.

Raquel – Nossa, não acredito que você fez isso. Que lindo!

Só agora Raquel percebe a presença dos amigos, que aplaudem a cena romântica. Ricardo entrega o fio de náilon a Marcus.

Marcus – E tem mais!

Marcus puxa o fio que está preso a um dos barquinhos. Quando o barco chega, ele o entrega a Raquel. Na ponta do mastro, há uma aliança.

Marcus – Quer casar comigo?

Eles se beijam. Os amigos erguem as taças e brindam. Chuchu aproveita o clima romântico para beijar uma das meninas da praia que está emocionada. Diego se aproxima da amiga dela. Ricardo enxuga a lágrima no canto do olho. Raquel segura o rosto de Marcus e olha firme para ele.

Raquel – É claro que eu caso com você. Aliás, já te disse hoje?

Marcus – Ainda não.

Raquel – Então tá dito.

Marcus – Eu também te amo, branquinha. No *Réveillon* vou fazer o pedido oficial lá em casa, pra dividir com todo mundo a nossa felicidade.

Raquel está feliz, mas a última frase a deixa apreensiva. Os amigos brindam novamente. Fazem uma festa na praia. *(corte descontínuo)* Raquel recolhe latas vazias de cerveja.

Raquel – (para os amigos) Nada de jogar lixo na areia, hein, galera! Olha o meio-ambiente.

As bebidas vão acabando. *(corte descontínuo)* Ainda estamos sob a luz do dia quando Laerte chega com Monaliza. LAERTE faz o tipo mauricinho, o único a usar camisa na praia. E MONALIZA é uma morena estilosa, cabelos trançados, a canga enrolada na cintura. Chuchu larga a menina da praia e parece hipnotizado pela morena que acabou de chegar.

Chuchu – (para Ricardo) Quem é essa garota que chegou com o Laerte?

Ricardo – Você não vale nada, Chuchu.

Chuchu – Que é isso, Ricardo? Só quero saber quem é.

Ricardo – E cadê a marombada que tava contigo?

Chuchu – (*disfarçando*) Ah, sei lá! Cheguei na mina, levei um banzai e fiquei micado.

Ricardo – (*nervoso*) Como é que é? Que língua é essa, Chuchu? Tá falando o quê? Javanês, polonês, surfistês?

Chuchu – Esquece, Ricardo, esquece! Só me diz quem é a morena. Vai logo. Dá o papo aí, irmãozinho! (*abraça o amigo*)

Ricardo – Tá bom, tá bom! O nome dela é Monaliza. Ela estuda lá na faculdade.

Chuchu – Namorada do Laerte?

Ricardo – Acho que não. Mas eles tão sempre juntos. E todo mundo diz que o cara é apaixonado por ela.

Monaliza percebe o olhar fulminante de Chuchu e olha de volta. Há uma química instantânea entre eles. *(corte descontínuo)* Vemos o pôr do sol na Praia do Pepê. Os amigos estão se despedindo do casal. Anoitece. Marcus e Raquel ficam sozinhos.

Marcus – Eu queria te dizer que...

Raquel – Me beija.

No beijo, corta para:

CENA 3 – MANSÃO DE ARLINDO E ETELVINA (EXT. / NOITE).

Apresentação da locação. Convidados chegando para o jantar em homenagem aos diretores da Construtora Mercury, que pertence aos pais de Marcus: Arlindo e Etelvina. Estão todos elegantes. São recebidos pela governanta, Berenice. Funde com:

CENA 4 – SALA DA MANSÃO (INT. / NOITE).

Decoração exagerada. Etelvina, *overdressed*, e Arlindo, de terno, discutem na sala da mansão, enquanto chegam os primeiros convidados. Ela o puxa pelo braço e tenta disfarçar.

Etelvina – Onde está seu filho?

Arlindo – Como é que eu vou saber, Etelvina? Liga pra ele.

Etelvina – O celular tá desligado. Já passam de oito horas e nem sinal daquele irresponsável. O jantar está marcado para as nove, como nas melhores famílias inglesas. Os convidados já estão chegando. (t) Não vou tolerar esse atraso. Você precisa dar educação ao seu filho.

Arlindo – O Marcus também é seu filho. (T) Mas com ele você nunca levanta a voz, né? Fica bancando a mãezona compreensível, modernosa, e depois bota a culpa em mim.

Etelvina – Uma coisa não tem nada a ver com a outra. Não confunda as bolas, Arlindo.

Dois convidados se aproximam. São o deputado Fonseca, sócio minoritário da construtora, e sua filha Nicole, 18 anos, linda e loura, usando um vestido sensual.

Dep. Fonseca – Como vai, Dona Etelvina? Boa noite, Arlindo.

Etelvina – Seja bem-vindo, deputado. Sua filha está linda, como sempre. Aliás, não só linda. Você está radiante, Nicole. O Marcus precisa te ver nesse vestido.

Nicole – Obrigada, Dona Etelvina! Também quero muito ver o seu filho. Ele tá por aí?

Etelvina – Já deve estar descendo. Ele vai adorar te ver. (P) Vocês me dão licença que eu já volto. (*sobe o tom*) Arlindo, peça para servirem um uísque ao deputado e uma taça de champanhe para a Nicole.

Etelvina deixa Arlindo com os convidados e segue para a cozinha. Na expressão atormentada de Etelvina, corta para:

CENA 5 – COZINHA DA MANSÃO (INT. / NOITE).

Dinorah, que é mãe de Raquel e cozinheira da família, confere os pratos, organiza a cozinha, ajeita a gravata dos garçons. Etelvina entra, arrogante, mas sem afetação caricata.

Etelvina – Dinoraaaaaaah! Por que ainda não serviram o champanhe?

Dinorah – Os garçons já estão levando, Dona Etelvina.

Etelvina – Será que eu preciso resolver tudo?

Dinorah – Me desculpa. A senhora tem razão.

Etelvina mexe nos pratos.

Etelvina – Olha só pra esse *escargot*! (*ela se enrola na palavra)* Tá tudo errado! Já disse que ele tem que ficar no meio do prato.

Dinorah – Eu vou ajeitar, Dona Etelvina.

Etelvina – Se hoje, que é apenas um jantar, a cozinha tá essa zona, imagina só na festa de *Réveillon*? Ai, meu Deus! Vão ser trezentos convidados. Você vai me levar à loucura, Dinorah!

Etelvina bate na mesa e derruba os pratos.

Garçom – Pode deixar que eu recolho.

No olhar do garçom, corta para:

CENA 6 – JARDIM DA MANSÃO E COZINHA (EXT. / INT. / NOITE).

Marcus e Raquel chegando pelos fundos. Os pés cheios de areia. Entram pela porta de serviço, de onde podem ouvir o final do diálogo da cena anterior.

Etelvina – (para o garçom) Não! Você vai pra sala servir os convidados. Quem limpa o chão é a empregada. Pega logo a vassoura, Dinorah!

Etelvina sai. Marcus fica indignado e quer intervir. Raquel não deixa e o leva para o quarto de empregada. Dinorah fica no chão, humilhada. Corta para:

CENA 7 – QUARTO DE EMPREGADA (INT. / NOITE).

Marcus e Raquel sentados na parte de baixo do beliche.

Marcus – A minha mãe não pode tratar a tua desse jeito.

Raquel – Eu quase voei nela, Marcus. Só não fui pra cima porque você tava mais nervoso do que eu.

Marcus – Não sei o que deu na minha mãe. Ela não é assim.

Raquel balança a cabeça pros lados, percebendo a ingenuidade do namorado.

Raquel – Acho melhor a gente ir devagar. A tua família não vai aceitar essa surpresa do casamento.

Marcus – Ninguém tem que aceitar nada. Eu sou independente, tenho o meu próprio dinheiro. Meu avô deixou uma boa poupança pra mim. Não é muito, mas dá pra gente viver. Ou você acha que eu quero ser mais um desses cangurus que ficam pra sempre na barriga da mãe?

Raquel – Não é isso... Mas eu acho que a Dona Etelvina vai...

Marcus – (*interrompe*) Pode deixar que eu cuido da Dona Etelvina. Me desculpa pelo que aconteceu aqui. Eu vou falar com ela.

Raquel – Não! Deixa que **<u>eu</u>** resolvo meus problemas. Vai lá em cima trocar de roupa que eu preciso ficar um pouco com a minha mãe.

Marcus sai. Raquel vai até a cozinha e abraça a mãe, que está de joelhos no chão. Na emoção das duas, <u>corta para</u>:

<u>CENA 8 – QUARTO DE MARCUS. (INT. / NOITE).</u>

Marcus está de toalha na cintura. Tira uma camisa do armário. Etelvina entra sem bater.

Etelvina – Marcus, meu filho. Já são quase nove horas. Os convidados estão todos aí.

Marcus – Pode esquecer, mãe. Eu não vou jantar em casa.

Etelvina – Como não? É um jantar de família.

Marcus – Não é um jantar de família. É um jantar da empresa. Tem até banqueiro aí.

Etelvina – E eu posso saber aonde o senhor vai?

Marcus – Vou sair com a Raquel.

Etelvina – Você continua com essa brincadeira com a filha da empregada?

Marcus – (*irritado*) Não é brincadeira, mãe. Já te disse: eu amo a Raquel.

Etelvina – De novo essa história de amorzinho. Ah, me poupe, meu filho!

Marcus – É bom me levar a sério, Dona Etelvina Mendonça. E tem mais!

Etelvina – *(irônica)* Mais o quê, senhor Marcus Mendonça?

Marcus – Eu vou me casar com ela!

Etelvina – Vai o quê?

Marcus – Você ouviu bem. Eu vou me casar! E acho bom você respeitar a Dinorah.

Etelvina – Eu sou a patroa. Ela é que tem que me respeitar. Ora, onde é que já se viu?

Marcus – Você não tá entendendo, mãe.

Etelvina – Não tô entendendo o quê?

Marcus – *(segura a mãe com força)* Eu vou pedir a Raquel em casamento. Entendeu? *(larga a mãe e vira as costas)*. E vai ser na noite de *Réveillon*. Acho bom a senhora ficar preparada.

Etelvina finge que está passando mal e se joga na cama. Ela, de fato, tem problemas cardíacos, mas sempre exagera para tirar proveito da situação. Marcus a socorre.

Marcus – Mãe? Mãe!? Que foi? (T) Vou pegar o seu remédio do coração.

Etelvina – Não, não precisa. Eu já tomei o remédio.

Marcus – Então vou pegar um calmante.

Etelvina – *(dissimulada)* Tá tudo bem, meu filho. Me desculpa. Eu fui muito grosseira com você. E também com a Dinorah. Vou pedir desculpas a ela.

Marcus – Eu é que fui grosseiro, mãe. Só quero que você entenda que o assunto é sério. Nada vai me afastar da Raquel.

Etelvina – *(acariciando o filho)* Você tem o direito de fazer o quiser da sua vida. E eu vou te apoiar em tudo.

Marcus – *(abraçando a mãe)* Valeu, Dona Etelvina. É assim que se fala! Eu sabia que podia contar contigo.

Etelvina beija a testa do filho e sai do quarto. Quando fecha a porta, há uma transformação na sua fisionomia. Ela volta a ser a megera.

Etelvina – Palhaçada!

Na fisionomia de Etelvina, corta para:

CENA 9 – SALA DA MANSÃO (INT. / NOITE).

Fabiano e Simone, diretora financeira da Mercury, chegam à recepção. Arlindo os recebe. Simone tem 30 anos e está grávida de nove meses. Arlindo apresenta o casal para alguns convidados. O deputado Fonseca se aproxima e pega na mão de Simone.

Dep. Fonseca – Meu Deus, como essa barriga cresceu! Deve ter um time de basquete aí.

Simone – Não é um time de basquete, mas já dá pra fazer uma dupla de praia.

Dep. Fonseca – Que maravilha. Gêmeos!

Simone – Sim, senhor, deputado: gêmeos. Plurivitelinos. São dois meninos. Mas podem ser completamente diferentes. O que nos deixa ainda mais curiosos. (t) O senhor conhece o Fabiano, meu marido?

Fabiano – Como vai, deputado?

Dep. Fonseca – Parabéns, meu rapaz. Bela produção!

Arlindo – Vocês nos dão licença. Eu preciso apresentar a nossa diretora financeira ao presidente do banco.

Arlindo retira Simone da roda. Fabiano e o deputado Fonseca ficam conversando. (*sobe som da música*) Não ouvimos a conversa. Fabiano parece distraído. Do ponto de vista de Fabiano mostramos Dinorah recolhendo copos pela sala. Cortamos para o ponto de vista de Dinorah. Ela reconhece Fabiano e fica transtornada. Dividimos a tela no olhar de ambos e cortamos para o *flashback*:

CENA 10 – FAVELA EM FLORIANÓPOLIS (EXT. / DIA) *FLASHBACK*.

Joyce (*que ainda não tem o nome falso de Dinorah*) sobe um morro. Vemos a legenda: **Florianópolis – 20 anos antes**. Joyce/Dinorah carrega uma bolsa presa ao corpo, com cuidado. Cruza com Fabiano, que desce o morro. Fabiano é um adolescente de 16 anos. Ele cumprimenta Joyce, que parece nervosa.

Fabiano – Tá tudo bem, Dona Joyce?

Joyce/Dinorah – O quê? *(gagueja)* Tá tá tá sim. Tá tudo bem, Fabiano.

Fabiano – Quer que ajude com a bolsa?

Joyce/Dinorah – Não, não precisa. Obrigada.

Fabiano – De nada. Manda um abraço pro Seu Vítor.

Fabiano se dirige para o barraco quase vizinho ao de Joyce/Dinorah. Ele fica na porta, do lado de fora. Mostramos Joyce/Dinorah entrando em seu barraco. Corta para:

CENA 11 – BARRACO DE DINORAH (INT. / DIA).

Joyce/Dinorah está grávida. A barriga ainda é pequena, mas já se nota a gravidez. Ela discute com o marido. Ouvimos um choro de bebê. Dinorah vai até o canto do barraco e tira o bebê de um pequeno cercado no chão. Ela tenta acalmá-lo.

Joyce/Dinorah – Não quero mais essa vida, Vítor. Vamos sair daqui! Vamos ter nossa filha em outro lugar.

Vítor – Não dá, Joyce. Ainda tenho algumas "encomendas" pra entregar. Amanhã, um casal de Porto Alegre vem buscar esse bebê. Vão pagar uma grana preta. E ainda faltam três meses pra nossa guria nascer. *(aponta para a barriga de Joyce)* Te prometo que saio dessa muito antes.

Joyce/Dinorah – Eu já tô cansada das tuas promessas. A gente vai ser preso, Vítor. Vamos embora, por favor! Eu te imploro. Olha só: os documentos já estão prontos.

Joyce/Dinorah abre a pasta com carteiras de identidade e CPF falsos. Detalhamos o nome Dinorah nos documentos. Vítor está contando o dinheiro que guarda numa mochila.

Vítor – Você precisa ter calma, Joyce. Mais um mês e eu arrumo a grana pra gente fugir.

Joyce/Dinorah – *(aponta para a mochila)* O dinheiro que a gente tem já dá pra morar até em São Paulo ou no Rio. A gente tem que ir logo, Vítor. A polícia tá na nossa cola.

Vítor dá um murro na mesa.

Vítor – Fala baixo, Joyce. Tá maluca? Quer entregar a gente? Já disse que é só um mês. E não se fala mais nisso!

Joyce/Dinorah pega a pasta e vai em direção à porta.

Joyce/Dinorah – Não vou deixar acontecer com a minha filha o que vejo acontecer com a filha dos outros. (t) Porque se a polícia pegar a gente, eu vou acabar na cadeia e minha filha vai ser vendida pra uma dessas famílias ricas. Você não tá vendo que o feitiço pode virar contra o feiticeiro? (T) Quer saber? Quando eu voltar, arrumo minhas coisas e vou embora de qualquer jeito. Com ou sem você!

Joyce/Dinorah sai e leva os documentos falsos. Vitor fica sozinho com o bebê no barraco. Corta para:

CENA 12 – BAR E BARRACO DE FABIANO (EXT. / DIA).

Um grupo de policiais à paisana conversa no bar ao lado do barraco de Fabiano, que está comprando um refrigerante. Ele vê a arma e o distintivo de um deles por baixo da camisa.

Policial 1 – Aquele é o barraco do tal do Vítor. Olha aqui a foto dele.

Policial 2 – E a mulher? Não tem foto?

Policial 3 – Não mandaram. Mas ela deve estar com ele. É tráfico de menores, malandro. Eles trabalham juntos.

Fabiano sai do bar com a garrafa de refrigerante.

Policial 2 – Coisa braba, hein?

Policial 1 – Não tem nem mais julgamento. Os dois foram condenados à revelia porque fugiram no meio do processo. Vão direto pro xadrez.

Joyce/Dinorah passa na frente do bar. Fabiano hesita, mas chama por ela. Ele a esconde em sua casa. Os policias invadem o barraco de Vítor. Do ponto de vista de Joyce/Dinorah, mostramos Vítor saindo algemado do barraco. Um policial leva o bebê que estava com eles, outro segura Vítor e o terceiro carrega a sacola com o dinheiro. Joyce aperta os documentos falsos entre as mãos e, depois, abraça a barriga. Corta para:

CENA 13 – SALA DA MANSÃO (INT. / NOITE).

Continuação da cena 9. Voltamos do *flashback* no rosto surpreso de Fabiano. Dinorah olha para ele, se desespera, larga a bandeja numa mesinha e sai da sala. Etelvina vê, fica irritada e vai atrás dela.

Etelvina – E essa incompetente ainda me deixa as bandejas pela sala!

Dinorah passa pela cozinha transtornada e vai direto para o quarto de empregada, onde encontra Raquel e Marcus, arrumados para sair.

Raquel – O que foi, mãe?

Dinorah – Nada, minha filha. Nada. Só vim trocar o uniforme. Desculpa, não queria atrapalhar vocês.

Marcus – Que é isso, Dinorah. A gente já tava de saída.

Marcus e Raquel saem pela porta do jardim. Logo em seguida, Etelvina invade o quarto de empregada aos berros.

Etelvina – Que palhaçada é essa?

Dinorah – O que foi que eu fiz, Dona Etelvina?

Etelvina – Você é uma desleixada, mesmo! Agora deu pra largar as bandejas pela sala?

Dinorah – Desculpa, eu vou pegar agora mesmo.

Dinorah se levanta, mas é empurrada pela patroa e cai no chão.

Etelvina – Fica aí! (T) Quero saber que história é essa de casamento? Tua filha tá querendo dar o golpe em cima do Marcus?

Dinorah – Eu não tô sabendo de nada, Dona Etelvina.

Etelvina – Não sabe é o escambal! Eu não criei filho meu pra se envolver com uma qualquer! (T) Eu nunca deveria ter trazido você e tua filha pra dentro da minha casa!

Dinorah – Mas já tem uns três anos que ela mora no alojamento da faculdade.

Etelvina – Mora lá, mas não sai daqui, né? E nem precisa dizer o motivo. Vocês são umas ingratas, falsas, traidoras.

Dinorah – Não, Dona Etelvina. Eu sou muito grata por tudo o que a senhora fez pela gente.

Etelvina – Tô vendo a gratidão. Na primeira oportunidade vocês me apunhalam pelas costas. Eu devia ter deixado vocês na rua, no mesmo lugar onde encontrei!

Dinorah – Quem ia adivinhar que os meninos iriam se apaixonar?

Etelvina – Ah, Dinorah! Eu não sou idiota! Tua filha fez de tudo pra seduzir o Marcus.

Dinorah – Isso não é verdade.

Etelvina – Como não é verdade? O menino já fala até em casamento! Mas eu tô avisando. Não vou mais permitir essa palhaçada! Não vou! Entendeu?

Em Etelvina, estressada, corta para:

CENA 14 – *STOCK SHOTS* DA BARRA ATÉ CHEGAR À FACHADA DO PRÉDIO CANGURU (EXT. / NOITE).

Apresentação da locação. Num passeio de *takes* entrecortados sobre suas ruas e praças, mostramos o Jardim Oceânico até chegar à fachada do prédio onde moram as famílias de Chuchu, Diego e Ricardo. Funde com:

CENA 15 – APARTAMENTO DE CHUCHU (INT. / NOITE).

O apartamento pertence aos pais de Chuchu. Decoração modesta. Damos uma geral da festa que está acontecendo na sala com as mesmas personagens da praia, exceto os protagonistas. Som alto. Chuchu é o *DJ*. Diego banca o *barman*.

Chuchu – Galeraaaa!!!, Essa é pra acompanhar a tequila!

Diego – Pode deixar que eu sirvo.

Diego enche os copos das meninas. Ricardo observa o movimento num canto, sozinho. Laerte e Monaliza conversam dispersamente. Chuchu não tira os olhos dela. Monaliza corresponde. Laerte fica incomodado. Corta para:

CENA 16 – QUARTO DOS PAIS DE CHUCHU (INT. / NOITE).

O pai de Chuchu, Robson, que é contador da Construtora Mercury, está deitado ao lado da mulher, Gisele, que parece doente. Há um berço na cabeceira da cama.

Robson – Eles podiam ao menos baixar um pouco o som. Daqui a pouco a vizinhança tá reclamando.

Gisele – Deixa, Robson. Eles estão se divertindo.

Robson – É só o que eles sabem fazer, se divertir. Parece que nada mais importa na vida.

Gisele – Eles é que estão certos. Deixa os garotos aproveitarem. Ou melhor, deixa **eu** aproveitar a felicidade deles. (T) Pelo menos, enquanto estou por aqui.

Robson – Do quê você tá falando?

Gisele – Pra que fingir? Eu quero aproveitar meus filhos enquanto posso.

Robson – Você vai se curar, Gisele. Tanta gente teve câncer e hoje tá aí, levando uma vida normal, saudável.

Gisele – Às vezes eu me pergunto se fizemos bem em adotar a Taís. (*detalhamos o berço*)

Robson – Quando ela chegou você ainda não sabia que estava doente. E olha só pra ela. Parece até que já gosta de festa. Nem acordou com o barulho.

Eles riem. Mas a fisionomia muda rapidamente.

Gisele – É difícil pra uma menina crescer sem a mãe.

Robson – Ela vai crescer com a mãe. Ouviu? Com a mãe, o pai e o maluco do irmão.

Eles voltam a sorrir. Robson se levanta e simula uma dança completamente sem jeito. Gisele põe a mão na boca para conter a gargalhada.

Robson – Meu amor, nós ainda vamos ter que aturar muitas festinhas como essa.

Na dança de Robson, corta para:

CENA 17 – *STOCK SHOTS* PELA BARRA ATÉ CHEGAR À FACHADA DO RESTAURANTE LANZAROTE (EXT. / NOITE).

Apresentação da locação. Em novo passeio de *takes* entrecortados, mostramos o Jardim Oceânico até chegar à fachada do restaurante Lanzarote. Funde com:

CENA 18 – RESTAURANTE LANZAROTE (INT. / NOITE).

Restaurante espanhol, cuja família sólida e unida trabalha na administração. Há aquários com frutos do mar e fotos das *bateas* galegas na parede, além de quadros a óleo mostrando a baía de Vigo. O movimento é intenso, as mesas estão lotadas, os garçons passam com as bandejas repletas de *paellas* e outros pratos típicos.

Os donos, Pepe e Pilar, que são os pais de Diego, circulam pelas mesas cumprimentando os clientes. Param na mesa de Cláudio e Zilda, que são os pais de Ricardo.

Pepe – Foram bem servidos?

Zilda – Muito bem. A comida estava uma delícia. O Cláudio praticamente limpou a travessa.

Cláudio – Amanhã, vou ter que correr na praia mais uma hora pra queimar as calorias, meu caro Pepe.

Zilda – Pois eu como sem culpa. Você cozinha muito bem, Pilar.

Pilar – Imagina! Eu só dou os temperos. Quem faz tudo é a nossa cozinheira.

Zilda – Pois ela está de parabéns! E vocês também. O restaurante é um sucesso.

Cláudio – E o Diego, como está na faculdade?

Pilar – Aquele ali vive estudando. Desde pequenininho a gente já sabia que ia ser advogado.

Pepe – Menino de ouro. Responsável. Estudioso. Vai ser o doutor da família.

Zilda – Nós também não temos o que reclamar do nosso Ricardo, não é Cláudio?

Cláudio – Ele está com umas ideias malucas de fazer bijuterias. Diz que é *designer*. (*ele ri*) Mas eu falo pra Zilda: tem que apoiar. O menino é diferenciado. Tem muita criatividade. Espírito empreendedor.

Pepe – Como o tempo passa rápido, né?

Pilar – Daqui a pouco eles estão formados, independentes, cada um na sua casa, com mulher e filhos. (T) Já imaginou, Zilda? Nossos netos correndo por aí?

Zilda – Outro dia eles eram uns meninos. Agora são todos uns homens.

Pilar – Homens com um futuro brilhante. A essa hora, o Diego deve estar com dois enormes livros de direito, um em cada mão.

No suspiro orgulhoso de Pilar, corta para:

CENA 19 – AP. DE CHUCHU (INT. / NOITE).

Diego tem uma garrafa de tequila em cada mão. Ele entorna a garrafa diretamente na boca de duas meninas. Elas bebem, sacodem a cabeça e dançam ainda mais animadas.

Diego – Sabia que você combina comigo?

Menina 1 – É? Por quê?

Diego – Sei lá. Coisa de pele. É só eu me aproximar de você que eu fico todo arrepiado.

Diego mostra o braço.

Menina 1 – Não tô vendo nada.

Diego – É porque eu tenho que chegar mais perto.

Menina 1 – Mais? Tô quase sem ar.

Diego – Então vamos ter que resolver isso na respiração boca a boca.

Diego beija a menina 1.

Menina 2 – E eu? Não ganho nada?

Diego – Calma que tem pra todo mundo. (*ele abraça as duas e todos dançam juntos*)

Em outro canto, Ricardo ajeita o cabelo em frente a um espelho. Uma menina o observa. Ele para, assustado. Tenta falar com ela, mas a menina vai embora. Chuchu larga as carrapetas de DJ e se aproxima de Monaliza, que está sozinha.

Chuchu – Gostou do som que eu coloquei pra você?

Monaliza – Pra mim?

Chuchu – Especialmente pra você. (*tira o copo da mão dela e o coloca na mesinha*) Chega aí. Vem dançar comigo.

Laerte vê os dois conversando e interrompe.

Laerte – Monaliza, tá na hora. Vamos nessa?

Monaliza – Você já quer ir embora?

Chuchu – Qual é, Laerte? A festinha tá só começando.

Laerte – (*Para Monaliza*) A gente combinou um grupo de estudo amanhã cedo. Lembra?

Monaliza – É verdade. Tinha esquecido. Poxa, tenho que ir.

Chuchu – (*no ouvido de Monaliza*) Sem você, a festa acabou pra mim.

Monaliza sorri. Em Laerte enciumado, corta para:

CENA 20 – QUARTO DE RAQUEL NO ALOJAMENTO (INT. / NOITE).

Marcus e Raquel enrolados no lençol e apertados na cama de solteiro. Ao lado, uma cama vazia.

Marcus – Tem certeza que não vai chegar ninguém?

Raquel – Já disse: ela viajou. Foi passar o natal com a família e ficou pro *Réveillon*.

Marcus – Ah! O nosso *Réveillon* vai ser muito mais animado!

Raquel – Não sei, Marcus. A tua mãe não tá feliz com isso.

Marcos – Não liga. Daqui a pouco ela se acostuma com a ideia.

Raquel – Tenho medo que ela faça alguma coisa contra a minha mãe.

Marcos – Que é isso, branquinha? Ela não seria capaz.

Raquel – Você não vai voltar pra jantar com eles? (*irônica*) Ainda dá tempo de pegar a sobremesa.

Marcus – Mas nem que fosse uma ordem do Papa. (T) Hoje eu só quero ficar aqui, trancado, com você, nesse quarto. E amanhã podemos repetir a dose o dia todo.

Raquel – Ah, meu amor, amanhã eu tenho uma ação importante da ONG. Vamos dar um abraço na lagoa da Barra.

Marcus – (*contrariado*) Mas nem no dia do teu noivado você deixa de pensar em ecologia? E não me diga que aquele professor bonitão vai estar lá?

Raquel – Ah, que bonitinho! Tá com ciúme da branquinha, tá?

Ela faz cócegas nele e o beija. Corta para:

CENA 21 – SALA DA MANSÃO (INT. / NOITE).

Jantar da empresa. Arlindo à cabeceira da mesa. Etelvina à sua direita. O deputado Fonseca à esquerda. Os demais convidados em seus lugares, sentados. Arlindo se levanta e bate no copo para pedir a palavra. Etelvina faz cara feia, achando o gesto muito cafona.

Arlindo – Eu queria pedir um minuto da atenção de vocês. Gostaria de dizer que é um prazer ter todos aqui reunidos. Quero aproveitar para felicitá-los e agradecer pelo empenho e dedicação à nossa empresa. Não é à toa que a Mercury teve o maior lucro dos últimos anos. E as perspectivas para o ano 2000 são ótimas. O mérito é de vocês.

Dep. Fonseca – O mérito é principalmente seu, Arlindo, que soube conduzir os negócios. Eu proponho um brinde a Arlindo Mendonça!

Antes que os convidados façam o brinde, Etelvina interrompe.

Etelvina – Se o deputado Fonseca me permite, eu também gostaria de propor um brinde. (t) Ao homem empreendedor e visionário, o gênio que fundou esta empresa. Se não fosse por ele, nenhum de nós estaria aqui, hoje, comemorando. Um brinde ao meu pai, José Inácio da Luz!

Todos brindam, inclusive Arlindo, constrangido, que bebe o vinho de um único gole.

Arlindo – Ah! Só mais uma coisa. Quero lembrar que estão todos convidados a passar o *Réveillon* conosco. Faremos uma festa inesquecível para receber o novo milênio. Então, um brinde ao novo milênio!

Todos – Ao novo milênio!

Na expressão constrangida de Arlindo, <u>corta para:</u>

CENA 22 – QUARTO DE ETELVINA E ARLINDO (INT. / NOITE).

Quarto luxuoso, mas com a mesma decoração de gosto duvidoso. Arlindo está deitado. Etelvina retira a maquiagem olhando para o espelho da penteadeira.

Arlindo – Você sempre encontra um jeito de me alfinetar na frente dos outros.

Etelvina – Não vou dar ouvidos às suas lamúrias, Arlindo. Eu tenho problemas demais pra me preocupar.

Arlindo – Além de tudo, você passou a noite inteira mal-humorada. Que bicho te mordeu?

Etelvina – Pergunte ao seu filho. A culpa é dele.

Arlindo – Só porque ele não desceu pra jantar? Que besteira, Etelvina!

Etelvina – (*irritada*) Não é pelo jantar. O problema é que o Marcus tá aprontando uma surpresinha pro *Réveillon* .

Arlindo – Que surpresinha?

Etelvina – Você imagina que ele teve a audácia de me dizer que vai pedir a Raquel em casamento na noite do ano novo?

Arlindo – Raquel, a filha da Dinorah?

Etelvina – E você conhece outra?

Arlindo – Ahhhhh! Isso é fogo de palha! Não é pra levar a sério. É um namorico normal na idade dele. Essa história de casamento deve ser só uma brincadeira. Ele é da geração canguru, meu bem. Só vai sair de casa aos 40.

Etelvina – Você é cego mesmo. Também... nunca ligou pro menino. Nunca foi um pai presente. (t) Você nem conhece seu filho! Essa é que é a verdade.

Arlindo – Vai me agredir de novo?

Etelvina – (*grita*) Acorda, Arlindo! Eu nunca vi o Marcus desse jeito. Ele chegou a me afrontar. Essa menina virou a cabeça dele.

Arlindo – Raquel, a filha da Dinorah? Não acredito.

Etelvina – O que me preocupa é que ele já passou dos vinte e um. Agora vai poder receber a herança que o avô deixou. Ele é maior de idade, emancipado e solteiro. Quem vai impedir esse casamento?

Em Arlindo preocupado, <u>corta para:</u>

<u>CENA 23 – AMANCHECE NA BARRA / LAGOA DE JACAREPAGUÁ (EXT. / DIA).</u>

O sol se levanta na Barra da Tijuca. Imagens aéreas da praia, dos prédios, das avenidas. Chegamos à lagoa do bairro e mostramos sete barcos de pescadores tripulados por jovens de vinte anos, acompanhados de alguns cinegrafistas e repórteres. Eles navegam enfileirados. Há uma determinação militante no rosto dos garotos, que vestem camisetas iguais, como se fossem uniformes.

Os barcos chegam à margem de um condomínio de luxo, onde vemos uma língua negra que sai pela imensa tubulação. Os jovens desembarcam e formam um abraço simbólico em torno do tubo. Eles seguram uma faixa onde podemos ler: **ONG ECOLUTAS**.

Jovens – (em coro) Salvem a lagoa! Salvem a lagoa!

Nos detemos no rosto da líder da ONG, para onde convergem os microfones e as câmeras. É Raquel.

Raquel – Não vamos permitir esse crime ambiental. A lagoa é de todos. Não pode ser tratada como depósito de lixo pelos condomínios da Barra.

Os manifestantes repetem as palavras de ordem. Raquel se junta a eles. Uma caminhonete identificada pela logo da ONG chega para dar suporte. Amostras da água são recolhidas, há medições do terreno e outras ações ambientais. (*corte descontínuo*) Os manifestantes se dispersam. Raquel enrola a faixa com a ajuda de Juremir, seu professor na faculdade de biologia.

Juremir – Você foi muito bem hoje, Raquel. Chamou a atenção da mídia.

Raquel – Eu só fiz o meu trabalho. Entrei na faculdade de biologia por causa disso (*aponta para a lagoa*).

Juremir – E aquela bolsa de estudos da ONU? Você não vai mesmo aceitar?

Raquel – É tudo que eu queria, professor. Mas não posso ficar dois anos longe daqui. Eu tenho minha mãe, meu namorado, minha vida.

Juremir – Nada nessa vida é mais importante do que a carreira. E a pesquisa é na Amazônia. Você nem precisa sair do país.

Raquel – Já pensei nisso. E sei que o povo de lá precisa muito mais de mim do que esses burguesinhos da Barra. Mas já tomei minha decisão. (t) Você me dá uma carona?

Juremir – Entra aí! (*Entram na camionete da ONG*). <u>CORTA PARA</u>:

<u>CENA 24 – *STOCK SHOTS*. FACHADA DA CLÍNICA (EXT. / DIA).</u>

Em mais um passeio de *takes* entrecortados sobre suas ruas e praças, mostramos o Jardim Oceânico até chegarmos à fachada de uma clínica identificada pela placa na porta: <u>**Clínica Polinatal Dr. Ataliba**</u>. <u>Funde com:</u>

CENA 25 – SALA DE EXAMES DA CLÍNICA (INT. / DIA).

Simone faz o exame de ultrassonografia. Fabiano está ao seu lado. Ela sorri. O marido retribui o sorriso. Detalhamos o equipamento. O médico olha para o monitor apreensivo. Ele sai da sala e faz um sinal discreto para que Fabiano o acompanhe até a pequena baia ao lado. A enfermeira permanece com Simone.

Fabiano – Por que você não quis conversar na frente da Simone, Ataliba? Os bebês estão bem? Aconteceu alguma coisa?

Dr. Ataliba – As notícias não são boas, Fabiano.

Fabiano – Você tá me assustando.

Dr. Ataliba – Desde o inicio nós sabíamos que era uma gravidez de risco.

Fabiano – Para com isso. A gente se conhece há vinte anos. Fala logo o que aconteceu.

Há um momento de tensão. O médico hesita. Fabiano aperta o braço dele e o encara. O médico se afasta e abaixa a cabeça para falar.

Dr. Ataliba – Fabiano, você precisa ter muita calma. (P) Nós ainda não sabemos a causa, mas o fato é que... O fato é que um dos bebês está morto.

Fabiano – Morto?

Dr, Ataliba – Eu sinto muito. (*Fabiano se desespera*)

Fabiano – Não acredito. Meu filho? Morto?

Dr. Ataliba – Você precisa preparar sua mulher. O outro filho está saudável. A Simone vai precisar do seu apoio. Vou marcar a cesariana pra hoje mesmo.

Fabiano – Não, não faça isso. Ela não vai suportar. Você conhece a história toda... o problema com o álcool... a morte dos pais. Ela se sente culpada por tudo que aconteceu. Vai achar que a culpa é dela de novo.

Dr. Ataliba – Eu sei. Mas nós precisamos agir.

Fabiano – (*interrompendo*) Quanto tempo, Ataliba?

Dr. Ataliba – Quanto tempo pra quê?

Fabiano – Quanto tempo ela pode ficar assim?

Dr. Ataliba – Não estou entendendo, Fabiano. Ela até poderia esperar uns quatro ou cinco dias. Mas você precisa contar agora.

Fabiano – Eu não posso contar. Não sei qual seria a reação dela.

Dr. Ataliba – Vocês vão ter que enfrentar essa situação.

Fabiano fica pensativo. Mostramos um ***insert* da cena 12** em que o marido de Dinorah é preso por tráfico de bebês em Floripa. Voltamos para a expressão pensativa de Fabiano. Corta para:

CENA 26 – MANSÃO. QUARTO DE EMPREGADA (INT. / DIA).

Dinorah está sentada no beliche, com o queixo sobre as mãos. Raquel está de pé, encostada na parede.

Raquel – Não se preocupe, mãe. A Etelvina não pode fazer nada contra a gente. E, depois... se ela despedir a senhora, não vai ser o fim do mundo.

Dinorah – Não me preocupo comigo, filha. Eu só penso em você, nos seus estudos. Se eu perder o emprego, como é que vou pagar a tua faculdade?

Raquel – Eu posso arrumar outro emprego, mãe. Olha só: eu tenho desconto de cinquenta por cento, e a ONG me dá uma ajuda de custos. Ainda sobra tempo pra um emprego de meio expediente. Pode deixar, eu não vou depender do Marcus.

Dinorah – Não tá na hora de você trabalhar ainda mais, minha filha. Eu quero que você estude.

Raquel – Não vou morrer por causa disso.

Dinorah – E aquela bolsa de estudos, Raquel? Por que você não aceita? Tanta gente querendo uma oportunidade como essa! E você joga no lixo.

Raquel – Já falamos sobre isso, mãe! Às vezes, eu também fico aflita. Penso em tudo que poderia fazer lá na Amazônia. Penso na minha carreira. Penso na senhora. Mas não consigo. O que sinto pelo Marcus é mais forte. (t) Olha só o anel! Não é lindo?

Marcus bate na porta e entra.

Marcus – Dinorah, eu quero pedir desculpas pela minha mãe. Ela foi muito indelicada com você e com a Raquel. Eu prometo que isso não vai mais acontecer.

Dinorah – Ela não gostou nada dessa história de casamento, Marcus. E vocês também me pegaram de surpresa.

Marcus – Pois ela vai ter que se acostumar com a ideia. Nós estamos pensando em casar logo. Não é, branquinha?

Raquel confirma, preocupada. Corta para:

CENA 27 – CLÍNICA. SALA DE EXAMES (INT. / DIA).

Cont. da cena 25.

Fabiano – Nós precisamos de um outro bebê.

Dr. Ataliba – O quê?

Fabiano – Um bebê recém-nascido.

Dr. Ataliba – Você quer adotar um bebê recém-nascido?

Fabiano – Você não está entendendo. Eu preciso de um recém-nascido pro lugar do meu filho. Eu quero substituir o bebê morto por outro saudável, sem que a Simone saiba.

Dr. Ataliba – Isso é impossível!

Fabiano – Foi você que disse que ela podia esperar uns dias.

Dr. Ataliba – Mas isso é antiético, é imoral, é... Sei lá! É um absurdo.

Fabiano – Não é um absurdo. Você conhece o histórico dela.

Dr. Ataliba – Mesmo que eu concorde com isso, como você vai conseguir um bebê, Fabiano?

Fabiano – Eu dou um jeito, Ataliba. Só preciso da sua ajuda. Por favor, não conte nada a ninguém.

Dr. Ataliba – Não me peça isso, Fabiano.

Fabiano – É pro bem dela. Da minha família. Eu sei o que estou fazendo. Me responsabilizo por tudo. Você é meu melhor amigo. Não pode me negar isso!

No médico em dúvida, corta para:

CENA 28 – PRAIA DO PEPÊ (EXT. / DIA).

Ricardo, Chuchu e Diego deitados na areia, de ressaca. As meninas com eles. Garrafas vazias. Roupas molhadas.

Chuchu – (para as meninas) E vocês também tão convidadas. É só chegar e dizer que são amigas do Chuchu. O dono da festa é meu *brother*.

Diego – Vai ser um *Réveillon* regado. Bebida, comida, música ao vivo. O cara mora numa mansão.

Chuchu – Vamos entrar no novo milênio em alto estilo. A parada é a seguinte: não é todo dia que a gente comemora mil anos. Sabe lá o que é isso, meu camarada?

Diego – É ano que não acaba mais.

Ricardo – Mil? (p) Não consigo imaginar nem dez!

Diego – Pô, já pensou o que a gente vai fazer daqui a dez anos?

Chuchu – (*olhando para as meninas*) Eu só consigo imaginar o que a gente já vai ter feito. Sacou?

Ricardo – Só rezo pra não ficar com entradas. Homem careca é horrível.

Diego – Imagina a quantidade de festas que a gente vai fazer?

Chuchu – E quanto beijo na boca!

Diego – Muita noitada, muita zoação...

Ricardo – Algumas rugas ao redor dos olhos.

Chuchu – Dez anos. A gente pode começar a fazer essas contas.

Diego – Pode começar contando agora.

Chuchu – O primeiro beijo dos próximos dez anos. Que tal?

As meninas sorriem. Chuchu e Diego beijam as duas garotas. Ricardo pega o filtro solar e passa no rosto. A terceira garota o observa.

Corta para:

CENA 29 – SALA DA MANSÃO (INT. / DIA).

Etelvina chega em casa. Berenice recebe a patroa.

Etelvina – O doutor Arlindo já chegou?

Berenice – Ainda não, madame.

Etelvina – (*irritada*) Mas já são quase seis horas. Será que ele ainda está no escritório? (T) Nós temos assuntos familiares pra resolver.

Etelvina pega o telefone, mas desiste de ligar para o marido.

Etelvina – Berenice, vá chamar a Dinorah pra mim.

Berenice – Ela está com um moço.

Etelvina – Que moço?

Berenice – Um que esteve aqui outro dia no jantar da empresa.

Em Etelvina intrigada, corta para:

CENA 30 – QUARTO DE EMPREGADA (INT. / DIA).

Fabiano e Dinorah no quarto. Etelvina ouve a conversa.

Dinorah – Você nem podia ter me procurado aqui.

Fabiano – Tô precisando muito da tua ajuda, Joyce.

Dinorah – Meu nome agora é Dinorah.

Fabiano – Desculpa.

Dinorah – Diz logo o que você quer.

Fabiano – Minha mulher tá grávida de gêmeos. E hoje... bem... hoje, nós fizemos o último exame e o médico constatou que um dos bebês está morto.

Dinorah – Eu sinto muito.

Fabiano – Minha mulher não sabe. Nem vai saber. Ela não suportaria.

Dinorah – Se você veio aqui achando que...

Fabiano – (*interrompe*) Eu preciso de um recém-nascido, Joyce. Só você pode me ajudar.

Dinorah – Meu nome é Dinorah, Fabiano. E eu não faço mais isso. Desde que saí de Florianópolis, nunca mais me meti nesses assuntos. Só quero levar minha vida de forma honesta e...

Fabiano – (*interrompe, implorando*) Por favor, Joyce. Por favor. Pelo menos tenta. Eu sei que já faz muito tempo, mas a situação continua a mesma lá em Floripa. A favela não mudou nada.

Dinorah – A Justiça anda atrás de mim desde que eu fugi do Sul. Fui condenada à revelia. Não posso me arriscar.

Fabiano – Eu não sei a quem recorrer, Joyce. Você é minha última esperança. E é por uma boa causa. A minha mulher é doente. Se ela souber, não vai aguentar. Por favor, Joyce.

Dinorah – Eu não tenho mais os contatos, Fabiano.

Fabiano – Pelo menos, tenta.

Dinorah – Impossível.

Fabiano – Eu pago bem.

Dinorah – Não é pelo dinheiro. É muito arriscado. Nós dois podemos ser presos.

Fabiano – Tudo bem. Eu assumo os riscos. (*enfático*) E você me deve esse favor.

Dinorah – (T) Vou ver o que posso fazer.

Fabiano – A cesariana está marcada para o dia 31. A Simone quer que os bebês nasçam na virada do milênio.

Dinorah – Não prometo nada, Fabiano.

Fabiano – Menino. O bebê tem que ser um menino, Joyce.

Dinorah abaixa a cabeça. Do lado de fora, Etelvina está chocada. Marcus chega de repente e flagra a mãe ouvindo a conversa atrás da porta.

Marcus – O que você tá fazendo aí, mãe?

Em Etelvina, surpresa, corta para o

PRIMEIRO INTERVALO COMERCIAL

2º BLOCO

CENA 31 – COZINHA (INT. / DIA).

Cont. imediata da cena anterior. Etelvina se surpreende com a chegada do filho e tenta disfarçar.

Etelvina – Tô procurando o meu remédio, meu filho. Tá em alguma gaveta aqui da cozinha, mas não sei qual. Queria ver se a Dinorah sabe onde eu guardei.

Marcus – Então pergunta pra ela. Vamos...

Etelvina – (*interrompe*) Não. (t) Lembrei. Não tá mais na cozinha. Eu levei lá pra cima. Tá na quarto.

Etelvina dá um beijo na testa do filho e sai. Corta para:

CENA 32 – *STOCK SHOTS*. RIO. CLIPE. PASSAGEM DE TEMPO.

Anoitece e amanhece algumas vezes até chegarmos ao clima de *Réveillon* nas ruas do Rio de Janeiro. Passamos por Copacabana se preparando para a festa, por Ipanema e pela Barra até chegarmos à fachada da mansão. Funde com:

CENA 33 – JARDIM DA MANSÃO (EXT. / DIA).

Empregados arrumando o jardim para festa de *Réveillon*. Etelvina chega, radiante. Berenice a recebe.

Etelvina – Como estão os preparativos para a festa, Berenice?

Berenice – Tudo do jeito que a senhora mandou.

Etelvina – Já trouxeram as rosas colombianas?

Berenice – Já sim. Estão no salão principal, no corrimão da escada.

Etelvina – E a Dinorah, por onde anda?

Berenice – Ela está tão estranha, Dona Etelvina. Imagina que num dia como o de hoje, cheio de serviço pra fazer, ela tá se arrumando. Disse que precisa dar uma saída. Muito folgada. Quer que eu a chame?

Etelvina – Não. Não. Pode deixar. Depois eu me acerto com ela.

Em Etelvina enigmática, corta para:

CENA 34 – RUA POUCO MOVIMENTADA (EXT. / DIA).

Fabiano espera por Dinorah num carro. Logo a seguir, um táxi para. Dinorah sai, segurando um bebê. O táxi vai embora. Dinorah se dirige ao carro de Fabiano e entrega o bebê a ele. Ponto de vista de um fotógrafo em um furgão, afastado. Ele registra toda a cena. Corta para:

CENA 35 – MANSÃO (EXT. / DIA).

Mostramos Etelvina na sacada. Ponto de vista de Etelvina, que observa a chegada de Dinorah, aflita. Corta para:

CENA 36 – QUARTO DE MARCUS (INT. / DIA).

Marcus está com Chuchu ao telefone. Pela janela, vemos o fim de tarde, quase noite.

Marcus – (*Telefone*) Tá tranquilo, Chuchu. Pode trazer as meninas. Deixo avisado na entrada. Você e mais quantas? Cinco!? Caramba, isso é um carregamento, meu irmão. Não, não tem problema, já disse. Vem todo mundo, né? Quero todo mundo aqui hoje. Claro que eu tô com um frio na barriga, mas tô muito feliz, cara.

Mostramos o rosto ansioso de Marcus. Pela janela do quarto, vemos o anoitecer. Corta para:

CENA 37 – QUARTO DE RICARDO (INT. / NOITE).

Várias camisas estão jogadas na cama. Há cremes, perfumes e gel para cabelo de diferentes marcas em cima da bancada, ao lado do computador. De frente para o imenso espelho do quarto, usando uma pinça, Ricardo retira alguns fios de sobrancelha que insistem em nascer em cima do nariz. A mãe, Zilda, entra no quarto.

Zilda – Meu filho, você está se arrumando há duas horas. Não vai se atrasar pra festa?

Ricardo – Eu tô com tempo, mãe. O Chuchu vai passar aqui pra me pegar. (t) O que você acha dessa camisa?

Ricardo veste uma camisa de manga comprida, brilhante.

Zilda – Ela não é um pouco exagerada, não?

Ricardo – Exagerada? (t) Isso aqui é *fashion*, mãe! Tecido inglês, corte moderno, desenhada por *monsieur* Giorgio Arnaldo (*fala o nome sílaba por sílaba*). Como é que pode ser exagerada?

Zilda – Você pediu a minha opinião, eu dei.

Ricardo – Me empresta aquele teu creme francês?

Zilda – Qual?

Ricardo – O do cabelo, mãe. (*ele vê uma espinha no rosto*) Ai, meu Deus!

Zilda – Que foi?

Ricardo – Me traz o corretivo também?

Zilda – Pra quê, meu filho?

Ricardo – Pô, mãe! Você acha que alguma mulher vai olhar pra mim com essa espinha na cara? Traz o corretivo, vai!

Zilda sai do quarto. A campainha toca. Continuamos com a imagem em Ricardo, que resolve trocar de camisa. O pai, Cláudio, grita.

Cláudio – (OFF) Seu amigo chegou!

Ricardo – (*grita*) Manda ele entrar, pai!

Chuchu entra no quarto. Ricardo está com uma nova camisa nas mãos.

Chuchu – Qual é, Ricardo? Você ainda não tá pronto?

Ricardo – Não sei que camisa eu boto. E ainda tem essa espinha que nasceu logo hoje. Já tô estressado! Não bota pressão, não!

Chuchu – Segura a onda, meu *brother*. Hoje é dia de festa. Virada do milênio. Pra que se estressar? Vai estar cheio de gatinha na casa do Marcus. Só eu convidei cinco.

Ricardo – Você sabe que eu sempre levo toco! Tenho que me preparar. Não dá pra ir de peito aberto. Corre o risco de todo mundo se dar bem e eu ficar sozinho. Como sempre, né?

Chuchu – Você acha que a gente vai te deixar na rabeira, irmãozinho? Vai sobrar mulher naquela mansão. E se não sobrar, a gente bota na tua mão.

Zilda chega com o creme e o corretivo.

Zilda – Tá aqui o corretivo, meu filho.

Chuchu – Que negócio é esse, Ricardo?

Ricardo – Cada um joga com as armas que tem. Você já nasceu com essa estampa aí. Eu tenho que me virar. Então, fica calmo que em dez minutos eu tô pronto.

O telefone de Chuchu toca. É Diego.

Chuchu – (TEL)Tô na casa dele, Diego. (P) E o quê que eu posso fazer? Você sabe como ele é! Tá sempre atrasado. (P) Faz o seguinte: vai na frente e pega as três que moram no Recreio. As outras duas vão comigo. A gente se encontra na porta. (P) Valeu. Abraço.

Na fisionomia impaciente de Chuchu, corta para:

CENA 38 – QUARTO DE EMPREGADA (INT. / NOITE).

Dinorah está vestindo a roupa de empregada. Raquel entra no quarto.

Raquel – Tava te procurando, mãe. O que você acha? Ficou bonito?

Dinorah – Você tá linda nesse vestido.

Raquel – Onde é que você se meteu a tarde toda? A Berenice ficou resmungando que você deixou ela na mão.

Dinorah – Eu tinha que comprar uns remédios que acabaram. Hoje é muito difícil encontrar uma farmácia aberta. Tá todo mundo com a cabeça no *Réveillon*.

Raquel – Mas eu só consigo pensar no pedido de casamento. Sempre soube que o Marcus era romântico, mas ele tá se mostrando muito corajoso também.

Dinorah – Vocês já decidiram a data?

Etelvina abre a porta violentamente e entra no quarto de Dinorah com um sorriso sarcástico.

Etelvina – Acho que não vão precisar!

Raquel – O que a senhora tá fazendo aqui?

Etelvina – Veja com seus próprios olhos, menina.

Etelvina joga as fotos do encontro de Dinorah com Fabiano em cima da cama.

Dinorah – A senhora me seguiu?

Raquel – (*pegando as fotos*) Que bebê é esse no seu colo, mãe?

Etelvina – Você salvou o meu *Réveillon*, Dinorah. Ou melhor, Joyce.

Raquel – Joyce?

Etelvina – Por que você não conta pra filhinha querida sobre o teu verdadeiro nome e o teu passado em Florianópolis?

Raquel – Do que ela tá falando, mãe?

Etelvina – Aposto que ela não sabe que você é foragida da Justiça. Tá aqui, ó. (*mostra documento*) Condenada a 15 anos de prisão por tráfico de menores.

Raquel – Tráfico?

Etelvina – Assim como teu pai. A Dinorah sempre contou que o teu pai sofreu um acidente de carro, não é Raquel? Até eu conheço essa história. (T) Mentiraaa! Ele morreu na cadeia. Os dois formavam uma quadrilha de tráfico de crianças.

Raquel – Não. Isso não é verdade!

Etelvina – Se você insistir nesse casamento, Raquel, eu entrego a tua mãe pra polícia. Ela vai ter o mesmo fim do teu pai. Vai passar o resto da vida na prisão!

Etelvina sai. Raquel senta na cama e examina os documentos, estarrecida.

Raquel – Mãe, pelo amor de Deus, diz que nada disso é verdade. Que é tudo invenção dessa mulher. Diz, mãe!

Dinorah permanece em silêncio. Lágrimas nos olhos. Detalhamos a ordem de prisão na mão de Raquel.

Raquel – Eu não acredito.

Dinorah – Filha, me perdoa.

Raquel – Por que você mentiu pra mim durante esses anos todos?

Dinorah – Eu queria te preservar. Queria que você tivesse uma vida melhor do que a minha.

Raquel – Mas tráfico de menores, mãe! Isso é um crime hediondo! Uma...

Dinorah – (*interrompe*) Depois que eu vim pro Rio, nunca mais me meti com isso.

Raquel – E esse bebê da foto?

Dinorah – Foi a única vez, eu juro. Entreguei a um velho conhecido lá de Floripa. Ele me implorou.

Raquel – Como você teve coragem?

Dinorah se levanta e encosta a cabeça na parede, se lamentando.

Dinorah – Agora eu tô nas mãos dela. Quer dizer, nas tuas mãos.

Raquel – O que você tá querendo dizer?

Dinorah – Não ouviu o que ela disse? Se você se casar com o Marcus, ela vai me entregar pra polícia.

Raquel – Por que você tá me olhando desse jeito? (P) Você quer que eu desista do meu casamento? É isso, mãe? É isso que você quer?

Dinorah – Eu não quero acabar como o teu pai. Ele morreu como um bicho, atrás das grades.

Raquel – Egoísta! Você só tá pensando em você. E a minha felicidade? Não conta?

Dinorah – Faça o que a tua consciência mandar, minha filha.

Raquel – Consciência? Vai querer me cobrar consciência, agora? E eu ainda tenho que me submeter à chantagem dessa dondoca?

Dinorah – Mas...

RAQUEL – (*interrompe*) Isso não é justo! Não é!

Raquel sai. <u>Corta para:</u>

CENA 39 – JARDIM DA MANSÃO (EXT. / NOITE).

Os convidados chegando. Marcus está aflito. Ele procura por Raquel na cozinha. *Corte descontínuo*. Ele procura na sala. *Corte descontínuo*. Ele procura no jardim. *Corte descontínuo*. Vemos Chuchu, Diego e Ricardo chegando com as cinco meninas, animadíssimos. Logo depois, chegam Laerte e Monaliza. Corta para:

CENA 40 – CLÍNICA. SALA DE PARTO (INT. / NOITE).

Apenas o doutor Ataliba e uma enfermeira estão na sala de parto. Fabiano segura a mão de Simone.

Simone – Eu tô com uma sensação estranha, meu amor.

Fabiano – Calma. Vai dar tudo certo. Eles vão te anestesiar. Daqui a pouco, nossos filhos já estarão aqui.

Na expressão de Simone, corta para:

CENA 41 – COZINHA DA MANSÃO (INT. / NOITE).

Dinorah num canto, preocupada. É surpreendida por Marcus. Disfarça o nervosismo.

Marcus – Dinorah, você viu a Raquel? Já procurei em todos os lugares

Dinorah – Ela deve estar pelo jardim, Marcus.

Na saída de Marcus, corta para:

CENA 42 – JARDIM DA MANSÃO (EXT. / NOITE).

Arlindo está numa rodinha com os executivos da empresa, entre eles o deputado Fonseca e sua filha, Nicole. Arlindo chama o filho.

Arlindo – Marcus! Venha cá. (P) Em breve você estará trabalhando com a gente, não é meu filho?

Dep. Fonseca – Seu pai acha que você tem jeito pros negócios.

Arlindo – Acho não. Tenho certeza. Tá no sangue.

Marcus sorri amarelo. Arlindo e o deputado Fonseca se afastam.

Nicole – Seu pai sonha em ver você na empresa.

Marcus – Não sei por que ele insiste nesse assunto. Eu tô me formando em Letras. Não tem nada a ver com Administração. O que eu gosto é de escrever.

Nicole – Aconteceu alguma coisa? Você parece nervoso.

Marcus vê Raquel. Sorri aliviado.

Marcus – Não, nada. Desculpe, me dá licença, Nicole.

Nicole observa Marcus caminhando aflito na direção de Raquel.

Marcus – Te procurei tanto, branquinha. Já tava preocupado.

Raquel – Marcus, eu preciso ficar sozinha.

Marcus – Aconteceu alguma coisa? Você tá estranha.

Raquel – Eu quero pensar, só isso.

Marcus – Pensar em quê, Raquel?

Raquel – No casamento, Marcus. Não sei se é a coisa certa...

Marcus – (*interrompe*) Você não tá falando sério.

Raquel – Tem a tua família.

Marcus – E daí? Já tínhamos decidido tudo. Não tô acreditando.

Raquel – Eu tô confusa.

Raquel sai andando. Marcus vai atrás e a segura pelo braço.

Marcus – Peraí! Não vai embora não. Quem tá confuso agora sou eu. Tá acontecendo alguma coisa?

Raquel – Nada. Já disse. Me deixa sozinha.

Marcus – Como é que você pode ter alguma dúvida, Raquel?

Raquel – Depois a gente conversa.

Raquel sai. Marcus fica arrasado. Em Etelvina triunfante, observando tudo, corta para:

CENA 43 – SALA DA MANSÃO (INT. / DIA).

Em cortes descontínuos, mostramos a festa enchendo. Chuchu, Diego e Ricardo estão com as meninas na pista de dança improvisada. Do ponto de vista de Chuchu, mostramos Laerte e Monaliza no canto oposto, conversando.

Laerte – Vou pegar uma bebida pra gente.

Monaliza – Obrigada, Laerte.

Chuchu se aproxima.

Chuchu – Posso te fazer uma pergunta?

Monaliza – Claro.

Chuchu – Você e o Laerte...?

Monaliza – Não, nada a ver. Ele é só meu amigo.

Chuchu – Pensei em você o dia inteiro, sabia?

Monaliza – Jura? Não parece.

Chuchu – Palavra de surfista.

Monaliza – Pensou em mim e em todas essas meninas que você trouxe pra festa?

Chuchu – Meninas?

Monaliza – Vi você chegando com cinco.

Chuchu – Ah, você tá falando das minhas primas.

Monaliza – Primas, Chuchu? Conta outra.

Chuchu – Outra? Deixa eu ver. Que tal essa?

Chuchu beija Monaliza. Laerte chega com as bebidas e vê a cena.
Corta para:

CENA 44 – HOSPITAL. SALA DE PARTO (INT. / NOITE).

Olhar de cumplicidade entre Fabiano e o médico. Ele entrega um envelope com dinheiro para a enfermeira que vai ajudar no parto. Eles lavam as mãos e vestem os jalecos para começar a cirurgia.
Corta para:

CENA 45 – HOSPITAL. ANTE-SALA (INT. / NOITE).

Fabiano e o doutor Ataliba estão tirando os jalecos. A enfermeira entra. Ao fundo, ouvem-se fogos de ano novo.

Enfermeira – Tudo certo, doutor. Meia-noite. Esse é o momento. O pessoal do plantão tá distraído.

Dr. Ataliba – Você tem certeza, Fabiano? Ainda tá em tempo de desistir.

Fabiano – Absoluta. Hoje é o dia mais feliz da minha vida, Ataliba. O dia em que nasceram meus dois filhos.

Dr. Ataliba – (*para a enfermeira*). Assim que os bebês fizerem todos os procedimentos, pode levá-los para o quarto.

Fabiano – Não sei como te agradecer. Você é mais do que um médico. É o melhor amigo que alguém pode ter.

Dr. Ataliba – Tomara que você esteja fazendo a coisa certa.

Enfermeira sai. No olhar ansioso de Fabiano, corta para:

CENA 46 – BERÇÁRIO (INT. / NOITE).

Enfermeira traz outro bebê e o coloca ao lado do filho de Simone e Fabiano. A enfermeira enrola a etiqueta no pezinho dele com os nomes dos pais. Corta para:

CENA 47 – JARDIM DA MANSÃO (EXT. / NOITE).

Contagem regressiva na mansão. Fogos no céu. Os cangurus comemoram. Marcus está sozinho. Nicole vai até ele levando duas taças.

Nicole – Feliz ano novo.

Marcus – Foi mal, Nicole. Mas eu não tô com a menor vontade de comemorar. Dá licença.

Ricardo vê a cena e vai atrás do amigo.

Ricardo – Ei, o que foi que aconteceu? Cadê a Raquel? E o pedido de casamento? Não ia ser agora?

Marcus – Não vai mais ter pedido nenhum.

Ricardo – Calma aí, meu irmão. Me conta o que houve.

Na expressão triste de Marcus, corta para:

CENA 48 – PRAIA (EXT. / NOITE).

Raquel, sozinha, vê os fogos de artifício no calçadão da Barra. Lágrimas em seus olhos. *Corte descontínuo.* Ela caminha pela areia, com as sandálias na mão. De vez em quando, abaixa-se para recolher latas e garrafas e jogá-las no lixo. *Corte descontínuo.* Ela está sentada na beira do mar. Um casal se aproxima com oferendas para Iemanjá. Depois de jogar as oferendas ao mar, eles se beijam.

Mulher – Nada nesse mundo vai nos separar, meu amor.

Ao ouvir a frase, Raquel se levanta, decidida, e corre em direção ao calçadão. Esbarra em Juremir, que está sozinho, com uma garrafa na mão.

Juremir – Ei, o que foi? Você tá chorando? Me conta, o que aconteceu?

Corte descontínuo. Juremir e Raquel sentados no calçadão.

Raquel – A história é essa, professor. Não sei o que fazer. Minha mãe sempre se sacrificou por mim, sempre me deu tudo. (T) Ela errou feio. Não sei se um dia vou conseguir olhar na cara dela de novo. Mas não posso deixar que vá pra cadeia.

Juremir – Você não pode é ceder a essa chantagem. Volta lá e joga isso na cara da mulher! Se quiser, vou contigo!

Raquel – Não, não precisa. Você tem razão. Tenho que enfrentar a bruxa. Valeu, Juremir.

Juremir – Sabe que é a primeira vez que você me chama pelo nome.

Raquel dá um beijo no rosto de Juremir e se levanta. Ele parece em transe. Resolve segui-la. Corta para:

CENA 49 – PORTÃO DA MANSÃO (EXT. / NOITE).

Etelvina está na porta se despedindo de um casal que deixa a festa. Raquel chega, altiva.

Raquel – Tava achando que ia se livrar de mim, Dona Etelvina?

Etelvina – Eu já me livrei, garota. Voltou aqui pra quê?

Raquel – Vou contar tudo pro Marcus.

Etelvina – A escolha é tua. Dá uma olhada ali.

Raquel reconhece dois policias com distintivos na cintura, mas vira o pescoço rapidamente quando ouve a voz de Marcus, que está acompanhado por Nicole.

Marcus – Vai me contar o quê?

Na fisionomia transtornada de Raquel, corta para o:

SEGUNDO INTERVALO COMERCIAL

3º BLOCO

CENA 50 – PORTÃO DA MANSÃO (EXT. / NOITE).

Cont. da cena anterior. Raquel fica indecisa. Nicole abraça Marcus, demonstrando uma intimidade que não tem.

Nicole – (*para Marcus*) Calma, meu amor.

Raquel – Meu amor? Que história é essa? (*Marcus se desvencilha de Nicole*)

Marcus – Não muda de assunto. Quero saber o que você tem pra me contar.

Raquel vê Dinorah ao fundo, perto dos policiais. Juremir, que a seguira desde a praia, chega ao portão.

Juremir – Você precisa ouvir o que ela tem pra te dizer, Marcus.

Marcus – Então, você tava com o professor bonitão. Eu já devia desconfiar.

Juremir – Peraí! Não é nada disso.

Raquel – (*interrompe*) Chega!

Dinorah e Raquel trocam olhares. A fisionomia da mãe comove Raquel. Do ponto de vista de Raquel, mostramos os policiais, Nicole, Etelvina e, por último, Juremir. Raquel tenta aparentar calma.

Raquel – Eu tenho que te contar sobre a bolsa, Marcus.

Marcus – O quê?

Raquel – Eu não tive coragem de te contar antes, mas já aceitei a bolsa de estudos na Amazônia. O Juremir vai comigo.

Marcus avança sobre Juremir, que está confuso. Um segurança o impede.

Marcus – Maluca! Você só pode ser maluca! Depois de tudo que eu fiz? (t) Foi esse cara que te convenceu, não foi? Eu vou matar esse safado.

Raquel pega Juremir pela mão. Antes de ir embora, dá uma última olhada para a mãe, que permanece estática ao lado dos policiais. Na fisionomia transtornada de Marcus, corta para:

CENA 51 – HOSPITAL. QUARTO (INT. / NOITE).

Simone com os gêmeos nos braços. Fabiano emocionado.

Simone – Meus Deus, eles são lindos.

Fabiano – São mesmo, meu amor. Nossos filhos são lindos.

Simone – Tava tão nervosa, com uma sensação estranha de que algo ruim iria acontecer...

Fabiano – Nervosismo pré-parto. É normal! Agora descansa que vai ficar tudo bem. Temos uma família linda, isso é o que importa.

Simone sorri e beija a testa das duas crianças. Corta para:

CENA 52 – AMANHECER / FACHADA DO PRÉDIO CANGURU (EXT. / DIA).

A câmera passeia pela orla da Barra no amanhecer até a Praia do Pepê vazia. As ondas quebram na areia. O passeio continua até a fachada do prédio canguru. Funde com:

CENA 53 – QUARTO DE CHUCHU (INT. / DIA).

O quarto está totalmente bagunçado. Roupas no chão, duas garrafas de champanhe vazias e copos espalhados por todo canto mostram que a noite foi movimentada. Monaliza acorda com a claridade que entra pela janela sem cortinas. Chuchu aparenta estar desmaiado, mas acorda com a movimentação dela.

Monaliza – Desculpa, não quis te acordar, mas esse sol na cara logo de manhã...

Chuchu – (*sorrindo e se espreguiçando*). É meu despertador natural. Relógio de surfista.

Monaliza – Ai, tô com uma dor de cabeça. (*passando a mão na testa*). Acho que exageramos ontem...

Chuchu – Que exagero o quê! Virada do milênio, esse filé do meu lado, com essa pele (*acariciando o braço dela*), esse cheiro que me deixa louco (*cheirando o cangote dela*).

Monaliza retrai o pescoço, sorrindo.

Monaliza – Você é uma figura!

Em Monaliza, sorridente, corta para:

CENA 54 – SALA DA FAMÍLIA LANZAROTE (INT. / DIA).

Pepe e Pilar tomam café com as filhas, Juanita e Karla, de 9 e 10 anos, respectivamente.

Juanita – Por que o Diego nunca toma café com a gente, *madrecita*?

Pilar – Porque seu irmão estuda até mais tarde e, de manhã, precisa descansar.

Karla – Mas ontem foi Ano Novo. Ele tava numa festa.

Pepe – O ano novo é hoje, Karla. E você, Juanita, para de se meter com seu irmão.

As irmãs se olham, numa mistura de ciúme e inveja do irmão. Pilar beija o rosto de Pepe.

Pilar – Diego vai ser o nosso doutor!

Na expressão incrédula de Juanita e Karla, corta para:

CENA 55 – JARDIM DA MANSÃO (EXT. / DIA).

Os empregados fazem a limpeza da mansão. Na beira da piscina, vemos Marcus, completamente alcoolizado, e Ricardo, ao seu lado, tentando fazer com que ele beba um café.

Ricardo – Toma esse café, meu amigo. Vai te fazer bem.

Marcus – (*bêbado*) Aquela safada, ordinária! (P) Eu amo aquela ordinária! Por que ela fez isso? Me diz! Por quê?

Ricardo – Calma. Deve haver alguma explicação pra isso. A Raquel não é assim. Vocês ainda vão se entender.

Marcus – Não. (*tropeçando na língua*) Eu nunca mais quero ver aquela egoísta. Nunca mais quero ver a branquinha! Entendeu?

Etelvina se aproxima.

Etelvina – Ele tá melhor, Ricardo?

Marcus – (*interrompe*) A culpa é tua, mãe. (*Etelvina se assusta*) Você é que não gostava dela.

Etelvina – Imagina, meu filho!? Essa menina não te merecia. (*visivelmente cínica*) Onde é que já se viu? Trocar um amor verdadeiro pela carreira? (T) Mas a gente tá aqui, do teu lado. A tua família e os teus amigos. Não é, Ricardo?

Na expressão incrédula de Ricardo, corta para:

CENA 56 – *STOCK SHOTS*. PASSAGEM DE TEMPO.

Um relógio imaginário passeia por imagens que marcaram o começo do milênio. A queda das torres gêmeas, a copa de 2002, a eleição de Lula, a crise de 2008, a morte de Michael Jackson etc, até chegarmos à Praia do Pepê e à legenda: **Praia do Pepê – dias atuais.** Funde com:

CENA 57 – PRAIA DO PEPÊ (EXT. / DIA).

Chuchu e sua irmã, Taís, que agora tem 14 anos, conversam sentados em cadeiras de praia ao lado de algumas pranchas fincadas na areia. Numa placa pendurada em um toco de madeira está escrito: **Escola de Surfe Chuchu Beleza**.

Taís – Você tem que amadurecer, irmãzinho! Até quando você acha que vai conseguir enrolar a Monaliza? Ela não cai mais na tua lábia não, Chuchu. É bom você tomar jeito e arrumar um emprego de verdade. Essa escolinha de surfe não vai te levar a lugar nenhum.

Chuchu – Impressionante como você fala igual à mamãe, mesmo sem ter convivido com ela...

Taís sorri orgulhosa pela comparação.

Taís – Só quero o seu bem, Chuchu. E a Mona merece. O casamento podia ser aqui na praia mesmo. Imagina ela chegando toda linda, de branco, com o mar ao fundo...

Chuchu – Não viaja, Taís. Fica tranquila que com a Mona eu sei lidar. Essa crise vai passar. Não é a primeira nem será a última.

Taís sacode a cabeça negativamente. Corta para:

CENA 58 – RESTAURANTE LANZAROTE (INT. / DIA).

O restaurante está cheio e as irmãs de Diego, agora com 22 e 23 anos, correm de um lado para o outro tentando dar conta dos pedidos.

Juanita – (*reclamando com a mãe no caixa*) O Diego bem que podia descer pra ajudar, né? Fica lá no bem bom enquanto a gente rala aqui.

Pilar – Você sabe que ele está dando duro estudando pro concurso, minha filha. Não pode perder o foco.

Karla – (*largando a bandeja no balcão*) Mãe, ele tá estudando há 10 anos! Até quando vocês vão cair nessa?

Pepe – (*entrando com algumas compras e ouvindo o último comentário*). Por que vocês não deixam seu irmão em paz? Vocês sabem que ele é a promessa da família.

As irmãs se olham sem paciência e desistem. Corta para:

CENA 59 – SALÃO DE BELEZA (INT. / DIA).

Na sala de espera do salão, as clientes olham algumas bijuterias, elogiando o trabalho do *designer*. Ricardo está numa sala pequena depilando as costas.

Ricardo – (*de bruços*) Ai! (p) Ai! (*virando-se para a depiladora*) Cuidado aí! O que deu em você hoje?

O celular toca. Ricardo atende.

Ricardo – Oi Diego. Ai! (p) Oi? Não, tá tudo bem. Diga lá. (p) Festa? Vocês não cansam não? (RINDO) Tá, tá, pode contar comigo, eu vou. Aiiiiii!!!!!

No tufo de cabelos que sai das costas de Ricardo, corta para:

CENA 60 – SALA DO APARTAMENTO DE FABIANO E SIMONE (INT. / DIA).

Simone, pronta pra sair para o trabalho, entra na sala apressada, onde os filhos de 13 anos terminam de arrumar a mochila para a escola.

Simone – (*gritando em direção à cozinha*) Amor, você viu aquele xale azul que eu usei na semana passada?

Fabiano na cozinha, lavando a louça e fechando a torneira. Ele anda em direção à sala, enxugando as mãos num pano de prato.

Fabiano – Mandei pra lavanderia. Tinha uma mancha de vinho.

Simone – Ah, que pena, queria usar hoje. (T) Bom, tô indo. Pra variar, tô atrasada. (*beija Fabiano*). Tchau meninos. Até mais tarde.

Simone volta do corredor.

Simone – Amor, será que hoje dava pra fazer aquela saladinha com *shitake* pro jantar? Tô precisando de algo *light*.

Fabiano – Claro. Vou comprar os cogumelos no mercado.

Simone – Oba! Até mais tarde então. (*bate a porta*)

Na batida da porta, corta para:

CENA 61 – AV. DAS AMÉRICAS / BARRA DA TIJUCA (EXT. / DIA).

A câmera mostra a Avenida das Américas bem movimentada, depois se precipita sobre um edifício comercial moderno. Funde com:

CENA 62 – EDIFÍCIO COMERCIAL / FACHADA (EXT. / DIA).

Vemos o carro de Simone entrando no estacionamento do edifício, onde se lê: **Construtora Mercury**. Corta para:

CENA 63 – ANDAR DIRETORIA / CONSTRUTORA MERCURY (INT. / DIA).

Simone entra com passadas rápidas em direção a Monaliza, secretária da diretoria, sentada na mesa logo na entrada.

Simone – Bom dia, querida. A reunião já começou?

Monaliza – Bom dia, Simone. O Dr. Arlindo está na sala dele com o Dr. Andrew. Vou avisar que você chegou.

Simone – Brigada! Já passo lá.

Em Monaliza, corta para:

CENA 64 – SALA DE ARLINDO / CONSTRUTORA MERCURY (INT. / DIA).

Arlindo e Andrew Thompson, 38 anos, vice-presidente da construtora, conversam sobre uma concorrência.

Arlindo – Você acha então que temos chance de ganhar?

Andrew – Pelo que o deputado disse, tá quase todo mundo com a gente.

Arlindo – Ótimo. Temos que prevenir a Simone sobre isso. Mas sem entrar em detalhes, entendeu?

Simone bate na porta e entra.

Simone – Bom dia.

Arlindo – Estávamos falando de você agora mesmo.

Arlindo aperta um botão no telefone.

Arlindo – Nicole, venha com o Marcus até a minha sala, por favor.

Corte descontínuo. Batem na porta. Nicole e Marcus entram.

Arlindo – Nicole, como estão os preparativos pra viagem do Marcus à Brasília?

Nicole – Os documentos já estão prontos. Entrego agora mesmo.

Marcus – Ando preocupado com essa concorrência. Estou achando nossos custos muito altos. É uma obra muito importante pra gente dar bobeira.

Arlindo – Não se preocupe com isso. Os custos estão corretos. Estou com um bom pressentimento. (*Olhando pra Simone*) Simone, só preciso rever uns dados com você.

Simone – Estou à disposição.

Arlindo – (*sorrindo*) Ótimo! Vamos ganhar mais essa!

No sorriso de Arlindo, corta para:

CENA 65 – FAZENDA DE JUREMIR NO INTERIOR DO PARÁ (EXT. / DIA).

Um latifúndio produtivo. Casa grande, estilo colonial. Viviane, 13 anos, filha de Raquel, se despede dos empregados e corre até os "pais". Raquel e Juremir estão de mudança. Mostramos o carro cheio de malas.

Raquel – (*olhando para as terras*) Viemos pra cá pra salvar a Amazônia e você acabou virando um grande latifundiário. Quem diria?

Juremir – Mas não derrubei uma árvore sequer.

Raquel – Eu sei, Juremir. Não tô te recriminando. Só tô pensando na ironia. Eu devo ser a única ecologista do mundo que é casada com um fazendeiro.

Juremir – Fazendeiro e, agora, deputado. Aliás, ainda não me conformo com essa tua ideia de morar no Rio. Você devia ficar comigo em Brasília.

Raquel – (*impaciente*) De novo, não, meu querido! Eu já concordei com a tua eleição, mesmo sem gostar do partido. Mas morar em Brasília já é demais. Além disso, a sede da ONG é no Rio. É pra lá que eu tenho que ir.

Juremir – Tudo bem, não se fala mais nisso. Vou passar todos os finais de semana com você e com a Vivi. (*pega a menina no colo e a beija*)

Raquel – (*brincando*) E final de semana de deputado é sempre prolongado.

Juremir – Já vai me ironizar, é? Você sabe que a minha preocupação é com outras coisas. Tenho medo é do seu encontro com o passado, isso sim.

Raquel – Então pode ficar tranquilo, Ju. Esse encontro não vai existir.

Eles entram no carro. Vemos o rastro de poeira que fica na fazenda. O plano se abre e funde com:

CENA 66 – ANOITECE NO RIO DE JANEIRO.

Imagens da cidade ao anoitecer, passando pela Barra até chegar à fachada do prédio dos cangurus. Funde com:

CENA 67 – AP. DE CHUCHU / QUARTO DE ROBSON (INT. / NOITE).

Robson está de pé colocando um DVD no aparelho e Diana, sua namorada, 35 anos, loira, bonita, está sentada na cama, encostada na cabeceira.

Diana – Não entendo como você não se incomoda com as atitudes do seu filho. Ele já tem 35 anos! A mesma idade que eu! E age como se tivesse 20! Essa festa é o fim da picada.

Robson – Diana, ele sempre fez festa no apartamento. Por que iria mudar agora? Não tem nada de mais. A Gisele nunca se incomodou.

Robson se deita na cama.

Diana – (*contrariada com a observação do namorado*) O tempo passa, Robson. E ele precisa crescer. (p) E sair de casa.

Robson – Você precisa ter paciência. Eu já conversei com ele e...

Chuchu entra sem bater, interrompendo a conversa.

Chuchu – Oi casal! Desculpa interromper a sessão *love story*, mas vocês não preferem ficar no meu quarto? Fica nos fundos e vai ter menos barulho.

Diana – (*irritada*) Era só o que faltava. Vamos ter que dormir no quarto dele de novo!

Em Diana contrariada, corta para:

CENA 68 – SALA DO AP. DE CHUCHU (INT. / NOITE).

O som está alto e a festa rola solta. Ricardo conversa entusiasmado com uma mulher no canto da sala.

Mulher – Você parece que saiu de um editorial de moda. Cabelo impecável, roupa moderna, bom gosto. Ainda elogia meu cabelo... Você é de verdade mesmo? Por favor, não me diga que é gay!

Ricardo – Sou de verdade e gosto muito de mulher. Vem aqui pra eu te provar.

Ricardo agarra a moça e dá-lhe um beijo de cinema. No outro canto da sala, Chuchu e Diego se cutucam. Ricardo continua beijando a moça e a levando lentamente pelo corredor em direção ao quarto de Chuchu. Abre a porta do quarto com violência e joga a menina na cama, se atirando em cima dela na sequência. Robson e Diana gritam assustados.

Ricardo corre para a porta e acende a luz. Robson e Diana estão deitados na cama. A mulher sai do quarto sem graça.

Robson com roupa de dormir vai até a sala, desliga o som e expulsa todo mundo.

Robson – Fora! Todo mundo pra fora. Essa foi a última vez, Chuchu!

Na fisionomia assustada de Chuchu, corta para:

CENA 69 – AMANHECE NA PRAIA DO PEPÊ (EXT. / DIA).

Passeio de *takes* pela praia. Funde com:

CENA 70 – PRAIA DO PEPÊ (EXT. / DIA).

Um jogo de futevôlei. Detalhamos Diego dando uma cabeçada na bola. *Corte descontínuo.* Diego se despede dos outros jogadores e caminha até Ricardo e Chuchu, que estão sentados na areia.

Diego – Fala aí Chuchu! Sobreviveu ao seu Robson, hein!

Chuchu – Nem me fala, cara. Meu velho ficou velho de vez. Quer que eu saia de casa e me deu até prazo, é mole? Tenho certeza que tem dedo da namoradinha do Brasil nessa parada.

Diego – Pô, tô passando o mesmo perrengue lá em casa. Minhas irmãs estão insuportáveis. Mas fazer o quê, né. A gente vai aguentando. (*olhando pro Ricardo*) E você, bicho? Até quando se dá bem, se dá mal, hein! (*gargalhada geral*)

Ricardo – Prefiro não comentar esse assunto. Já ganhei muitas rugas por ontem.

As gargalhadas aumentam.

Diego – Fica tranquilo, Chuchu. Vamos dar um jeito. Nem que a gente alugue um apê pros três e divida as despesas.

Chuchu – Taí. Até que não é má ideia não. A escolinha de surfe não dá muita coisa, mas se meu pai quer se livrar de mim pra ficar à vontade com a gatinha dele, vai ter que coçar o bolso também.

Diego – E os meus pais também podem ajudar.

Ricardo – Então, quer dizer que vocês querem sair de casa com o dinheiro do papai e da mamãe? (*suspira alto*) Isso é que vocação pra canguru, hein! (*olha pra cima e pensa*). Acho que vou me arrepender, mas tudo bem: tô dentro.

Colocam as mãos no centro da roda e fazem o gesto dos Três Mosqueteiros ou algo mais contemporâneo que podemos ver com a pesquisa. (*sobe som da música dos cangurus*) corta para:

CENA 71 – AEROPORTO DO GALEÃO (INT. / DIA).

Marcus está chegando ao balcão do *check in*. Raquel está desembarcando com a filha, Viviane. Vamos intercalando as ações. Ora mostramos o *check in*, ora mostramos o procedimento de desembarque. (*ouvimos a 2ª estrofe de Vento no Litoral*)

Até que, em um plano mais aberto, vemos Raquel e Viviane, que estão empurrando um carrinho com as malas, se aproximarem de Marcus, que está de costas.

Ele se vira. (*Marcus não conseguirá vê-la, mas deixaremos a dúvida*).

Na virada de Marcus, corta para o:

FIM DO CAPÍTULO

4

INSTINTO PRIMITIVO
– Sempre fomos zumbis –

(título provisório – primeiro tratamento)

UM SERIADO DE
Felipe Pena

Época
futuro próximo

Gênero
Terror / drama

Espaço
urbano devastado – Rio de Janeiro e São Paulo

Modelo narrativo
terror psicológico / suspense / conflitos morais

MARÇO DE 201

"Quando o ser humano se vê longe da civilização, desprovido de suas necessidades básicas, ficamos à mercê de nossos instintos mais primitivos. A barbárie é nosso estado natural."

(Sigmund Freud)

"Daí eu pensei: e se vivêssemos em um mundo onde todos fossem cegos? Então, percebi que já estávamos cegos. Cegos de razão, cegos de solidariedade, cegos de humanidade."

(José Saramago)

O PROJETO

O gênero terror ainda é muito pouco explorado na teledramaturgia nacional. A opção por uma série que tem o apocalipse-zumbi como cenário está na possibilidade de mostrar conflitos sociais, dramas humanos e dilemas morais utilizando o terror psicológico como modelo narrativo. Também apostamos na catarse do público diante do medo provocado pela mítica figura dos mortos-vivos, e na "obsessão da humanidade pela própria extinção", conforme tema da reportagem de O Globo anexada a esta sinopse.

O público para este gênero é muito mais amplo do que o que é relacionado apenas com os fãs de terror. Nos EUA, o último episódio da terceira temporada da série *The Walking Dead* bateu recordes de audiência e atraiu anunciantes sofisticados **(ver nota no final da sinopse).** No Brasil, a Band exibiu a segunda temporada da série às terças-feiras, no horário das 23h30min, com uma audiência entre 5 e 6 pontos (o triplo do que costumava ter, chegando a assumir o segundo lugar no IBOPE). O detalhe é que, exatamente no mesmo dia e horário, a FOX exibiu os episódios inéditos da terceira temporada. Ou seja, a audiência da Band é a prova de que o público não se restringe aos fãs do gênero.

O foco das histórias de zumbis não está nos monstros infectados. A verdadeira ameaça vem dos próprios humanos, que acabam agindo como bárbaros diante do cenário apocalíptico que extingue as noções mais básicas de civilidade. Quando as convenções sociais são quebradas, é a luta pela sobrevivência que impera, transformado o homem em um ser primitivo, guiado por um instinto selvagem.

Mas, apesar do caos, alguma organização em grupo ainda é necessária, pois existe um inimigo comum a ser enfrentado. Não há, portanto, uma completa desordem, mas, sim, a criação de uma nova ordem diante do mundo devastado. Uma ordem em que os antigos papeis sociais não têm mais sentido, embora as personagens ainda carreguem os juízos de valor da sociedade a que pertenciam. E daí surgem os conflitos. Não há mais zona norte ou zona sul, cobertura ou barraco, brega ou chique. O banqueiro, a faxineira, a *socialite*, o porteiro e a prostituta estão no mesmo barco, mas conseguirão lidar com isso sem fazer pré-julgamentos?

Em **Instinto Primitivo**, haverá uma inversão na geografia social do Rio de Janeiro. Como o único lugar seguro da cidade é uma favela, veremos os sobreviventes ricos do "asfalto" tentando chegar ao morro, enquanto os habitantes do morro tomam a decisão de salvar ou não seus antigos patrões. Através de *flashbacks*, mostraremos as relações entre eles e vamos incorporar conflitos do passado às tramas do presente.

As histórias de zumbi têm três momentos clássicos durante a narrativa. O primeiro explora a angústia do grupo diante da ameaça. O segundo, ao melhor estilo *road (street) movie*, potencializa essa angústia através da viagem do grupo em busca de um lugar seguro e/ou da cura para a infestação. O terceiro – e mais importante – acontece quando eles permanecem durante algum tempo em um lugar aparentemente seguro. Neste momento, os conflitos morais se intensificam, e valores enraizados passam a ser questionados. No seriado **Instinto Primitivo** vamos exploras essas nuances.

Sinopse central

Cenário apocalíptico. O mundo foi devastado por uma epidemia que transformou quase toda a população em zumbis (ver caracterização dos zumbis no final desta sinopse). Ninguém sabe a causa, muito menos se existe uma cura. Não há energia elétrica, telecomunicações ou qualquer infraestrutura. Os poucos que se salvaram tentam escapar das criaturas que os perseguem. Alguns estão sozinhos. Outros, em pequenas comunidades que, de alguma forma, conseguiram erguer fortalezas para manter os zumbis do lado de fora.

Uma dessas comunidades (por hora, a única que conhecemos) fica no Morro do Jabuti, encravada na mata atlântica, entre a Gávea e o Leblon. Enquanto o resto da zona sul da cidade – com suas lojas de grife e apartamentos de luxo – foi dominada pelos zumbis, a favela é o único lugar onde os não infectados ainda estão em segurança.

Dois irmãos são os comandantes do Jabuti, DIMITRI e IVAN. Dimitri tem 38 anos, perdeu a mulher e a filha durante a infestação e se salvou graças ao galpão que mantinha no Morro, onde montava máquinas de caça-níqueis com peças contrabandeadas. Ele era dono de uma conceituada empresa de importação e exportação, com sede na zona sul do Rio, que servia apenas de fachada para seus negócios ilegais. No galpão do Jabuti, construiu uma pequena fortaleza para esconder sua fábrica e foi para lá que correu quando tudo começou.

A partir da fábrica, Dimitri começou a organizar um perímetro de segurança no Jabuti, e criou as regras de convivência da nova sociedade, que se formou com alguns moradores do morro, os funcionários da empresa e outros personagens que estavam por perto no começo da infestação. Um deles é o ex-chefe do tráfico de drogas na região, Vanderlei Alves, o DELEI, 29 anos, braço direito de Dimitri no Jabuti. Antes do apocalipse, Delei protegia o galpão em troca de um pagamento mensal. Era o dono do morro, tinha armas e comparsas que garantiam o seu poder. Após a infestação, ele e os dois traficantes que sobreviveram, SIDÃO e BIRO-BIRO, passaram a seguir as ordens de Dimitri. Os três formam o grupo de batedores responsável por sair do perímetro para conseguir comida, suprimentos e gasolina para o gerador que mantém a precária energia do local.

As regras criadas por Dimitri são a lei no Jabuti. Seu descumprimento é punido com a "exclusão", um eufemismo para a pena de morte em um mundo de mortos-vivos. Há quatro normas principais: todos devem desempenhar as tarefas determinadas pelo chefe; a comida é dividida igualmente entre os membros da comunidade; a gravidez está proibida; e qualquer sobrevivente encontrado pelos batedores deve ser trazido para a fortaleza, desde que não ofereça perigo ao grupo. Esta última norma é motivo de discórdia entre Dimitri e seu irmão, IVAN, de 40 anos, para quem o aumento no número de pessoas no Jabuti vai acabar determinando o seu fim, pois chegará o dia em que não haverá comida para todos.

Na hierarquia da comunidade, Ivan é o segundo no comando, situação que também o incomoda, pois é o irmão mais velho. Além disso, ele sempre criticava Dimitri nas antigas reuniões de família por causa de seus negócios ilegais, chamando-o de pequeno burguês mafioso. Ivan é médico, serviu na força da ONU no Haiti como voluntário e participava da organização Médicos Sem Fronteiras. Desde criança, fez questão de deixar marcadas suas diferenças ideológicas com o irmão, mas, apesar de se considerar melhor do que ele, não quer dividir o pouco que lhe restou.

No Jabuti, o DR. IVAN, como é conhecido, tem a simpatia de muitas pessoas que também são contrárias à chegada de novos moradores, e alimenta uma disputa pessoal com o irmão pelo controle do morro. Além de coordenar a enfermaria da comunidade, Ivan mantém um rádio amador ao lado da cama. Ele jura que já captou uma transmissão de São Paulo em que sobreviventes relatavam a existência de uma fortaleza na região dos Jardins e a possibilidade de uma cura estar sendo produzida por cientistas da Fundação Oswaldo Cruz, na zona norte do Rio.

Ninguém mais testemunhou essa transmissão e ela nunca voltou a ocorrer. Mas Dr. Ivan insiste que devem organizar uma expedição para tentar atravessar a cidade e chegar à Fiocruz, embora seu irmão, Dimitri, seja contra, argumentando que seria impossível passar pela horda de zumbis e pelas ruas tomadas por carros destroçados.

Outro ponto de discórdia entre Dimitri e Ivan é KELLY Andrade, 27 anos, uma ex-prostituta que, agora, é a primeira-dama do Jabuti. Kelly estava no morro para visitar a mãe, DONA ZUMIRA Andrade, 62 anos, e o filho, PEDRINHO, de 10 anos, que mora com a avó. Os três foram os primeiros a correr para o galpão e foram adotados por Dimitri como sua nova família. Ivan não se conforma com isso e, para encobrir o interesse por Kelly, questiona os valores morais do irmão, chegando a colocar em dúvida se ele realmente se esforçou para salvar a filha e a mulher quando fugiu para o morro. Esse assunto sempre acaba em socos e pontapés, logo apartados por Delei, o ex-chefe do tráfico. O que Ivan não sabe é que uma das missões dos batedores comandados por Delei é tentar encontrar a ex-mulher e a filha de Dimitri.

Kelly era estudante de jornalismo e pagava a faculdade com o dinheiro da prostituição. Como o filho foi criado pela avó, a relação entre eles é muito ruim. Pedrinho chama Dona Zumira de mãe e gosta de passar os dias na enfermaria, observando o trabalho do Dr. Ivan, mas ignora Kelly, que, apesar da nova ordem social, ainda sofre com os olhares preconceituosos. Pedrinho é a única criança da fortaleza e suas brincadeiras solitárias com os carrinhos e bonecos simulam alguns dos dilemas vividos pelos adultos, além de fornecerem uma perspectiva diferente sobre aquele mundo.

O *playboy* MICHEL JÚNIOR, 21 anos, também teve a "sorte" de estar no morro quando a infestação começou. Enquanto muitos moradores desciam a favela desesperados, Michel e a namorada, VALENTINA ALBUQUERQUE, 19 anos, cheiravam cocaína ao lado do galpão. Estavam completamente chapados quando um dos traficantes os arrastou para dentro.

Michel era filho de um senador da república, nunca trabalhou, fingia cursar a faculdade de administração e vivia em festas promovidas pela juventude dourada carioca, sempre regadas a álcool e drogas fornecidas por Delei. O ex-chefe do tráfico, aliás, tinha acesso a algumas dessas festas, onde, eventualmente, acabava se envolvendo com uma das patricinhas da zona sul. Delei sempre desejou Valentina e se aproveita da fragilidade de Michel para se aproximar dela.

Valentina pertencia a uma tradicional família carioca. Seu pai era um rico empresário conservador e a mãe comandava um grupo de senhoras da alta sociedade. Na fortaleza do Jabuti, Valentina passa a ter um caso secreto com o ex-traficante, enquanto seu namorado, Michel, que sempre foi mimado, vive na corda bamba, pois se recusa a fazer algumas das tarefas coletivas, o que, segundo a lei criada por Dimitri, pode levá-lo à "pena de exclusão". Mesmo assim, ele insiste em evocar o nome do pai para se livrar das tarefas, como se ainda vivesse em seu mundo anterior, onde tinha regalias e privilégios.

Numa de suas incursões, o grupo de batedores encontrou um morador do morro escondido no porão do barraco onde morava. O mecânico JOÃO CAVALCANTI, 50 anos, negro, forte, muito religioso, estava com a filha, a bela ANTÔNIA CAVALCANTI, uma mulata de 15 anos que fecharia o trânsito da cidade caso ele ainda existisse. Antônia é o objeto de desejo de quase todos os homens do Jabuti. Entretanto, foi criada numa bolha pelo pai e passou os últimos meses com ele, no porão do barraco, tentando sobreviver. "É uma criança inocente" – diz o pai. "Neste mundo, não há inocentes" – respondem os demais.

O religioso João acha que Delei é um emissário divino e sempre o abençoa quando ele passa. Delei protege a bela Antônia, não permitindo que ninguém no morro a toque. João diz que foi Deus quem mandou a peste, mas que Ele também mandará a cura. João é o único que acredita nas histórias de Ivan sobre as transmissões de rádio e apoia a sua ideia de fazer uma expedição até a Fundação Oswaldo Cruz em busca da cura. "Foi Deus que falou com você, Ivan" – dirá João, com a inseparável Bíblia embaixo do braço. Ele será confrontado pela ex-campeã olímpica LORENA D'Ávila, 35 anos, líder de uma ONG que fazia trabalho social no morro: "Se existe um Deus, Ele não teve misericórdia de nós" – dirá Lorena, em permanente confronto com as mensagens bíblicas de João. (A personagem LORENA é livremente inspirada em YANE MARQUES, a sargento do exército que ganhou a medalha de bronze em Londres 2012 no Pentatlo moderno, cujas modalidades são **maratona, natação, hipismo, esgrima e tiro**)

Forte e qualificada, Lorena recebeu de Dimitri a missão de comandar os sentinelas da fortaleza. Ser sentinela é uma das tarefas mais arriscadas do Jabuti, pois significa estar na linha de frente em caso de invasão dos zumbis. Isso dá muito poder a Lorena, pois é ela quem escala os vigias e faz os mapas dos turnos. A atleta se aproveita desse poder para chantagear algumas pessoas e obter privilégios. Não acredita em atitudes solidárias. Prefere pensar individualmente. Ela esconde um segredo do grupo e não medirá esforços para atingir seu objetivo secreto.

Já no segundo episódio conheceremos a socialite JOSEFA MAGALHÃES, 48 anos, que se mantém escondida na suíte presidencial do Copacabana Palace (ou outro hotel, se não pudermos usar este símbolo), onde mora sozinha há 10 anos, desde que o marido, GEORGE

MAGALHÃES, um grande empresário da indústria de armamentos, morreu. Durante este tempo, Josefa desenvolveu uma paranoia sobre sua própria segurança e nunca mais foi vista em eventos sociais, além de mandar blindar sua suíte, instalar um gerador de energia e estocar alimentos. A socialite mantém um grande arsenal de armas e munição que pertenciam à coleção pessoal do marido.

Josefa tem uma ideia fixa e absurda, que também parece ser consequência de sua paranoia. Ela acredita que o vírus foi transmitido pela internet e pergunta a todos onde estavam quando a infestação começou. "Só quem navegava pela rede foi contaminado" – diz. A verdade é que ninguém acredita nessa tese, mas nenhum dos sobreviventes lembra de ter acessado a web naquele dia. (Isso é apenas metáfora. A série nunca vai revelar a causa da infestação) "Vocês todos já eram zumbis. Só não sabiam disso." – dirá Josefa, que resistirá em abandonar a suíte, o que só acontecerá quando o grupo do Jabuti precisar de sua ajuda. A mulher que todos pensavam ser uma dondoca com perturbações mentais acabará se transformando na salvadora da comunidade. Pelo menos, momentaneamente.

Os sete primeiros episódios da temporada terão como foco a dinâmica da fortaleza, os ataques dos zumbis, as incursões pela cidade devastada em busca de mantimentos e os conflitos entre os moradores do Jabuti diante da nova ordem social.

A partir do oitavo episódio, quando a fortaleza for invadida, o foco estará nos sobreviventes que partirão pelas ruas do Rio de Janeiro em direção à Fiocruz, onde acreditam que está a cura. De lá, seguirão para São Paulo, que será o cenário da segunda temporada.

Durante a odisseia pela cidade abandonada, lugares como o Jardim Botânico, o hotel Copacabana Palace e o Paço Imperial, entre outros, também serão personagens da trama, pois estão carregados de simbologia na hierarquia social do Rio de Janeiro.

Quando os sobreviventes tentarem atravessar o túnel Rebouças em direção à Fiocruz, serão impedidos por moradores da zona norte, onde há um número maior de comunidades organizadas e, portanto, o metro-quadrado ficou mais caro. Com o mar contaminado, a praia não é mais cartão-postal. No estilo consagrado por João Emanoel Carneiro, a solução está no subúrbio e o único caminho é a Avenida Brasil.

Os zumbis

A grande maioria dos filmes sobre zumbis explora o terror gráfico dessas personagens, não apenas através dos efeitos da maquiagem, como também pelo excesso de cenas sangrentas. No seriado **Instinto Primitivo,** vamos usar pouco (e com muito critério) a caracterização feita pela maquiagem, pois a opção maior será pela sugestão, pelo terror psicológico, cujo exemplo mais recente está no filme **Chernobyl**, dirigido por Bradley Parker, e exibido nos cinemas brasileiros em julho de 2012.

Na tradição criada por George Romero em seus primeiros filmes, **A noite dos mortos vivos (1968)** e **O despertar dos mortos (1978)**, os zumbis são lentos, movimentam-se com dificuldade e não apresentam qualquer sinal de desenvolvimento cognitivo. O modelo é seguido pelo seriado ***The Walking dead***, grande sucesso de público nos EUA. Entretanto, o próprio Romero tratou de descontruir esse paradigma no filme **Terra dos mortos**, de 2005, quando uma das criaturas aprende a manejar uma arma e mostra evolução na inteligência. (Pretendemos enveredar por esse caminho a partir da segunda temporada)

Em **Instinto Primitivo**, os zumbis mantêm as características dos primeiros filmes de Romero durante a temporada de estreia. Além da lenta movimentação, eles têm o olfato muito apurado porque não precisam respirar, já que não produzem hemoglobina, de onde também vem a explicação para a sua cor amarelada. Ou seja, o cheiro dos humanos é o que os atrai com mais facilidade, e isso é potencializado pelos hormônios produzidos por mulheres grávidas. Eles só enxergam em preto e branco, e não têm visão periférica, já que não há oxigenação do globo ocular. Por último, e mais importante, eles seguem o instinto de se alimentar de carne humana.

Como são debilitados e lentos, o maior perigo acontece quando estão em bando. A única maneira de matá-los é atingir a parte de trás da cabeça, onde fica o cerebelo, a parte do encéfalo responsável pela movimentação do corpo.

As mordidas na cabeça e no pescoço são as mais graves porque estão mais próximas do cérebro. Neste caso, o tempo de viagem do vírus até o encéfalo é bem mais curto do que, por exemplo, mordidas nas pernas, quando a "transformação" demora um pouco mais para se concluir. Arranhões também fazem com que a doença demore mais a se manifestar do que as mordidas.

O vírus do zumbi (assim como o da raiva) se instala no sistema nervoso central, alojando-se no cérebro após viajar pelos nervos periféricos. A encefalite, inflamação do encéfalo, é o resultado final da instalação e multiplicação do vírus no sistema nervoso central. Os sintomas (os mesmos da raiva) são: confusão, desorientação, agressividade, espasmos e salivação excessiva.

O primeiro passo do vírus é matar as células dos órgãos vitais. O infectado passa algum tempo "morto" (*os haitianos utilizavam veneno de sapo para deixar as pessoas em estado de catalepsia e as chamavam de zumbis*) e, em seguida, começa a ter espasmos. Quando o vírus chega ao cérebro, os neurônios passam por uma espécie de mutação. O infectado perde a capacidade cognitiva, tem a visão parcialmente prejudicada (só consegue ver em preto e branco, e perde a visão periférica) e, por isso, a retina fica encoberta por uma película branca, que dá o aspecto de olhos vazios. (*No livro* ***Mortos entre vivos****, do sueco John Lindqvist, os olhos vazios representam uma das principais características dos zumbis.*)

O fato de a visão ser parcial também contribui para a dinâmica de fuga dos personagens. Já os sintomas na função motora podem ser variados, embora todos os zumbis tenham dificuldades de locomoção. A única necessidade que os infectados têm é de se alimentar. Tornaram-se animais lutando pela caça na selva urbana. Embora – vale lembrar – não sejam os únicos a se tornarem escravos de um instinto primitivo.

Público, estrutura e justificativa

Instinto Primitivo é um seriado semanal, voltado para o público jovem e adulto, que aposta na possibilidade de mostrar dilemas morais e dramas humanos utilizando o terror como modelo narrativo. O programa terá 48 minutos de produção, com dois "*breaks*" comerciais. A primeira temporada terá 13 episódios. Mas a estrutura da série já foi pensada com ganchos planejados para outras duas temporadas, caso seja do interesse da emissora.

Em uma breve pesquisa na internet, ao digitarmos as palavras "histórias de zumbis", mais de 730 mil sites são fornecidos. Só o trailer da produção espanhola ***REC*** teve mais de 12 milhões de acessos no *Youtube*.

Em fevereiro de 2012, as histórias de zumbis foram usadas como metáfora de ameaças reais pelo Centro de Prevenção e Controle de doenças dos Estados Unidos (CDC), que se baseou na série ***The Walking Dead*** para criar uma campanha sobre o tema. "Este foi o primeiro projeto a se tornar realmente viral e atrair tanta atenção", disse Maggie Silver, pesquisadora do CDC. Com os zumbis, ela explicou, "foi possível levar às pessoas informações sobre como estar preparado para um terremoto, uma epidemia, um tsunami ou um furacão, e saber como agir em casos de emergência".

O fenômeno ***The Walking Dead*** chegou em 2012 à sua terceira temporada, e é baseado nos quadrinhos de Robert Kirkman. O último capítulo da terceira temporada, veiculado em uma emissora fechada, teve 12 milhões de espectadores. A HQ ***The Walking Dead nº100*** tornou-se a revista em quadrinhos mais vendida desta década nos EUA. Foram 383.612 exemplares, segundo dados oficiais da *Image Comics*.

Transmídia

Os zumbis são temas de jogos famosos como ***Resident Evil*** e ***Silent Hill***, ambos já adaptados para o cinema. O caminho inverso pode ser bem-sucedido com o seriado **Instinto Primitivo**, criando-se jogos de computador a partir do enredo e das personagens.

Também é possível customizar avatares de zumbis em um *site*. O telespectador manda a própria foto ou a de amigos e um programa específico a transforma num zumbi, com grande possibilidade viral (com trocadilho), conforme aconteceu com a imagem congelada da abertura de Avenida Brasil.

Há uma forte tendência ao uso de *second screen* durante o seriado, não só pelas características dos personagens, como pelo sucesso que o tema faz na internet, conforme já mencionado.

Programas de TV podem explorar o tema através de reportagens no Haiti, onde nasceu a ideia, e/ou com os diversos fã-clubes que existem pelo país. O autor é repórter de TV e poderia fazer uma série jornalística para ser exibida em um programa da emissora, explorando os temas discutidos pelo Centro de Prevenção e Controle de Doenças dos EUA e tentando verificar como eles são tratados no Brasil.

Enquanto assiste ao seriado, o telespectador também pode receber informações sobre a gravação daquele episódio ou sobre os próprios zumbis através de aplicativos específicos.

DESCRIÇÃO DAS PERSONAGENS

1. DIMITRI

Dimitri Nicolau – 38 anos, contrabandista de produtos de informática para montar máquinas caça-níqueis, era dono de uma empresa de importação e exportação que funcionava como fachada para seus negócios ilegais. Entre eles, uma linha de montagem dessas máquinas instalada no morro do Jabuti, e protegida pelos traficantes da área. É forte, alto e determinado. Após a infestação, organizou a fortaleza do Jabuti e ganhou a confiança dos 3 traficantes que sobreviveram, fazendo deles uma espécie de guarda pessoal e, ao mesmo tempo, um grupo de batedores para conseguir mantimentos do lado de fora. Morava no Leblon. Perdeu a mulher e uma filha de 10 anos durante a epidemia de zumbis. Na fortaleza, fez a divisão de tarefas entre os sobreviventes, criou as "leis" que regem o grupo e "se casou" com uma das sobreviventes, a ex-prostituta Kelly.

2. IVAN

Ivan Nicolau – 40 anos, o DR. IVAN, irmão de Dimitri, é o segundo no comando no Jabuti. Foi médico sem fronteiras, esteve nas guerras do Afeganistão e Iraque, e participou da missão da ONU no Haiti, onde conheceu os rituais locais sobre zumbis. Estava no Rio de Janeiro visitando o irmão quando houve a infestação. Nunca se casou ou teve filhos. Considera-se um idealista, embora suas atitudes não confirmem essa impressão. Fisicamente, é bem mais fraco do que o irmão, mas mantém uma disputa com ele pelo poder no morro, além de também se interessar por Kelly. Tem vasto conhecimento de sobrevivência em situações de guerra. É quem faz o exame nas pessoas que chegam ao morro para checar se foram mordidas ou arranhadas. Acredita que a cura para a infecção está sendo produzida na Fundação Oswaldo Cruz, no outro lado da cidade, mas o irmão não acredita nele.

3. VALENTINA

Valentina Albuquerque – 19 anos, estudante, loura, sarada, típica patricinha da Zona Sul. Morava no Leblon e estava no morro do Jabuti comprando drogas quando tudo aconteceu. É fútil, materialista, mimada, perdeu os pais e a irmã, que contraíram o vírus. Namora há três anos com Michel Júnior, mas tem um caso com o ex-chefe do tráfico no Jabuti, Delei. Ao ficar grávida, violará uma das leis do Jabuti e correrá o risco de ser punida com a "exclusão".

4. MICHEL JÚNIOR

Michel Júnior – 21 anos, mauricinho, também estava no morro comprando drogas quando a infestação começou. Filho de um senador da república, é egoísta, mimado, nunca se oferece como voluntário para ajudar o grupo a conseguir comida e tenta se recusar a cumprir as tarefas determinadas por Dimitri. Continua acreditando que tem os privilégios com os quais se acostumou no mundo anterior e usa de covardia com os mais velhos.

5. KELLY

Kelly Andrade – 27 anos, ex-prostituta, estudante de jornalismo, morena, esguia, saiu da favela para morar em São Paulo, alguns meses depois de ter o filho, Pedrinho, que foi criado pela avó e, agora, tem 10 anos. Estava visitando os dois quando o vírus fugiu do controle. Está cada vez mais apaixonada por Dimitri, mas sua principal preocupação é reconquistar o filho. Mantém um diário sobre a vida pós-infestação.

6. PEDRINHO

Pedrinho Andrade – 10 anos, filho de Kelly. Não conheceu o pai e chama a avó de mãe. É carinhoso com todos, menos com a mãe verdadeira, que foi visitá-lo poucas vezes nos últimos anos. Através de suas brincadeiras, o "apocalipse zumbi" é visto por uma outra perspectiva.

7. DONA ZULMIRA

Dona Zulmira Andrade – 62 anos, mãe de Kelly e avó de Pedrinho. Batalhou para criar os filhos e o neto em meio à violência da favela e se mostra muito forte, mesmo diante do cenário de caos. Mas sofre com as covardias de Michel Júnior, a quem não denuncia pois não quer ser a responsável pela "exclusão" de ninguém. Antes do apocalipse, era conhecida como Mãe Zulmira, líder de um terreiro de Candomblé muito conhecido no morro, cujos rituais heterodoxos se aproximavam da simbologia dos ritos haitianos.

8. WANDERLEI

Wanderlei Alves, o DELEI, 29 anos, moreno bonito, ex-chefe do tráfico no Jabuti. Recebia dinheiro de Dimitri para manter e proteger a fábrica de caça-níqueis no morro. É responsável, tem espírito coletivo e mostra solidariedade com todos os sobreviventes. Tem um caso com Valentina, mas viverá o "dilema moral" de se apaixonar por uma menina de 15 anos, virgem, que foi deixada sob seus cuidados pelo pai. Conceitos morais ainda valem num mundo pós-apocalipse? – se perguntará Delei, que sempre foi conhecido por manter sua palavra.

9. BIRO-BIRO

BIRO-BIRO – 22 anos, traficante, amigo de infância de Delei. Tem esse nome porque seu cabelo lembra o ex-jogador do Corinthians. É o braço direito do chefe do Jabuti. Vai ser atacado no primeiro episódio e vira zumbi. Depois disso, parecerá nas alucinações da personagem Lorena para dar conselhos sobre o melhor caminho da fuga. Se optarmos por uma evolução na inteligência dos zumbis na segunda temporada, essa será uma personagem-chave.

10. SIDNEY AMARO

Sidney Amaro, o SIDÃO – 27 ANOS, paulista, trabalhava numa fábrica de armamentos, mas foi incorporado ao bando de Delei quando matou um traficante rival. Ele esconde um segredo: seu objetivo é vingar a morte do irmão, Rafael, que era policial federal e foi assassinado durante uma batida nas empresas de Dimitri. Ele acredita que o chefe do Jabuti é o responsável, mas agora tem dúvidas se a vingança vale a pena.

11. JOÃO

João Cavalcante – 50 anos, negro, morador da favela, mecânico, pai de Antônia. Extremamente religioso e pacífico. Criou a filha numa bolha, com rigor excessivo, a base de conceitos conservadores. Tinha uma pequena oficina na garagem de seu barraco, mas nunca deixava a filha aparecer, embora ela o ajudasse no serviço durante a noite, quando fechava as portas. Segue com o grupo após a invasão do Jabuti, mas morre no primeiro ataque de zumbis à caravana, durante o oitavo episódio, deixando a filha sob a proteção de Delei.

12. ANTÔNIA

Antônia Cavalcante – 15 anos, mulata estilo gostosona. Ingênua, sem ser infantil, nunca teve um namorado. Antes de chegar ao Jabuti, passava os dias dentro de casa, ao lado do pai, que a ensinou conceitos básicos de mecânica. Foi criada numa bolha. Quando o pai morre, ela se apaixona por Delei.

13. LORENA

Lorena D'Ávila – 35 anos, ex-campeã olímpica de pentatlo moderno, era presidente de uma ONG que mantinha uma escola na favela. Suas habilidades permitiram que fosse escolhida por Dimitri como líder dos sentinelas no Jabuti. Gosta de privilégios e luta por eles. Não se comove com atitudes solidárias. Tem um segredo que motiva suas ações. (livremente inspirada em YANE MARQUES, a sargento do exército que ganhou a medalha de bronze em Londres 2012 no Pentatlo moderno, cujas modalidades são **maratona, natação, hipismo, esgrima e tiro**)

14. JOSEFA

Josefa Magalhães – 48 anos – socialite – vive escondida na suíte presidencial do Copacabana Palace, onde mora sozinha há 10 anos, desde que o marido, GEORGE MAGALHÃES, um grande empresário da indústria de armamentos, morreu. Durante este tempo, Josefa desenvolveu uma paranoia sobre sua própria segurança e nunca mais foi vista em eventos sociais, além de mandar blindar sua suíte, instalar um gerador de energia e estocar alimentos. A *socialite* mantém um grande arsenal de armas e munição que pertenciam à coleção pessoal do marido. Todos acham que ela é uma louca varrida, mas Josefa salvará a vida de muitos moradores do Jabuti e mostrará que é dondoca apenas na aparência.

15. ELENCO DE APOIO

- Elenco de personagens-função para os grupos rivais (ver sinopse dos demais episódios)
- Elenco de apoio do Jabuti – personagens de várias classes e origens.
- Elenco de apoio – zumbis.

5

ROTEIRO D
PRIMEIRO I
DE INSTINT
PRIMITIVO

(PRIMEIRO TRATAMENTO)

CENA 1 – PRAIA DE COPACABANA (EXT. / DIA).

Praia deserta. Um homem sentado na areia, acompanhado de um cão labrador, observa o mar. É DIMITRI, 38 anos, nosso protagonista. O cenário atrás dele ainda não pode ser visto. DELEI, 29 anos, senta-se ao seu lado. Ambos têm fuzis pendurados no ombro.

Delei – Não dá pra ficar de bobeira aqui, chefe. É perigoso.

Dimitri – É aniversário do moleque, Delei. Segura mais um pouco.

Um pouco à frente deles uma criança brinca na areia. É PEDRINHO, 10 anos. A mãe, KELLY, 27 anos, observa o castelo de areia que o menino tenta esculpir. Ela quer ajudar. Ele não deixa. Estão a uma boa distância do mar.

Delei – Eu sei, mas...

Dimitri – Ele não gosta.

Delei – O quê?

Dimitri – O garoto. (T) Não gosta da mãe.

Delei – Com todo respeito, chefe. Eu conheço a Kelly. Ela nunca aparecia lá no morro. O Pedrinho foi criado pela avó.

DIMITRI PEGA UM PALITO DE SORVETE ENTERRADO NA AREIA.

Dimitri – Isso aqui não volta mais.

Delei – Hã?

Dimitri – Trocar o palito premiado por outro sorteve de limão. Nunca mais.

Delei – Palito?

Dimitri – É. E as tatuagens do chiclete. O medo da zebrinha que dava os resultados do futebol no domingo. Esperar o programa de rádio tocar as músicas que a gente gostava pra gravar na Fita K7.

Delei – Tu é velho, hein chefe! E que porra de zebrinha é essa?

Dimiri – Caramba, tu não lembra da zebrinha? (t) Eu não tô velho, não, Delei. O mundo é que passou rápido demais. Rápido demais. (OLHANDO P/ PEDRINHO)

PEQUENA PAUSA.

Delei – Acho que a mãe do moleque tá tentando recuperar esse tempo aí. Mas agora fica difícil, né?

Dimitri – E a tua mãe, Delei? Onde ela estava quando tudo aconteceu?

Delei – Minha mãe me abandonou quando eu era pequeno. Muito antes dessa merda toda acontecer.

Dimitri – Você nunca mais a viu?

Delei – Ela chegou a me procurar quando virei o dono do morro. Mas eu não quis nem saber. Não podia dar moral, né? Fiquei ali, caladão, olhando pra ela. Até mandei dar um dinheiro, mas não disse nada. Nenhuma explanação, chefia. Que merda!

Dimitri vira seu olhar melancólico para Delei. Fusão para:

CENA 2 – *FLASHBACK*. SALA DE JANTAR/APARTAMENTO DE DIMITRI (INT. / NOITE).

Dimitri tem um celular na mão e mal olha para a mãe, OLGA**,** 70 anos, que está sentada à cabeceira da mesa. À esquerda dela está IVAN, 40 anos, irmão de Dimitri, e a namorada, gostosona, bem mais nova. Também estão mexendo nos celulares. Há duas cadeiras vazias à espera da mulher e da filha de Dimitri. A sala e a mesa têm decoração natalina. Olga fala, mas ninguém presta atenção. Sobe a legenda: 6 MESES ANTES

Olga – Se o pai de vocês estivesse vivo, isso não aconteceria. Imagina! Deixar a mãe sozinha no Natal? Não aceito isso, não aceito. O que você vai fazer em Nova Iorque, Dimitri? Mais compras? Já tem de tudo nessa casa! (T) E você, Ivan? Vai viajar pra onde? Essa ONG de médicos é mais importante do que a tua família? É isso? (P/DIMITRI) Teu irmão acha que vai salvar o mundo, Dimitri! Mas como? Se nem a mim ele dá atenção, como é que vai cuidar dos outros? (OLGA LEVANTA A VOZ) Dimitriiiii! Quer olhar pra mim, por favor!

Dimitri – (MEXENDO NO CELULAR) Tô te ouvindo, mãe.

Olga – Você também, Ivan. Larga esse negócio. Tá igualzinho ao seu irmão.

Ivan – Não me ofende não, mãe. Tô longe de ser igual a esse mauricinho.

Dimitri – Qual é, doutorzinho? Tá se achando superior? Tu não é mauricinho porque trabalha de graça e não tem dinheiro pra comprar roupa.

Ivan ameaça agredir Dimitri, mas é contido pela mãe.

Olga – Vamos parar logo com isso!

Os irmãos se concentram no celular e esquecem o início de discussão.

Olga – Eu não entendo vocês. Dois irmãos que quase nunca se falam. Vocês têm o mesmo sangue. (T) Por falar nisso, cadê a minha neta, Dimitri?

Dimitri – (AINDA MEXENDO NO CELULAR) Tá no *shopping*, mãe!

Olga – E isso é hora de criança estar no *shopping*?

Dimitri – Ela tá com a mãe dela na fila pra comprar esse *tablet* novo, que saiu hoje, Dona Olga. Todo mundo quer. É o presente de natal da menina.

Olga – Mas vocês vão pra Nova Iorque amanhã! Não dava pra esperar?

Ivan – Claro que não, mãe. Seu filho e sua nora não iam ficar atrás dos amigos ricos. A garota é só uma desculpa.

Dimitri – Qual é, Ivan? Tá a fim de me sacanear?

Olga – Sem esse palavreado à mesa! Olha a educação! Ainda sou a mãe de vocês.

(A namorada de Ivan se levanta falando ao celular.)

Olga – (OLHANDO PARA A GAROTA) – Que idade tem essa menina, Ivan?

O celular de Ivan toca e ele também se levanta, sem responder à mãe.

Olga – (P/DIMITRI) – Tá vendo? Nem me deu atenção.

Agora é o celular de Dimitri que toca. Ele já levanta falando e vai se afastando da mesa.

Dimitri – Fala, garoto. (P) Não, agora não posso. Tô jantando com a família. Não. Não dá. Não posso ir aí, porra! (P) Sei. Ok. Eu dou um jeito.

Olga fica sozinha à mesa. Ela corta um pedaço de pão e começa a comer, em silêncio.

CENA 3 – PRAIA DE COPACABANA (EXT. / DIA).

Cont. da cena 1. Dimitri e Delei ainda na areia. O latido do labrador tira Dimitri do transe do *flashback*.

Dimitri – Também quer brincar, Major? Pode ir. Vai, vai. Fica lá com o Pedrinho.

O cachorro corre na direção da criança e desfaz o castelo de areia. Pedrinho entra na brincadeira. A mãe sorri.

Delei – Devia ser bom, chefe.

Dimitri – O quê?

Delei – Morar assim, em frente ao mar. Ir à praia todo dia. Quer dizer, antes disso tudo, né?

Dimitri – Que nada, Delei. Só fazia isso quando era criança e tinha que pegar três ônibus pra chegar. (t) Eu não morei sempre aqui. Foi só nos os últimos dez anos. E mal tinha tempo de olhar pra essa praia. Pisar na areia, então? Acho que se eu vim duas ou três vezes nesse tempo foi muito.

Delei – E nós lá no morro olhando pra vocês e arregalando o olho. Querendo a vida dos bacana. Se pudesse, eu vinha aqui todo dia. Mas não dava. Nós tinha que ficar na contenção. Cuidar da boca. E não tô reclamando não, chefe. O morro até que é bom.

Dimitri – A vida era simples, Delei. Mas a gente não percebia.

Delei – Desculpa aí, chefe, mas nós percebia sim. Nós não podia, mas percebia.

Dimitri – E agora todo esse mar tá contaminado. Nem você, nem eu. Nunca mais vai ter mergulho nessa água.

O grito de Kelly interrompe o diálogo. O cachorro começa a latir para um animal disforme, parecido com um poodle, muito debilitado, que avança lentamente em direção a Pedrinho. O garoto quer brincar com ele, mas a mãe o segura. Delei e Dimitri correm na direção do animal.

Delei – Vaza, seu verme. Te enfio um tiro nos cornos.

Pedrinho – Ele é cachorro, tio. Não é verme.

Dimitri – O cachorro tá doente, Pedrinho. Não dá pra brincar com ele.

Pedrinho – Mas não é justo. Você tem o Major. Eu também quero um cachorro.

O animal disforme, que se arrastava, agora para, sem forças. Detalhamos apenas o focinho e os olhos. A aparência dócil se transforma quando ele mostra os dentes. Os olhos estão raivosos. Dimitri esconde o rosto de Pedrinho.

Dimitri – Bora, Pedrinho. Vamos comemorar o teu aniversário em outro lugar.

Delei – Sidão! Biro-Biro! Bora pra Van!

Sidão E Biro-Biro – É pra já, patrão.

A CAM começa a abrir. Agora vemos SIDÃO, 27 anos, e BIRO-BIRO, 22 anos, ex-traficantes do bando de Delei. Eles ligam o motor da Van. Todos que estavam na areia correm na direção da rua. O cenário em volta começa a aparecer. Carros revirados, lixo na rua, objetos abandonados, alguns veículos do exército amassados. A cidade devastada, como se tivesse passado por uma guerra. Todos entram na van, que arranca pela Avenida Atlântica. A CAM abre ainda mais e, de cima, vemos o cenário completo do caos. Enquanto a van cruza a avenida, sobe o letreiro: RIO DE JANEIRO – EM UM FUTURO NÃO MUITO DISTANTE. A trilha sonora acompanha o trajeto do veículo.

CENA 4 – *STOCK SHOTS* / MORRO DO JABUTI (EXT. / DIA).

Cenas aéreas do morro devastado. Chegamos à Fortaleza, cujo centro é uma antiga fábrica clandestina de caça-níqueis que pertencia a Dimitri. Há muros com sentinelas, um grande portão e um pátio central.

CENA 5 – MORRO DO JABUTI / FÁBRICA / PÁTIO (EXT. / DIA).

Num canto do pátio, os sentinelas estão sendo treinados por LORENA. Por acidente, um deles dispara a arma. Lorena lhe dá um tapa no rosto e tira a arma de suas mãos.

Lorena – Tá maluco, ô imbecil? Você não sabe que é o barulho que atrai eles pra cá?

Sentinela – Foi sem querer. Desculpa aí, Lorena.

Lorena – Desculpa não adianta, moleque. Se todo mundo morrer por tua causa, você vai pedir desculpa pra quem? E essa arma nem devia estar carregada. Você tá começando o treinamento hoje. Por enquanto, é só teoria. Volta pro grupo.

IVAN SE APROXIMA.

Ivan – Problemas com os sentinelas?

Lorena – Isso não vai funcionar, Ivan. Eles mal ficam de pé. Tá todo mundo fraco. Eu entendo que a comida tenha que ser racionada, mas quem cuida da segurança precisa se alimentar. Teu irmão tem que mudar essa lei que divide tudo.

Ivan – Se o Dimitri não voltar com uma boa carga de comida hoje, não sei se a gente vai ter lei por aqui amanhã, Lorena.

Lorena – Aliás, ele tá demorando muito. Pra falar a verdade, nem devia ter ido com o Delei. O lugar do teu irmão é aqui, no comando. Sem ele, o Jabuti vem abaixo.

Ivan – Sem ele por quê? Tu acha que eu não sou capaz de mandar aqui?

Lorena – Eu não disse isso, dou-tor Ivan.

Ivan – Claro que disse. Só porque ele te colocou pra treinar esses frangotes já tá se achando a maioral, né?

Lorena – Para com isso, Ivan. Não tô achando nada. O Dimitri só me deu esse trabalho porque eu sei atirar.

Ivan – Atira porra nenhuma. Isso aqui não é olimpíada. É vida real, princesa. Essa medalhinha no teu peito não vale nada nesse fim de mundo. Literalmente. Fim de mundo, entendeu?

Lorena – Só não entendi por que você tá tão irritado?

Ivan – Tô irritado porque esse lugar tá cheio de gente com fome. Tô irritado porque o Dimitri ainda quer trazer mais gente pra cá. Tô irritado porque vocês idolatram o cara. Tô irritado porque o irresponsável não foi atrás de comida.

Lorena – Como não foi atrás de comida? Ele saiu com o grupo todo! Com armas e tudo!

Ivan – Ah, então você não sabia?

Lorena – Não sabia o quê?

Ivan – Que o meu amado irmão, que é seu líder supremo, levou a namoradinha e o filho pra passear! A prostituta e o filho! Sabia disso? Sabia? Não sabia, né?

Ivan sai, irritado, em direção à enfermaria. Lorena volta a treinar os sentinelas. Ela mostra um desenho de cabeça pendurado na parede e aponta para a parte de trás do crânio. Em seguida, saca uma faca e a espeta na parte apontada.

CENA 6 – MORRO DO JABUTI / ENFERMARIA (INT. / DIA).

IVAN examina JOÃO CAVALCANTI, negro de 60 anos, mecânico, que está com a filha, ANTÔNIA, 15 anos, mulata de corpo escultural.

João – Como é que tá o meu motor, Dr. Ivan?

Ivan – Você ainda vai rodar muitos quilômetros, Seu João.

João – Pra isso, eu precisaria ter estradas, doutor. Não vou a lugar nenhum. Só quero manter a máquina funcionando pra cuidar da minha filha. (AFAGA A CABEÇA DE ANTÔNIA).

Ivan – Mas essa máquina só funciona se o senhor se alimentar. Toma. Esse papel aqui é uma ordem para aumentar a sua ração. É só levar lá na cozinha que o segurança vai te dar algumas latas de sardinha e uma caixa de leite.

João – Desculpa, doutor. Não posso aceitar isso. Eu como o que todo mundo come.

Ivan – Se o senhor não pegar hoje, pode não ter outra chance. Guarda esse papel, meu amigo.

João – (rasga o papel) – Não, não quero. Você precisa ter fé, doutor. Se formos justos, Deus vai achar uma solução.

Ivan – Que Deus, seu João? Se existe um Deus, por que a gente tá aqui, nessa situação?

João – Você logo vai saber. Não se preocupe, Ele nunca nos abandona.

Ivan – Eu já fui abandonado há muito tempo. Não acredito em mais nada, seu João.

O RÁDIO AMADOR AO LADO DA MACA DA ENFERMARIA FAZ UM CHIADO ESTRANHO.

João – E nesse rádio, você acredita?

Ivan – Nele quem não acredita é meu irmão. E nem o senhor. Aliás, ninguém aqui no Jabuti acredita.

João – E por que sua fé no rádio deveria ser diferente da minha?

Ivan – Porque eu ouvi. Ninguém me contou. Eu ouvi a transmissão. E eles disseram onde está a cura.

João – E você acreditou ... humm..."neles"? (FAZ ASPAS COM OS DEDOS)

Ivan – Claro.

João – Você acreditou que a gente pode atravessar a cidade, chegar na zona norte, entrar na Fiocruz e, ... sei lá...., encontrar uma vacina?

Ivan – Acreditei.

João – Qual de nós é o homem de fé, Doutor Ivan?

João e Antônia saem. Ivan fica sozinho, tentando sintonizar o rádio. Não ouve nada. Vemos um mapa da cidade, dividida entre zona norte e sul. Há um xis marcando a Fiocruz.

CENA 7 – MORRO DO JABUTI / CORREDOR (INT. / DIA).

DONA ZULMIRA**,** 62 anos, aparência de 80, anda com dificuldade segurando uma marmita. MICHEL, 21 anos, filho de um ex-senador, aparece na frente dela. Estão sozinhos num dos corredores da fábrica.

Michel – O que tem nessa marmita, Dona Zulmira?

Zulmira – Não é da tua conta. Me deixa em paz.

Michel – Que é isso, coroa? Pra que tanta violência? Só quero ver se a senhora está sendo bem alimentada!

Zulmira – Me deixa passar, Michel. Isso aqui é pra mim e pro meu neto.

Michel – Ah, mas seu neto nem está no morro. Foi passear com o nosso chefe. Já deve vir comido da rua. (t) Entendeu o trocadilho? Bom, né? (t) Vamos fazer o seguinte. A senhora me dá metade dessa marmita e eu viro seu amigo. Viu? É justo. O Michel aqui vai ser o melhor amigo da vovó.

Zulmira – Você é um moleque. Já teve sua ração hoje. Sai daqui.

MICHEL AGARRA O PESCOÇO DA VELHA ATÉ ELA CAIR. PEGA A MARMITA.

Michel – Sou moleque, mas sou mais forte. Isso é que o importa aqui. E tem mais. Se contar pra alguém, na próxima não sai viva. Tá entendendo?

Dona Zulmira – Eu... (ela engasga, Michel segura-a pelo pescoço de novo)

Michel – Eu o quê? Tá achando que é mãe da primeira dama? Que vai ter proteção? Mãe de puta também é puta, velha. Todo mundo acha isso aqui. Se abrir essa boca, vai sobrar pro teu neto também. A gente tá preso nessa fábrica, não tem como escapar. Pensa nisso, vovó, pensa nisso. (t) Ah! E obrigado pelo lanchinho.

Michel sai com a marmita. A velha desmaia.

CENA 8 – AVENIDA ATLÂNTICA (EXT. / DIA).

A van segue pela Avenida Atlântica devastada. Quando chega ao Copacabana Palace, Dimitri dá um tapinha nas costas de Sidão, que está ao volante.

Dimitri – Vamos dar uma paradinha nesse hotel.

Delei – Você não é louco de entrar aí, né? Deve estar cheio deles. (não falamos a palavra zumbi neste episódio)

Dimitri – Esse lugar nunca foi vistoriado, Delei. É um hotel de luxo. Deve ter é muita comida. Quem sabe até remédios. A gente tem que arriscar.

Delei – OK, chefe. Você é quem manda. (t) Biro-Biro, tu vem comigo. Sidão, tu fica na van com o garoto e a madame.

Kelly – Eu não sou madame, Delei. Também quero ir.

Dimtri – Nem pensar, Kelly. Você fica aqui com o Pedrinho.

Kelly – Qual é, Dimitri? Por que você tá me tratando como uma patricinha qualquer? Eu sei atirar. Fui a primeira a receber o treinamento da Lorena. Quero ajudar. Não vou ficar aqui esperando.

Dimitri – E vai usar que arma? Estamos com o número contado, Kelly.

Biro-Biro – Eu trouxe duas pistolas de reserva, chefe. O bagulho aqui é louco.

DIMITRI E DELEI OLHAM PARA BIRO-BIRO E BALANÇAM A CABEÇA .

Kelly – Então tá decidido. Eu vou junto.

Dimitri – Tá vendo, Delei? Tem coisas que não mudam nem com o fim do mundo. Dá as armas pra ela. (p/Sidão) Sidão, olho no garoto. A gente vai levar o rádio. Qualquer problema avisa na hora.

Sidão – Deixa comigo, Dimitri. O rádio tá ligado. Não tem erro.

Dimitri – Olha só, Pedrinho. Eu quero que você deite lá atrás na van e fique bem quietinho. Pode fazer isso?

Pedrinho faz que sim com a cabeça. Delei, Biro-Biro, Kelly, Dimitri e o cão labrador, Major, entram no hotel. Sidão fica na van com Pedrinho. O garoto deita na parte de trás e fica olhando a avenida devastada pela fenda da porta traseira.

CENA 9 – LOBBY / CORREDOR / COZINHA DO HOTEL (INT. / DIA).

Dimitri, Kelly, Delei, Biro-Biro e o labrador entram pelo *lobby*, todo revirado. Conforme avançam, vai ficando mais escuro. Eles seguram lanternas junto com as armas.

Dimitri – Por aqui. Eu sei onde é a cozinha.

Biro-Biro – Tô com um mau pressentimento, chefe. Acho melhor a gente voltar.

Delei – Cala a boca, Biro. Esse teu cagaço é que é perigoso.

Kelly – Onde a gente está, Dimitri?

Dimitri – No *Golden room*. Era o salão nobre do hotel. A cozinha fica ali atrás. Eu vou na frente com o Major. Fiquem em fila. Sem barulho.

Passam por diversos corpos, móveis revirados, etc. Chegam à grande cozinha do hotel. Tudo fora do lugar, como nos outros ambientes. Quando entram, Biro-Biro derruba panelas. Todos se assustam. O cachorro late.

Delei – Porra, Biro! Tinha que ser você!

Biro-Biro – Foi mal, patrão. Foi mal.

Dimitri – Silêncio. Todo mundo calado.

Ficam imóveis durante um tempo. Depois de verificar a segurança do local, partem numa busca pelos armários da cozinha, procurando alimentos. Só encontram panelas, louças e objetos imprestáveis. Há vários corpos caídos. Dois têm crachás. Dimitri lê os nomes deles.

Dimitri – A gente tem que encontrar a despensa. Esse hotel é enorme. É impossível não ter sobrado nada.

Biro-Biro – Algum rato veio aqui antes, chefe. Ninguém deixa comida dando sopa.

Delei – Fica de boca fechada, Biro! E continua procurando.

Kelly – Tem uma porta aqui. E não está trancada.

Biro-Biro – Então é rabo. Vamos embora. Ninguém ia deixar uma porta aberta.

Delei passa à frente de Kelly e gira a maçaneta. CORTA PARA:

CENA 10 – FRENTE DO HOTEL (EXT. / DIA).

Sidão sobe na van para observar melhor. Ele vê alguns zumbis caminhando pela avenida a uma boa distância. Chama Dimitri no rádio.

Sidão – Dimitri, tá na escuta?

Dimitri (off) – Fala, Sidão.

Sidão – Tô com um probleminha aqui. Tem três deles vindo pra cá.

Dimitri (off) – A que distância?

Sidão – Sei lá. Acho que uns 10 quarteirões. Estão na avenida.

Dimitri (off) – Então é só ficar no sapatinho. Deita aí e não faz barulho. Eles só são perigosos em bando. Se o grupo aumentar me avisa

Sidão deita no teto da van. O cão desfigurado da cena 3 passa lentamente por trás da van. Pedrinho o vê e fica curioso. Sem ser percebido, o garoto sai pela porta traseira e vai em direção ao hotel, atrás do cachorro.

CENA 11 – DESPENSA E COZINHA DO HOTEL (INT. / DIA).

CONT. da cena 9. Delei abre a porta. Uma estante cai em cima dele. Dimitri, que estava falando no rádio, engatilha a arma.

Dimitri – Tudo bem aí, Delei?

Kelly – Segura a lanterna, Biro. Eu vou entrar.

Todos entram. Encontram Delei caído.

Delei – Tá tudo bem. Não tem nada aqui. Quer dizer, nada que vá te interessar.

Não há comida, apenas garrafas de uísque. Delei coloca algumas na sacola. Eles avançam. O cômodo é grande. Biro-Biro encontra um pequeno gerador num canto. Ele puxa uma corda que dá partida no gerador e na primeira tentativa nada acontece.

Kelly – O que é isso, Biro?

Biro-Biro – Acho que é um gerador. Deve ligar a luz da cozinha e da despensa. Não sei você, Kelly, mas eu não quero mais ficar andando no escuro por aqui.

Kelly – Tudo bem. Acho que não tem nada aqui mesmo, mas a luz vai ajudar.

Kelly, Delei e Dimitri voltam para a cozinha. Na terceira tentativa puxando a corda, o gerador funciona. Assustado com o estalo, Biro-Biro tomba para trás. A luz da cozinha oscila. O painel de um pequeno *receiver* começa a piscar.

Dimitri – Que porra é essa?

Kelly – Acho que o Biro conseguiu.

Dimitri – Consegui o quê?

Kelly – Ligar o gerador.

Explode uma música alta nas caixas acústicas do teto da cozinha. Major começa a latir sem parar. Delei corre para a despensa. Kelly e Dimitri ficam na cozinha.

Delei – Desliga essa porra, mermão!

Biro-Biro – Tô tentando, tô tentando.

Kelly – De onde vem essa música, Dimitri?

Dimitri – É o som ambiente do hotel! O imbecil ligou o som ambiente!

CENA 12 – FRENTE DO HOTEL (EXT. / DIA).

Do lado de fora, Sidão, que está no teto da van, ouve o som do hotel. Chama Dimitri no rádio.

Sidão – Que barulho é esse, Dimitri? Tá chamando a atenção deles. Já tem uma cambada vindo pra cá.

Dimitri (off) – Liga a porra do motor, Sidão. A gente tá saindo.

Sidão entra pela janela e liga a van.

CENA 13 – DESPENSA / COZINHA / CORREDOR DO HOTEL (INT. / DIA).

Cont. da cena 11. Biro-Biro continua tentando desligar o gerador. Dimitri entra na despensa.

Biro-Biro – Já era, chefe. Essa merda não vai parar.

Dimitri – Vamos sair daqui, rápido. Vaza, Delei! Vaza, Biro!

Na saída, Biro-Biro vê algumas latas de comida na prateleira. Ele para e joga as latas na sacola. Mas um braço de zumbi sai de trás da prateleira e o segura. Outro braço arranha seu ombro esquerdo. Com um facão, Dimitri corta o braço que o segurava. Eles correm pela cozinha e pelo corredor. Já há vários zumbis, mas ainda não vemos seus rostos, só os vultos e os olhos, além de ouvir os gemidos.

CENA 14 – FRENTE DO HOTEL (EXT. / DIA).

Sidão desesperado. Ele grita no rádio.

Sidão – Cadê vocês, porra? Cadê vocês?

Uma horda de zumbis avança em direção à van. Vemos os zumbis ao longe, mas ainda não os identificamos bem.

CENA 15 – *LOBBY* E FRENTE DO HOTEL/RUAS (INT. / EXT. / DIA).

Eles conseguem se livrar dos zumbis que os perseguem. Correm para a van. Sidão parte em velocidade e vira na primeira rua à direita. Biro-Biro examina o ferimento do arranhão e o esconde com a camisa. A van passa por cima das calçadas, mas logo chega a uma rua mais tranquila.

Dimitri – Tá todo mundo bem?

Delei – Eu tô na boa, chefe.

Dimtri – E você, Biro?

Biro-Biro – Tranquilo, chefe. Foi só o susto mesmo. (olha novamente para o arranhão e volta a escondê-lo com a camisa.)

Dimitri – Tudo bem aí, Kelly? Kelly! Kelly?

Kelly está em estado de choque na parte traseira da van. Ela tenta gritar, mas só sai uma pergunta seca.

Kelly – Cadê o Pedrinho?

Na estupefação de todos, vamos para o:

PRIMEIRO INTERVALO COMERCIAL.

2º BLOCO

CENA 16 – RUA DE COPACABANA (EXT. / DIA).

Cont. imediata da cena anterior. Desespero dentro da van. Agora, Kelly grita BEM ALTO pelo filho. Delei tenta acalmá-la. Dimitri parece em transe.

Dimitri – Para o carro, Sidão.

Sidão – Tá maluco, Dimitri?

Dimitri – Já mandei parar, porra!. (Sidão obedece. Momento de silêncio)

Delei – Na moral, chefe. Com todo respeito, a gente tem que voltar pro Jabuti.

Dimitri – Vocês vão voltar. Eu vou atrás do garoto.

Delei – Mas já tá escurecendo. O garoto é esperto. Deve estar escondido. A gente precisa de você lá no Jabuti.

Dimitri – Eu já perdi uma filha, Delei. Não vou perder mais nenhuma criança. Nenhuma, entendeu?

Dimitri olha nos olhos de Kelly, pega armas, munição, um rádio e abre a porta da van.

Delei – Então, segura aí que eu vou junto contigo.

Dimitri – Nada disso. Tua missão é levar o grupo de volta e manter a paz lá no morro. Eu vou sozinho. (p/Kelly) Amanhã, o Pedrinho tá de volta. Isso é uma promessa, Kelly.

Dimitri beija Kelly. Depois, sai em correria pela rua. O labrador corre junto com ele. A van prossegue.

CENA 17 – CORREDOR DA FÁBRICA DO JABUTI (INT. / DIA).

Lorena vê Zulmira desmaiada no corredor. Grita por ajuda. Ivan chega e consegue reanimá-la. A velha tenta balbuciar o nome do agressor, mas desiste.

Lorena – Quem fez isso com a senhora, Dona Zulmira?

Zulmira – **(rouca)** Ninguém, não foi ninguém. Eu só fiquei tonta e caí.

Ivan – Dona Zulmira, eu tô vendo marcas no seu pescoço. A senhora não fez isso sozinha.

Zulmira – Olha, eu não quero confusão. Vocês já me ajudaram. Obrigada, mas eu tô bem. Só preciso de um pouco de ar.

Lorena – Nada vai acontecer com a senhora. Pode confiar na gente.

Zulmira – Eu já disse, minha filha, foi só um mal-estar. Obrigada mesmo, mas eu preciso ir.

Dona Zulmira sai. Lorena e Ivan ficam desconcertados.

Lorena – Isso não pode ficar assim, Ivan.

Ivan – Assim como?

Lorena – Assim, desse jeito. Sem punição. A gente precisa saber quem fez isso com a Dona Zulmira. É a lei. Você sabe disso.

Ivan – Que lei, Lorena? O mundo acabou. Não tem lei nenhuma.

Lorena – Tem sim. Aqui no Jabuti a gente tem lei. E a punição pra quem rouba é a exclusão.

Ivan – Exclusão. Gostei da palavra que o Dimitri inventou. Meu irmão é criativo. Mas nós dois sabemos o que isso quer dizer. Não é?

Lorena – Você não entende nada mesmo. Não vê que é a lei que traz um pouco de civilidade pra esse lugar?

Ivan – Civilidade? Você chama isso de civilidade?

Lorena – Chamo sim. A civilização foi construída pela ordem, pela lei.

Ivan – Mesmo quando a lei fala em exclusão?

Lorena – Mesmo assim.

Ivan – Isso não é civilização, Lorena. É barbárie. A mais pura barbárie. Você e o Dimitri não fizeram uma comunidade, fizeram um campo de concentração.

Lorena – Mas é esse campo de concentração que te mantém em segurança, doutor.

Ivan – Ninguém aqui se sente seguro, Lorena. Essa lei não é segurança, essa lei é o terror.

Lorena – Não, Ivan. Terror é deixar um criminoso à solta entre nós. E isso eu não vou permitir. Não me interessa quem foi o imbecil que roubou a Dona Zulmira. Eu vou atrás dele.

CENA 18 – ALOJAMENTO DA FÁBRICA DO JABUTI (INT. / DIA).

Michel está com a namorada, VALENTINA, 19 anos, patricinha, ex-*socialite*, num canto isolado do alojamento. Vemos outros moradores cuidando de seus colchonetes e poucos pertences. Michel abre a marmita.

Michel – Me acompanha no banquete, minha querida?

Valentina – A gente já comeu a ração de hoje. Onde você arrumou isso?

Michel – Qual é, Valentina? Eu não sou igual a essa gente. Você acha que vou me contentar com aquela comida de passarinho? Nós somos diferentes.

Valentina – Diferentes em quê, Michel? Tá todo mundo no mesmo barco. É esse lugar que mantém nós dois vivos.

Michel – Ih, tu tá chata pra caralho, hein garota!

Valentina – E você é um ladrãozinho de merda.

Michel – Calma aí, Valentina. Não começa com teus pitís, não!

Valentina – Não é pití, ô imbecil. Já pensou no que pode acontecer se te pegarem? Você é a única família que me resta. Eu não tenho mais pai, mãe, irmão, nada. Só um namorado metido a valente que ainda acha que vive na Vieira Souto. Acorda, Michel!

VALENTINA CHORA. MICHEL A ABRAÇA E DÁ UM ESTALINHO NA BOCA.

Michel – Oh, oh. Calma, calma. Fica calma. Eu já sei qual é o teu problema: fome. Come aqui comigo. Vem, abre a boquinha.

Valentina recusa a comida. Michel a segura pelo braço com violência. Ela se desvencilha e sai.

CENA 19 – *STOCK SHOTS* / MORRO DO JABUTI / COPACABANA.

Anoitece no Rio de Janeiro devastado.

CENA 20 – FRENTE DO HOTEL (EXT. / NOITE).

Dimitri e o labrador Major estão atrás de uma árvore perto da portaria do hotel. Há uma pequena fogueira em um canteiro. O som não está mais tocando. Nenhum sinal de zumbis. O cão rosna.

Dimitri – Calma, Major. Eu também tô achando estranho. Mas você tem que ficar quieto. A gente vai buscar o moleque.

(VER POSSIBILIDADE DE INCLUIR *FLASHBACK* SOBRE A FAMÍLIA DE DIMITRI AQUI)

CENA 21 – PÁTIO / FÁBRICA DO JABUTI (EXT. / NOITE).

Lorena conversa com os sentinelas na guarita.

Lorena – Nenhum sinal deles? Chama no rádio de novo.

Sentinela – Alô, Dimitri. Alô, Delei. Na escuta?

Seu João se aproxima da guarita.

João – Nada ainda?

Lorena – Não. O rádio só pega quando eles estão perto do morro. Se ainda estiverem no asfalto nem adianta tentar.

João – Pode ter acabado a bateria.

Lorena – Não, isso não. O mais provável é que eles já estejam por perto e tenham desligado o rádio pra não atrair aquelas coisas pra cá.

João – Você acha mesmo?

Lorena – É nisso que eu tenho que acreditar, seu João.

João – Então acredite, minha filha. Acredite.

Lorena – Peraí. O Senhor não veio aqui pra falar de fé. Qual é o problema lá na oficina?

João – Eu não queria te aborrecer, Lorena, mas o problema é grave. O gerador só tem gasolina pra mais dois dias. É melhor economizar.

Lorena – Mas nós já estamos no limite da economia. Já cortamos quase tudo.

João – Então é melhor cortar mais. Se faltar energia pra guarita vai ser difícil manter o esquema que o Dimitri montou. (OBS: PESQUISAR SOBRE O ESQUEMA DE ENERGIA)

Lorena – Isso não pode acontecer, seu João. Vamos fazer o seguinte....

O diálogo é interrompido pelo ruído da van. Um dos sentinelas grita que eles chegaram. Os moradores do Jabuti se aglomeram no pátio. Abrem as portas. A van entra. Kelly sai correndo, chorando. Seu João vai atrás dela. Os outros desembarcam. Estão exaustos.

Lorena – O que aconteceu, Delei. Cadê o Dimitri?

Delei – Deu merda, Lorena. O moleque sumiu e o Dimitri ficou por lá pra ir atrás dele.

Lorena – Putz! Não acredito!

Na surdina, Biro-Biro sai por um canto e tenta seguir na direção do alojamento. Ivan nota e vai atrás dele. Ao segurá-lo pelo braço percebe seu ferimento.

Ivan – Que marca é essa no teu braço? Você foi arranhado, Biro?

Biro-Biro – Não, não é nada. Me arranhei num arame.

Lorena chega no meio da conversa.

Lorena – Mentira. Isso aí é marca de unha. Eu conheço muito bem.

Ivan – É melhor dizer a verdade, Biro. Você sabe o que pode te acontecer. O arranhão é mais lento, mas você pode se tornar um deles.

Biro-Biro – Eles? Quem são eles? Eles somos nós, doutor Ivan. Vocês não entendem, né? Tem muito parceiro meu aí fora. Não quero saber o que eles viraram. Ainda são os caras que cresceram aqui comigo. E vocês, quem são?

Lorena – Nós somos teus amigos.

Biro-Biro – Amigos porra nenhuma. Eu sei o que vocês vão fazer comigo.

Lorena – Você conhece a lei, Biro. A gente só quer proteger a comunidade.

Delei e Sidão cercam Biro-Biro. Delei pede que ele entregue a arma. Biro-Biro põe a mão no coldre, fazendo um sinal negativo com a cabeça, e vamos para o:

SEGUNDO INTERVALO COMERCIAL

3º BLOCO

CENA 22 – PÁTIO / FÁBRICA DO JABUTI (EXT. / NOITE).

Cont. imediata da cena anterior. Ivan faz sinal para que todos abaixem as armas. Um grupo maior de pessoas se aglomera. São quase todos os habitantes da fábrica, incluindo os figurantes. Ivan faz um pequeno discurso em prol da "civilidade".

Ivan – Calma aí, gente. Vamos abaixar as armas. (p/Biro-Biro) Eu sou médico, Biro. Pode ser que o arranhão não seja profundo e nada aconteça. Deixa eu te examinar.

Lorena – Porra, Ivan! Não tá vendo que o arranhão é enorme?

Ivan – Cala a boca, Lorena.

Delei – Deixa o doutor te examinar, Biro.

Biro – Pra quê, Delei? Você acha que alguém aqui vai me ajudar? Nem você tá do meu lado. Qual é, patrão? Eu tô fechado contigo desde moleque. Vai me abandonar agora?

Delei – Eu não vou te abandonar. Saca só. (p/Sidão) Sidão, abaixa esse ferro. Vamos, abaixa logo. Você também. E você. Todo mundo. Agora, porra! (t) Tá vendo, Biro? A gente só quer uma explanação contigo.

Forma-se um círculo com os moradores que têm armas, embora todas estejam abaixadas. Biro-Biro está no meio. Ivan propõe uma votação.

Ivan – Todos que são a favor de colocar nosso camarada aqui de quarentena, levantem as mãos. Lembrem que ele nos salvou muitas vezes, se arriscando lá fora pra trazer comida e gasolina.

Há um silêncio constrangedor. Delei esboça uma reação, mas desiste de votar. Só Ivan levanta as mãos. Biro-Biro dá um tiro pro alto e corre.

CENA 23 – *LOBBY* DO HOTEL (INT. / NOITE).

Dimitri e Major entram no *lobby*. O cão ainda rosna.

Dimitri – Calma, Major. Assim eles vão ouvir a gente!

Sobem as primeiras escadas, chegam ao segundo andar e abrem uma porta. Uma revoada de pequenos pássaros sai de dentro.

CENA 24 – PÁTIO / FÁBRICA DO JABUTI (EXT. / NOITE).

O grupo está desnorteado com a fuga de Biro-Biro. Sidão e Delei voltam da perseguição ao companheiro.

Delei – Ele sumiu. O Biro conhece as matas desse morro melhor que ninguém. Já mandou muito verme pra vala quando os alemão queriam invadir o Jabuti.

Ivan dá um esporro em todo mundo.

Ivan – Qual é a de vocês, porra? Só pra ficar claro. Na ausência do Dimitri, quem manda aqui sou eu. Tá me entendendo, Delei? Eu tentei ser civilizado e democrático, mas parece que só tem animal por aqui.

Delei – Ô, segura a onda aí, doutor. O Biro formava com nós. Ninguém aqui é animal não.

Ivan – Mas tu nem levantou a mão pra salvar o cara, Delei.

Delei – Não levantei porque não entro nesse teu caô de civilização aí. O morro sempre teve lei. E lei agora é do Dimitri. Sacou? Essa parada de que tu é chefe no lugar do teu irmão ninguém aqui tá sabendo não.

Ivan – Ah, não? Então quem é? Você?

Delei – Já que tu não entendeu, eu vou repetir. Aqui é a lei do morro. E nós tamo fechado com o Dimitri. E só com ele, valeu?

Ivan – Mas cadê o teu chefe? E a criança que ele levou pra passear? Cadê? Dimitri é um irresponsável. E tu não passa de um traficante.

Delei fica puto e levanta a arma. Lorena se coloca entre os dois. Fechamos a cena com o climão entre eles.

CENA 25 – CORREDOR / COZINHA / DESPENSA DO HOTEL (INT. / NOITE).

Com lanterna e arma em punho, Dimitri entra no corredor e segue em direção à cozinha. Ele e Major não encontram nada. Ele vê o gerador desligado e o braço que foi cortado na cena 13. Voltam para o corredor. Sobem outra escada e ouvem um grito de criança vindo de cima. O labrador corre escada acima. Dimitri vai atrás dele.

CENA 26 – ALOJAMENTO/ FORTALEZA (INT. / NOITE).

Delei e Lorena conversam num canto do alojamento.

Lorena – E se o Dimitri não voltar? Tem gente aqui que acha que o Ivan deve ser o novo chefe mesmo. Fica atento, Delei.

Delei – Qual é, princesa? Até tu vai me encher com esse papo? Já disse que meu patrão é o Dimitri.

Lorena – Beleza. Não tá mais aqui quem falou. Fica aí no teu canto que eu vou fazer a mudança dos sentinelas. Tomara que o teu chefe consiga voltar.

Delei – Vai na paz, Lorena. E não precisa ficar nessa neura, não. Conheço o Dimitri há muito tempo. Ele vai voltar.

Lorena vai até o canto onde estão Michel e Valentina, que não olha para a cara do namorado. Lorena dá uma cutucada com o pé na barriga de Michel, que está deitado.

Lorena – Acorda aí, playboy. É tua vez de ir pra guarita.

Michel – Qual é, Lorena? Eu não posso ser tratado assim, que nem qualquer peão.

Lorena – Tá pensando o quê, Mauricinho? Ou vai pra guarita ou vai com ele.

Lorena aponta pra Delei. Michel sai. Delei e Valentina trocam um olhar comprometedor. (ATENÇÃO: CENA DE MICHEL NA GUARITA SERÁ GANCHO PARA O FINAL DO 1º BLOCO DO 2ºEPISÓDIO, QUANDO BIRO-BIRO VOLTAR COMO ZUMBI.)

CENA 27 – ESCADA / CORREDOR / SUÍTE DO HOTEL (INT. / NOITE).

Dimitri sobe a escada e alcança Major, que está arranhando uma porta fechada, de onde, novamente, ouvimos um grito que parece ser de Pedrinho. A luz da lanterna ilumina o letreiro: SUÍTE PRESIDENCIAL. Dimitri tenta forçar a porta. Não consegue. Ela parece ter sido reforçada. Ele tenta de novo, sem sucesso. O cão se vira e começa a latir para o lado contrário. A luz da lanterna agora ilumina vários rostos de zumbis, sempre na penumbra (O TERROR É MAIS PSICOLÓGICO DO QUE GRÁFICO). A lanterna cai e se apaga. Dimitri começa a atirar a esmo. O fogo da arma ilumina a cena de forma intermitente, mostrando flashes de vários zumbis. Um deles bate na mão de Dimitri no momento em que ele dá um tiro. Dimitri cai no chão. O zumbi cai em cima dele. No mesmo instante, a porta que estava trancada se abre. Vemos apenas o clarão de luz que vem da porta e vamos para o:

FIM DO PRIMEIRO EPISÓDIO

O **episódio 2** começa nessa mesma cena. Quem habita a suíte presidencial e sai atirando é Josefa Magalhães, 48 anos, dondoca conhecida da sociedade carioca, viúva do proprietário de uma famosa fábrica de armas. Ela salva Dimitri e o cachorro, levando-os para dentro da suíte. Pedrinho está lá. Já havia sido resgatado por ela.

Sinopses dos demais episódios:

Ep. 2 – A gravidez

Josefa salva Dimitri dos zumbis. Pedrinho está na suíte do Copa, onde há armas, munição, comida e caixas de remédios. O poodle está acorrentado em um canto. *Flashback de Josefa – mostramos o histórico da família com a venda de armas.* No Jabuti, vemos que Valentina e Delei têm um caso. Michel está na guarita, de acordo com a escala feita por Lorena. Ele se descuida, cai da guarita e fica frente-a-frente com Biro-Biro, já transformado em zumbi **(fim do primeiro bloco)**.

Delei vai até a guarita e salva Michel. Amanhece. Delei e Sidão saem do morro em direção ao Copa. Dimitri tenta convencer Josefa a deixar sua suíte e se juntar ao grupo do Jabuti. Ela nega. No Jabuti, Valentina passa mal com a notícia do ataque ao namorado e é levada para a enfermaria por Lorena. Ivan a examina. Ela tem um sangramento, confessa que está grávida e pede ajuda. A gravidez é proibida no Jabuti porque as grávidas possuem um hormônio que atrai os zumbis. A pena é a exclusão. Valentina deve morrer. (**fim do segundo bloco**)

Ivan pretende abafar o caso. Lorena não concorda. Quer cumprir a lei. Delei e Sidão chegam ao Copa para buscar Dimitri. Josefa diz que conhece Sidão de algum lugar. Ele desconversa. No Jabuti, Ivan tenta pedir uma votação para manter Valentina em quarentena, assim como fez com Biro-Biro. Lorena não permite e lembra que a última votação não adiantou muito. Os moradores a apoiam. Alguns sentinelas seguram os braços de Valentina. Lorena se encarregará da execução. (**fim do episódio**).

Ep. 3 – Todos por um?

Dimitri, Pedrinho Delei e Sidão chegam ao Jabuti no momento da execução. Delei assume a responsabilidade de executar Valentina fora dos muros da fábrica. Kelly reencontra Pedrinho e temos um momento de lirismo no meio do drama. Com a permissão de Dimitri, Delei pretende fugir com Valentina. Lorena descobre o plano e organiza um grupo para capturá-los. Zumbis começam a detectar o cheiro de Valentina e a se juntar à trilha por onde eles fugiram. Delei precisa atirar e acaba chamando a atenção. Estão cercados e acuados (**fim do primeiro bloco**).

Delei e Valentina são resgatados/recapturados por Lorena e voltam ao Jabuti. Dimitri, contra a vontade do grupo, decide que Valentina não será excluída e ficará isolada em uma sala. Delei e Ivan ficam satisfeitos. Há um momento de paz entre os irmãos. Lorena, insatisfeita, reage dizendo que as leis foram criadas por Dimitri e, se não as seguirem, o Jabuti vai cair.

João Cavalcanti está passando mal. Ivan vai atendê-lo. O problema é coronário. Precisam de um vasodilatador que não está disponível na enfermaria do Jabuti. O grupo de batedores terá que sair de novo. Há uma discussão sobre os riscos. Como Josefa deu metade de seus mantimentos para Dimitri, eles não têm necessidade de sair por causa da saúde de um velho. (*É possível ser solidário em um mundo que acabou?*) Seu João não quer que se arrisquem por ele. A filha de João acha que o Dr. Ivan ajudará o pai. Ivan a decepciona e diz que é contra a saída do grupo. Dimitri o confronta. "Quem manda aqui sou eu!" Voltamos à guerra entre os irmãos. Haverá uma expedição para conseguir o remédio. Dimitri vai liderá-la e dá ordens para que Lorena,

Delei e Michel o acompanhem. Sidão fica no Jabuti. O pé do morro está tomado de zumbis que foram atraídos por Delei e Valentina no episódio anterior. (**fim do segundo bloco**).

Lorena, Dimitri, Delei e Michel conseguem deixar o Jabuti por um caminho alternativo. Estão a caminho do hospital quando se deparam com um grupo de três adolescentes fugindo de algumas motos. Os adolescentes são cercados em um beco. Cinco coroas marombados (*estilo Hell´s Angels de academia*) começam a surrar a turma de adolescentes e colocam todos ajoelhados, como se fossem executá-los.

Dimitri, Delei, Michel e Lorena enfrentam o grupo de motoqueiros. Três são mortos e dois conseguem fugir. Delei vai atrás dos que estão fugindo. É seguido por Michel. Delei alcança um dos homens. Eles lutam. O sujeito saca uma faca e vai pra cima de Delei, que está quase sendo morto. Michel chega, levanta a pistola, mas a abaixa. Ele olha para Delei e dá as costas, voltando para o beco. (**fim do terceiro episódio).**

Ep. 4 – Inocência?

Delei consegue se desvencilhar do marombado com a ajuda de outra adolescente que aparece de repente, a Ruiva. Delei volta ao grupo com Ruiva e o prisioneiro. Encara Michel. O grupo (agora com mais 4 adolescentes e um prisioneiro) segue para algumas farmácias, sem encontrar nada. Dimitri se lembra da suíte de Josefa e segue para o Copacabana Palace.

No Jabuti, com o pai piorando, Antônia, de vestidinho curto, vai até o dormitório dos homens para procurar algum remédio na mochila de João Cavalcanti. A menina é ataca por três homens. Querem estuprá-la. (**fim do primeiro bloco**).

O grupo consegue o remédio com Josefa Magalhães, no Copa. Ao voltar para o Jabuti, Dimitri bola um plano para passarem pelos zumbis. O grupo se divide. Alguns atraem os zumbis, e os demais, com o remédio, voltam para o morro. No Jabuti, Sidão salva Antônia, lutando contra os três homens e mostrando habilidades que estavam escondidas até então. Surpresa, Antônia pergunta: "Quem é você, Sidão? " (**fim do segundo bloco)**

Sidão quer matar os homens. Antônia não deixa. Eles argumentam que ela é uma tentação. Sidão diz que ela é uma criança inocente. "Não há inocentes nesse mundo. Ninguém aqui é criança" – respondem. Dimitri, Lorena e dois adolescentes passam por algumas dificuldades até se esconderem em um lugar seguro. Dimitri os convence a dizer porque estavam envolvidos com a gangue que tentou matá-los. Eles dizem que sabem onde a está a cura. (**fim do episódio**).

Ep. 5 – Aliados ou inimigos?

Começamos com um *flashback* sobre Sidão. Descobrimos que ele era policial federal. Sabemos que seu segredo tem ligação com Dimitri e Delei. É uma história de vingança. Voltamos para o presente. Sidão está em seu quarto. Há batidas na porta. Ele abre. É Delei. (**fim do primeiro bloco**).

Delei conta para Sidão que Michel quase o deixou morrer. Diz que agora têm um prisioneiro e quatro novos moradores, todos adolescentes. Lorena conta para Ivan o que viu fora da fortaleza. Planejam ir juntos para a Fiocruz. Delei conversa com Sidão sobre o que aconteceu no dormitório. Os estupradores são executados. Os adolescentes ficam aterrorizados com a execução e querem ir embora. Ivan e Lorena propõem aos adolescentes que os acompanhem até a Fiocruz, deixando os outros para trás. Dimitri aparece quando Ivan está explicando o plano. Ruiva está com ele. Foi ela quem dedurou Ivan e Lorena. **(fim do segundo bloco).**

Discussão entre os irmãos. Dimitri reafirma seu poder. Lorena é enquadrada, mas não se conforma. Delei interroga o prisioneiro para descobrir onde estão os outros marombeiros. Lorena vai até o quarto onde Valentina é mantida isolada. Dona Zulmira espalha ervas aromáticas pelo ambiente. Lorena traz um pote e diz que o Dr. Ivan precisa da urina de Valentina. Os adolescentes roubam as armas dos sentinelas do Jabuti e fogem. **(fim do episódio)**

Ep. 6 – Valores da infância

Flashback. Mostramos Kelly dançando numa boate e damos detalhes de sua vida de garota de programa. Ela apanha de um cliente. Vemos Kelly andando nas ruas, vestida de prostituta, insinuante. Um carro para e o vidro se abre. É Ivan.

Voltamos ao presente. Pedrinho está soltando pipa no Jabuti e a linha se rompe. Ele fica aborrecido. À noite, pede um brinquedo novo para Kelly. A mãe explica que o mundo mudou e não tem brinquedos novos. Pedrinho diz que já está acostumado a não ter nada porque não tem mãe mesmo. Kelly quer sair do Jabuti para buscar um brinquedo para o filho. Dimitri acha um absurdo e não permite. Ela pede a ajuda de Ivan.

Delei e Sidão voltam a interrogar o prisioneiro. Querem saber mais sobre os adolescentes que fugiram. Há tiros do lado de fora. É o que restou do grupo de motoqueiros. Estão armados e vão invadir o Jabuti.

Ep. 7 – Assombração e rastros:

Os adolescentes voltam ao Jabuti. Dona Josefa Magalhães está com eles. Juntos, conseguem expulsar o grupo de motoqueiros.

Kelly sai do Jabuti com a adolescente ruiva. Elas invadem uma loja de brinquedos e apanham um dinossauro robô para Pedrinho. Quando retornam para o Jabuti, percebem que os zumbis voltaram a se aglomerar no pé do morro e surpreendem Lorena derramando um estranho líquido nas escadarias próximas à fortaleza.

Enquanto despeja o líquido, Lorena tem uma alucinação e vê Biro-Biro. Ela conversa com essa alucinação. *Flashback* sobre Lorena.

No Jabuti, Ivan ouve uma nova transmissão de rádio. Ele conversa com Delei sobre a Fiocruz. Delei tenta convencer Dimitri a partir, mas não tem sucesso. Josefa se encontra com Sidão e diz que sabe tudo sobre ele.

Há uma confusão na cozinha. A ração foi diminuída. Vários moradores brigam. O caos toma conta do Jabuti. Michel mata Dona Zulmira para roubar seu prato de comida. Os portões da fortaleza estão balançando. Os zumbis chegaram.

Ep. 8 – A queda:

Os zumbis invadem o Jabuti. Pânico geral. Lorena diz que a culpa é do cheiro de Valentina. Delei corre para a área de isolamento. Ele salva Valentina.

Ivan insiste que precisam partir para a Fiocruz. Dimitri quer resistir. Ele chama os homens e começa a fortificar o portão da fábrica.

Ivan sobe no muro e solta um sinalizador para o alto. A luz vermelha revela uma grande quantidade de zumbis subindo pela escadaria principal de acesso ao morro.

Os portões caem. Ivan salva a vida de Dimitri, mas é mordido (isso só e visto por Dimitri). Ivan segura uma porta contendo os zumbis e diz para o irmão ir embora. Dimitri consegue fugir com um pequeno grupo. Quase todos morrem. Mostramos um plano geral da fábrica destruída, em chamas, com muitos mortos e mais zumbis subindo o morro.

Episódios 9, 10, 11, 12 e 13 – Despejados

Iniciamos a parte *road/street movie* do seriado. Estes episódios dependem da definição dos cenários que serão utilizados.

Dimitri vai atrás do sonho do irmão e lidera o grupo em direção à Fiocruz. Michel, João Cavalcanti e os adolescentes morreram na invasão do Jabuti.

Apenas nove personagens seguem na viagem: Dimitri, Kelly, Delei, Valentina, Sidão, Lorena, Josefa, Antônia e Pedrinho.

O grupo segue pelas ruas devastadas da zona sul do Rio. Escolhemos alguns símbolos da cidade para continuar a trama. Eles são barrados na entrada do túnel Rebouças. Terão que seguir por outro caminho até a Avenida Brasil, onde fica a Fiocruz. Não encontrarão a cura, mas teremos uma surpresa que será o gancho para a segunda temporada. (**ver sinopse de trabalho**)

CENÁRIOS

Instinto Primitivo é um seriado pensado para ter quase todas as cenas gravadas em cidade cenográfica, embora conte com a tecnologia de pós-produção para reproduzir um cenário de devastação em determinados pontos do Rio de Janeiro.

Externos:

– **Morro do Jabuti** (podemos montar o cenário de qualquer favela carioca e mudar o croma para a zona sul do Rio);

– **Fachada do Copacabana Palace ou outro ícone da cidade;**

– Entrada do Túnel Rebouças;

– Fachada da Fundação Oswaldo Cruz;

– Fachadas de alguns ícones do Rio de Janeiro (a serem escolhidos);

Internos:

– **Fábrica do Jabuti**

Pátio;
Muralhas com sentinelas;
Enfermaria;
Alojamentos masculino e feminino;
Oficina / sala do gerador;
Cozinha / refeitório;
Corredor;

– **Copacabana Palace**

Suíte de Josefa;
Lobby;
Cozinha / despensa;

Escadaria;

Salão;

Bibliografia:

– Freud, Sigmund. **O mal estar na civilização**. Imago. 1929.

– Saramago, José. **Ensaio sobre a cegueira**. Caminho. 1995.

– Russel, Jamie. **Zumbis, o livro dos mortos**. Barba negra. 1999.

– Davis, Wade. **A serpente e o arco-íris**. Zahar. 1989.

Filmografia:

– **White Zombie**, de Victor Halperin. EUA. 1932.

– **Night of the living dead**, de George Romero. EUA. 1968.

– **Dawn of the dead**, de George Romero. EUA. 1978.

– **Zombie**, de Lucio Fulci. Itália. 1979.

– **28 days later**, de Danny Boyle. Inglaterra. 2002.

– **Chernobyl**, de Bradley Parker. Inglaterra/Rússia. 2011.

6

STORYBOARD
(HQ) DE INSTINTO PRIMITIVO

INSTINTO PRIMITIVO

SEMPRE FOMOS ZUMBIS

NÃO DÁ PRA FICAR DE BOBEIRA AQUI, CHEFE. É PERIGOSO.
É ANIVERSÁRIO DO MOLEQUE, DELEI. SEGURA MAIS UM POUCO.
EU SEI, MAS...
O QUÊ?
ELE NÃO GOSTA.
O GAROTO. NÃO GOSTA DA MÃE.
COM TODO RESPEITO, CHEFE. EU CONHEÇO A KELLY. ELA NUNCA APARECIA LÁ NO MORRO. O PEDRINHO FOI CRIADO PELA AVÓ.

ISSO AQUI NÃO VOLTA MAIS.
HÃ?
TROCAR O PALITO PREMIADO POR OUTRO SORVETE DE LIMÃO. NUNCA MAIS.
PALITO?
É, E AS TATUAGENS DO CHICLETE. O MEDO DA ZEBRINHA QUE DAVA OS RESULTADOS DO FUTEBOL NO DOMINGO.ESPERAR O PROGRAMA DE RÁDIO TOCAR AS MÚSICAS QUE A GENTE GOSTAVA PRA GRAVAR NA FITA K7.
TU É VELHO, HEIN CHEFE! E QUE PORRA DE ZEBRINHA É ESSA?
EU NÃO TÔ VELHO, NÃO, DELEI. O MUNDO É QUE PASSOU RÁPIDO DEMAIS.
ACHO QUE A MÃE DO MOLEQUE TÁ TENTANDO RECUPERAR ESSE TEMPO AÍ. MAS AGORA FICA DIFÍCIL, NÉ?
E A TUA MÃE, DELEI? ONDE ELA ESTAVA QUANDO TUDO ACONTECEU?
MINHA MÃE ME ABANDONOU QUANDO EU ERA PEQUENO. MUITO ANTES DESSA MERDA TODA ACONTECER.

ELA CHEGOU A ME PROCURAR QUANDO VIREI O DONO DO MORRO. MAS EU NÃO QUIS NEM SABER. NÃO PODIA DAR MORAL, NÉ? FIQUEI ALI, CALADÃO, OLHANDO PRA ELA. ATÉ MANDEI DAR UM DINHEIRO, MAS NÃO DISSE NADA. NENHUMA EXPLANAÇÃO CHEFIA. QUE MERDA!

SE O PAI DE VOCÊS ESTIVESSE VIVO, ISSO NÃO ACONTECERIA. IMAGINA ! DEIXAR A MÃE SOZINHA NO NATAL? NÃO ACEITO ISSO, NÃO ACEITO. O QUE VOCÊ VAI FAZER EM NOVA IORQUE, DIMITRI? MAIS COMPRAS? JÁ TEM DE TUDO NESSA CASA! E VOCÊ, IVAN? VAI VIAJAR PRA ONDE? ESSA ONG DE MÉDICOS É MAIS IMPORTANTE DO QUE A TUA FAMÍLIA? É ISSO?
TEU IRMÃO ACHA QUE VAI SALVAR O MUNDO, DIMITRI! MAS COMO? SE NEM A MIM ELE DÁ ATENÇÃO, COMO É QUE VAI CUIDAR DOS OUTROS?
DIMITRIIIII! QUER OLHAR PRA MIM, POR FAVOR!
TÔ TE OUVINDO, MÃE.
VOCÊ TAMBÉM, IVAN. LARGA ESSE NEGÓCIO. TÁ IGUALZINHO AO SEU IRMÃO.
NÃO ME OFENDE NÃO, MÃE. TÔ LONGE DE SER IGUAL A ESSE MAURICINHO.
QUAL É, DOUTORZINHO? TÁ SE ACHANDO SUPERIOR? TU NÃO É MAURICINHO PORQUE TRABALHA DE GRAÇA E NÃO TEM DINHEIRO PRA COMPRAR ROUPA.

IVAN AMEAÇA AGREDIR DIMITRI, MAS É CONTIDO PELA MÃE.
VAMOS PARAR LOGO COM ISSO!
OS IRMÃOS SE CONCENTRAM NO CELULAR E ESQUECEM O INÍCIO DE DISCUSSÃO.

EU NÃO ENTENDO VOCÊS. DOIS IRMÃOS QUE QUASE NUNCA SE FALAM. VOCÊS TÊM O MESMO SANGUE. POR FALAR NISSO, CADÊ A MINHA NETA, DIMITRI?
TÁ NO SHOPPING, MÃE!
ELA TÁ COM A MÃE DELA NA FILA PRA COMPRAR ESSE TABLET NOVO, QUE SAIU HOJE,DONA OLGA. TODO MUNDO QUER. É O PRESENTE DE NATAL DA MENINA.
E ISSO É HORA DE CRIANÇA ESTAR NO SHOPPING?
MAS VOCÊS VÃO PRA NOVA IORQUE AMANHÃ! NÃO DAVA PRA ESPERAR?
CLARO QUE NÃO, MÃE. SEU FILHO E SUA NORA NÃO IAM FICAR ATRÁS DOS AMIGOS RICOS. A GAROTA É SÓ UMA DESCULPA.
QUAL É, IVAN? TÁ A FIM DE ME SACANEAR?
SEM ESSE PALAVREADO À MESA! OLHA A EDUCAÇÃO! AINDA SOU A MÃE DE VOCÊS.

QUE IDADE TEM ESSA MENINA, IVAN?
TÁ VENDO? NEM ME DEU ATENÇÃO.
FALA, GAROTO. NÃO, AGORA NÃO POSSO. TÔ JANTANDO COM A FAMÍLIA. NÃO. NÃO DÁ. NÃO POSSO IR AÍ, PORRA SEI. OK. EU DÔ UM JEITO.
OLGA FICA SOZINHA À MESA. ELA CORTA UM PEDAÇO DE PÃO E COMEÇA A COMER, EM SILÊNCIO.

DESCULPA AÍ, CHEFE, MAS NÓS PERCEBIA SIM. NÓS NÃO PODIA, MAS PERCEBIA.

E AGORA TODO ESSE MAR TÁ CONTAMINADO. NEM VOCÊ, NEM EU, NUNCA MAIS VAI TER MERGULHO NESSA ÁGUA.

O GRITO DE KELLY INTERROMPE O DIÁLOGO. O CACHORRO COMEÇA A LATIR PARA UM ANIMAL DISFORME, PARECIDO COM UM POODLE, MUITO DEBILITADO, QUE AVANÇA LENTAMENTE EM DIREÇÃO A PEDRINHO. O GAROTO QUER BRINCAR COM ELE, MAS A MÃE O SEGURA. DELEI E DIMITRI CORREM NA DIREÇÃO DO ANIMAL.

BORA, PEDRINHO. VAMOS COMEMORAR O TEU ANIVERSÁRIO EM OUTRO LUGAR.
SIDÃO! BIRO-BIRO! BORA PRA VAN!
É PRA JÁ, PATRÃO.

Duas famílias mafiosas.

Disputando territórios para vender um produto caro.

Um produto cada vez mais procurado pela nova classe C.

E que pode ser fabricado em qualquer esquina da cidade.

Enquanto milhares de brasileiros fazem passeatas para que o produto seja melhor e a distribuição, gratuita.

7

FÁBRICA DE DIPLOMAS

Um seriado de FELIPE PENA

(Inclui proposta, descrição dos personagens e **roteiro** do primeiro episódio)

Época:
atual

Gênero:
thriller **policial e social**

Rio de Janeiro, junho de 2014.

PROPOSTA

O seriado (ou minissérie – conforme a opção pelo desenvolvimento dos arcos) **Fábrica de Diplomas** é um *thriller* policial que tem como pano de fundo a mercantilização e a baixa qualidade da educação no Brasil, um dos principais temas das recentes passeatas que se multiplicaram pelo país.

Diferentemente de outros seriados do gênero, nosso protagonista não é um policial, é um psicanalista. **Fábrica de Diplomas** começa quando o protagonista é chamado pelo reitor (que foi seu paciente) para investigar um crime ocorrido no *campus* da universidade, que fica ao lado de uma favela carioca. No curso das investigações, o psicanalista terá que lidar com as neuroses das personagens e com suas próprias frustrações amorosas. E estará no meio de uma guerra entre duas famílias mafiosas cujo produto que vendem não é proibido, mas adulterado: diplomas de ensino superior.

Ancorado numa história de suspense, o seriado coloca em cena a rivalidade entre dois grandes empresários da educação. Inimigos de infância, eles utilizam os métodos mais sórdidos na disputa pelos alunos/clientes que não conseguem vaga em universidades públicas. Ao mesmo tempo, acompanhamos o drama desses alunos, quase sempre provenientes das classes C e D, que buscam na faculdade uma chance de ascensão social. Chance que esbarra na péssima qualidade do ensino.

Fábrica de Diplomas é realista, mistura drama, suspense e, algumas vezes, um humor cáustico proveniente das situações vividas pelas personagens. Está pensado para ser um seriado, em 13 episódios, com 45 minutos de produção. Mas a opção pela minissérie talvez facilite a evolução dos arcos horizontais e, portanto, deve ser estudada. Conforme reportagem publicada no jornal O Globo, 39% de nossas universidades foram reprovadas no último exame do MEC. E o país ocupa o 57º lugar no ranking de educação da ONU. Este é o nosso gancho, ancorado nas aspirações da nova classe C, que, após conquistar diversos bens materiais, projeta seus sonhos na melhor educação dos filhos.

E nas faixas das recentes passeatas pelo país.

Sinopse central

Após ser perseguida por um bandido em uma favela carioca, a estudante Adriana Maia consegue entrar no *campus* da Universidade Bartolomeu Dias, que fica ao lado da favela, onde é baleada. O psicanalista Antônio Pastoriza é chamado pelo reitor para investigar o caso.

O crime acontece no mesmo dia em que a universidade, em crise financeira, está sendo negociada para investidores americanos. O reitor Jaime Ortega desconfia que seu inimigo de infância, o senador Raul Silvério, dono de uma faculdade concorrente, esteja envolvido no caso. A disputa comercial entre os dois não tem qualquer limite ético.

A única pista de Antônio Pastoriza é um papel com uma letra de *funk* que estava na mão da estudante quando ela foi baleada. O papel esconde um enigma que levará o psicanalista a descobrir segredos do passado dos dois empresários. Paralelamente, Pastoriza reencontra uma ex-namorada, a repórter de TV Nicole Barros, o grande amor de sua vida. O psicanalista, que sempre foi pago para resolver os conflitos e inseguranças de seus pacientes, é incapaz de conviver com seus próprios fracassos amorosos. Ao reencontrar Nicole, Pastoriza terá que enfrentar seus medos e suas fraquezas.

No meio desses conflitos, ainda temos os alunos. Ou melhor, os clientes, como são tratados aqueles que suam a camisa para pagar as mensalidades de cursos universitários de qualidade duvidosa.

8

FÁBRICA DE DIPLOMAS – ROTEIRO DO PRIMEIRO EPISÓDIO

Felipe Pena

CENA 1 – MORRO DA CUÍCA (EXT. / DIA).

Nossa história começa com uma cena de perseguição.

Estamos no Morro da Cuíca, favela localizada numa encosta da Zona Norte do Rio. Logo no começo da cena, sobre as imagens aéreas da favela, lê-se a legenda: **Morro da Cuíca – Rio de Janeiro.** Ao lado do morro, fica a Universidade Bartolomeu Dias, cujos muros estão colados em alguns barracos de alvenaria da comunidade. A universidade foi construída num plano vertical e, em alguns momentos, se confunde com o próprio morro. Da perspectiva da favela, vemos a logomarca da universidade escrita no terraço do prédio principal. Lê-se: **Universidade Bartolomeu Dias – *campus* Norte.**

Desde o começo da cena, ouve-se o batidão de um *funk*. Não se trata de um baile, mas de uma dança improvisada pelas convidadas "popozudas" de um churrasco organizado por traficantes em uma laje no alto do morro. A trilha sonora pontuará toda a perseguição que vamos registrar, intercalada com o tal "churrasco funk" (*com sobe som da música*), onde mostramos fuzis e metralhadoras nas mãos dos anfitriões.

A imagem se aproxima da personagem que desce o morro correndo. É ADRIANA MAIA, estudante de farmácia da universidade. Ela está em fuga, desesperada, ofegante, com muito medo. Vê-se que Adriana é uma menina jovem, por volta dos 20 anos, de traços finos e cabelos claros. Ela veste calça jeans e casaco de moletom, e carrega uma mochila nas costas.

A personagem que a segue é LUCAS, mas ainda não conseguimos vê-lo. Mostramos apenas o vulto do perseguidor.

Adriana tenta se desviar da cartografia irregular do morro. Ela salta sobre barrancos, desvia de pedras, entra pelos becos, pula latas de lixo e derruba varais de roupa pelo caminho.

Ouvem-se tiros de fuzil vindos de outras partes do morro...

CORTA PARA:

CENA 2 – ALTO DO MORRO DA CUÍCA (EXT. / DIA).

O "churrasco *funk*", onde a galera dança em fila indiana e canta o sucesso do batidão: "*Prá subir lá no morro até o BOPE treme. Não tem mole pra civil, também não tem pra PM.*" (ou outro funk que fale de polícia). Mais tiros são ouvidos.

Três traficantes conversam em um canto da laje onde está acontecendo o churrasco. Estão alheios à perseguição que acontece na parte baixa da favela. Um deles é o chefe do bando, o dono do morro, 25 anos, alto e forte. Ele veste bermuda e camisa regata, e ostenta cordões de ouro, pulseiras e um fuzil pendurado no ombro. Os demais são adolescentes.

Traficante 1 – Coé, patrão!? O churras tá bombando.

Dono do morro – Atividade aí no bagulho, porra! Vê se não enche os cornos. Tu num tá na contenção?

Traficante 2 – Tá tranquilo patrão. Os verme num entram aqui.

Dono Do Morro – Num entram porque quem tá aqui sou eu. Esses polícia é tudo frouxo. Agora tão com esse bagulho de UPP. Mas aqui num tem papo de UPP não. Jogo tudo no micro-ondas. Vai tudo pra vala. Quero ver ter colhão de invadir a Cuíca. Mando pipoco de bazuca nesses verme. E ainda fuzilo essa faculdade aí embaixo. (*aponta para a universidade*)

Sobe som do funk.

Uma convidada chega com uma lata de cerveja na mão e dança para o dono do morro.

CENA 3 – PARTE BAIXA DO MORRO DA CUÍCA / UNIVERSIDADE (EXT. / DIA).

... Adriana continua a fuga. (*continuação da cena 1*)

A trilha sonora é a mesma do baile-churrasco. A poucos metros de um portão enferrujado, Adriana tropeça em um pneu velho cheio d'água e rola por uma ribanceira até cair na laje de um barraco onde estão duas crianças (7 e 8 anos) na companhia da mãe, 20 anos, rosto sofrido, lenço na cabeça. A reação delas é de completa indiferença. A mãe se limita a levar os filhos para dentro e evita o contato visual com a fugitiva. A mochila da garota cai no chão. (*sobe som – insert do churrasco*)

A superfície áspera do cimento não amortece a queda. Adriana sente uma dor aguda e grita. É um grito encarniçado, que ecoa pela favela. Pelo chão, há pequenos cacos de vidro misturados a pedaços pontiagudos de cerâmica. A garota tem ferimentos no rosto e nas mãos. O ombro direito se deslocou. Um filamento de sangue escorre pela cabeça, empapuçando os cabelos lisos, bem tratados, e turvando os olhos verdes. (*sobe som – insert do churrasco*)

O grito chama a atenção do homem que a persegue. Agora, podemos ver que é LUCAS. Ele é moreno, 25 anos, com traços rudes e tem uma pistola prateada na mão. Guiado pelo ruído estridente, quase um uivo de sofrimento, ele muda a rota imediatamente e se dirige para o lado oeste do morro, em direção à universidade.

Adriana se levanta com dificuldade. Enxuga o sangue no rosto, improvisa uma tipoia com o casaco de moletom e tira alguns cacos de vidro do tornozelo. Mesmo sem conseguir mexer o braço direito, ela coloca a mochila no ombro esquerdo, empurra um portão enferrujado e entra na universidade. (*sobe som – insert do churrasco*)

Quando chega à metade do corredor que leva à cantina do curso de farmácia, Adriana olha para trás, mas o reflexo da arma prateada não permite que ela veja o rosto do homem que está com o dedo no gatilho.

A voz grave, rouca e ameaçadora parece conhecida. Há surpresa no rosto da garota.

Lucas – Eu só quero a letra, menina. Nada vai te acontecer. Me dá a letra.

Adriana – (*ofegante e gritando*) De jeito nenhum!

Adriana continua a correr e ainda chega até as mesas onde as colegas de faculdade estão almoçando, antes de ser atingida por um tiro nas costas. O impacto da bala joga Adriana contra as mesas e cadeiras de plástico da cantina.

Ao cair, Adriana consegue ver o rosto de Lucas e, de fato, o reconhece.

Adriana – (*surpresa, sussurrando*) Lucas? Lu-cas? (*ela desmaia*)

Dezenas de estudantes vestidos de branco entram em pânico e correm para as escadas inferiores. Em poucos segundos, o refeitório está completamente vazio.

Resta o corpo de Adriana, estirado no chão, com os joelhos flexionados e a mão esquerda fechada. A mochila que carregava durante a fuga está poucos metros à frente.

Nos momentos seguintes, a única testemunha da ação é a câmera ligada ao computador central da segurança do *campus*. Por essa lente, é possível ver Lucas se aproximar de Adriana, colocar a mão em seu pescoço para sentir os batimentos e pegar a mochila.

Antes de correr de volta para o portão, em direção à favela, ele percebe a inconveniente presença daquele olho eletrônico. Involuntariamente, Lucas olha para a câmera de vigilância. Pela imagem em preto e branco dessa câmera, vemos o seu rosto assustado.

Adriana esboça uma reação, volta a ficar consciente. Mexe as pálpebras, contrai o rosto, abre os olhos, enruga a testa, mas não consegue mexer as pernas. Do punho cerrado escorre um pequeno pedaço de papel amassado com inscrições em tinta preta parecendo uma espécie de código ou poema infantil, além de um pequeno lápis.

Adriana sorri. A letra ainda está com ela. A garota fecha o punho e desmaia novamente.

Na favela, os tiros cessam. No lugar das balas, apenas a batida de um outro funk.

O natural do rio é o batidããããoooo.
A playboyzada e os manu do morrããããoooo.
Eu peço a Deus pra que olhe por nós.
Já perdi vários amigos, mas não calaram a minha voz.

Enquanto esse funk toca, vemos *STOCK-SHOTS* da favela: o churrasco, as armas, os barracos, os moradores, os varais de roupa etc., até chegar à universidade.

Sugestão de abertura / créditos do programa

A sequência de créditos apresenta o elenco como se eles participassem de uma linha de montagem. Da fábrica imaginária, vemos cada etapa da produção. Até que surge o produto imaginário: vários recém-formados, vestindo suas becas, com diploma na mão, recebem o carimbo de DOUTOR na testa.

CENA 4 – SALA DE AULA (INT. / DIA).

Sala de aula tradicional. Em cima do quadro negro está a logo da Universidade Bartolomeu Dias. No quadro está escrito, com giz: INTRODUÇÃO À PSICOLOGIA – PRIMEIRO PERÍODO. A sala está lotada. Quase 60 alunos.

A professora fala em cima do tablado. O olhar dela se volta para duas alunas que estão no fundo da sala. Elas têm 20 anos, vestem roupas modestas, recatadas. Parecem alheias à aula.

Aluna 1 – Não consigo ouvir nada. Será que na federal também é assim?

Aluna 2 – Claro que não. Lá tem no máximo vinte alunos por sala.

Aluna 1 – Eu devia ter estudado mais. Isso aqui é uma zona.

Aluna 2 – Estudar não adianta, minha filha. Só quem passa pra federal é filho de rico. Que estudou em colégio bom... (T) Desses... com nome de santo. Se o pobre quiser fazer faculdade,... tem que ser pagando mesmo. (T) E essa aqui nem é das mais caras.

Aluna 1 – A gente podia ter feito o vestibular da Provinciana. Dizem que lá não é tão cheio.

Aluna 2 – Não é cheio porque é uma merda. Aqui, pelo menos o coordenador é um cara famoso. (*cochichando*) Toda hora eu vejo a foto do Pastoriza lá nas revistas do salão. O cara é bom, viu!?

Aluna 1 – Eu sei. Dizem que o Pastoriza é uma espécie de guru da alta sociedade.

Aluna 2 – E ele ainda é um charme! (*riem*) A mulherada do salão baba quando falo que ele é meu professor.

Aluna 1 – Você ainda tá trabalhando de tarde e de noite?

Aluna 2 – É o jeito. E quando sobra tempo, ainda vou fazer o cabelo das madames em casa. No sábado, então, é que eu ralo! É dia de casamento, batizado, festa de quinze anos. As peruas ficam loucas.

Aluna 1 – Você ainda tem sorte. Pra mim, não tem sábado nem domingo. O restaurante funciona todo final de semana.

Aluna 2 – (*debochada*) E a faculdade ainda quer que a gente faça trabalho social na favela aqui do lado!

Aluna 1 – (*mais debochada*) Tá de sacanagem, né?

A conversa e a aula são interrompidas pelo forte barulho de pessoas correndo do lado de fora. Uma delas, vestida de branco, abre a porta, ofegante. É uma estudante de farmácia.

Est. de farmácia – (*gritando*) Gente, vambora! Tá tendo tiroteio no morro!

Confusão generalizada. Os alunos correm para fora da sala, assustados, em desespero.

CENA 5 – CONSULTÓRIO DE ANTÔNIO PASTORIZA (INT. / DIA).

Consultório luxuoso. Uma grande biblioteca ao fundo. A tradicional poltrona freudiana e um divã posicionado na perpendicular. Há diversas esculturas neoclássicas, um notebook e uma impressora na mesa de trabalho. Na frente da mesa, um totem com a inscrição: **Doutor Antônio Pastoriza**.

Pastoriza, 48 anos, charmoso, está com uma paciente de trinta e poucos anos, loura, bonita. Ela está deitada no divã.

Paciente – A pior palavra do mundo é o "talvez", doutor.

Pastoriza – É porque o "talvez" deixa a gente preso no desejo do outro.

Paciente – Isso mesmo. (*aflita*) Eu sempre fico à disposição dele. No tempo dele. (*aflitíssima*) Na vida dele! (T) Não aguento mais essa indefinição!

Pastoriza – Então defina você. Tome uma posição! Saia na frente dele!

Paciente – E o medo, doutor? Tenho medo de ficar sozinha. De me sentir sozinha. (T) Se minha vida fosse um filme, tocaria aquela musiquinha de mulher mal-amada, tipo *Candle in the Wind*. (*sobe o tom, irritada.*) Detesto o Elton John, doutor. *(pausa)*

Pastoriza – Mal-amada? Por que mal-amada?

Paciente – Porque ele é o meu inferno. Tudo que ele faz é pra me infernizar. Pra eu me sentir assim.

Pastoriza – Já tentou ouvir o que ele diz? (T) Se o outro é teu inferno, o que ele conta é uma versão de como você chegou lá.

Paciente – Eu cheguei lá por causa dele. Só dele! Nem sei se é amor. Acho que é um vício... O pior dos vícios. Dá pra entender? (T) Você nunca se sentiu assim, Pastoriza?

No olhar surpreso e distante de Pastoriza, fusão para o *flashback*.

CENA 6 – FLASHBACK – RESTAURANTE (INT. / NOITE).

Pastoriza está com Nicole Barros, repórter de TV, lindíssima, 33 anos. (N*a legenda, lê-se:* ***dois anos antes*****).** O psicanalista mal consegue disfarçar o entusiasmo, a coceira nas mãos, a face ruborizada. Comem uma pizza, mas parecem degustar iguarias importadas pela Corte de Nabucodonosor. (*corte descontínuo*) De sobremesa, um singelo sorvete de creme. Uma imensa bola, consumida na mesma tigela (*tipo a Dama e o Vagabundo*). Na última colherada, Pastoriza leva o sorvete até a boca de Nicole (*corte descontínuo*). Duas garrafas de vinho na mesa. Uma vazia. A outra pela metade.

Nicole – (*Tentando ser convincente*) É verdade! (T) Eu tô há dois anos sem namorado... *(sorrindo)* Não tenho mais esse vício.

Pastoriza – Ah, sem essa, Nicole! Não dá pra acreditar que...

Nicole – Nunca dei muita sorte com os homens. Até meu pai..., desde que... (*hesitante)* Bem, desde que nos deixou, eu o vi muito pouco.

Pastoriza – Mais vinho? (*Pastoriza pega a garrafa*)

Nicole – (*Rindo*) Só um pouquinho. Acho que bebi mais do que devia.

Pastoriza – Esse vinho aqui nunca é demais. (*Pastoriza enche o copo de Nicole*)

Nicole – Pra mim, duas taças já são um perigo.

Pastoriza – Mas..., seu pai...

Nicole – O quê?

Pastoriza – Então, ele já morreu?

Nicole – Não, não. Ele abandonou a família mesmo. Nasceu na Hungria, veio pra cá pequeno, com os meus avós. É um homem difícil. Como todos os homens...

Pastoriza – Nem todos.

Eles se olham. Há um misto de embriaguez e desejo. Pastoriza acaricia o braço de Nicole.

CENA 7 – CONSULTÓRIO DE ANTÔNIO PASTORIZA (INT. / DIA).

(*Continuação da cena 5*) Pastoriza parece distante. A paciente interrompe seu devaneio.

Paciente – Doutor!

Pastoriza – (*apenas desvia o olhar para a paciente*) O pior dos vícios... O talvez... O estado de suspensão... Somos prisioneiros da dúvida. Estamos na...

O interfone toca e interrompe a fala. Ouvimos a secretária de Pastoriza.

Secretária – (*em off*) Professor Pastoriza. Desculpe interromper, mas o reitor acabou de ligar. É urgente!

Na expressão de surpresa de Pastoriza.

CENA 8 – COBERTURA DE JAIME ORTEGA – PISCINA (EXT. / DIA).

O reitor Jaime Ortega, um homem baixo, despojado, 73 anos, que também é o dono da Universidade Bartolomeu Dias, está reunido com seus diretores executivos: Henrique Freitas, Manoel Cardoso e Gabriel, este último, seu filho. Todos estão na casa dos 40 anos e, apesar do sol escaldante, vestem ternos impecáveis. Só o reitor está bastante informal, de bermuda e camisa florida. É uma luxuosa cobertura duplex na praia da Barra. Na parte de cima, fica a piscina. Ao lado dessa piscina, há uma mesa protegida por uma grande barraca. É onde acontece a reunião.

Ortega – Espero que a merda do tiro não atrapalhe a venda da universidade. Esses americanos não vieram pra surfar no Posto 9. E a imprensa já está em cima da gente. (T) Eu andei vendo uns balancetes e não consigo mais entender por que o nosso rombo só aumenta. Já virou uma cratera! Eu quero uma explicação. (T) Henrique!... Você é o homem das finanças. O que está acontecendo?

Henrique – Doutor Jaime, o senhor sabe que, se dependesse de mim, eu cortaria todos os gastos possíveis. Mas nós somos três. Não tenho autorização pra interferir no feudo de ninguém. (*mostrando planilha*) Agora... os números estão aí, é só ver. Estamos gastando os tubos em *marketing* e o retorno é quase zero.

Henrique fala direcionando o olhar para Cardoso, que aparenta ser uns 30 quilos mais gordo que os demais diretores.

Cardoso – Peraí, Freitas! Como você mesmo disse, ninguém canta de galo no meu terreiro!

Gabriel, o terceiro diretor (que é filho de Jaime Ortega), debocha de Cardoso:

Gabriel – (*rindo*) O gordo sempre com suas metáforas de cozinha.

Cardoso – Quem manda no *marketing* sou eu. (T) (*para Henrique*) Você entende de números, eu entendo de gente. O retorno é de longo prazo. Não é de uma hora pra outra que vamos ter resposta com as campanhas de publicidade. O caso do analfabeto que passou no vestibular criou uma imagem difícil de apagar.

Henrique – O seu plano de *marketing* já tem mais de dez anos, Cardoso. (T) (*debochado*) Isso não é um longo prazo?

Cardoso – Então, na concepção do (*irônico e pausado*) e-mi-nen-te diretor financeiro Henrique Freitas, o homem que autorizou a compra de um microscópio de duzentos mil reais, a sangria da Bartolomeu Dias tem apenas a minha diretoria como origem? (T) Ah!!! Dá um tempo!

Henrique – Deixa de ser ignorante, Cardoso. (*irritado, mas sem perder a linha*) Você sabe muito bem a importância do equipamento para o curso de Biologia. O retorno aconteceu com um grande aumento no número de alunos. Tá aqui! (*mostra outra planilha*) Eu tenho provas!

Ortega – Chega! Vocês já estão levando as coisas pro lado pessoal. Eu não quero saber se um gosta, ou não, do outro. Preciso de coisas concretas. No fim das contas, quem assina o cheque sou eu!

Gabriel – E aquele projeto, papai?

Ortega – Gabriel, eu apoiei tudo que você fez na diretoria de expansão. Você teve autonomia até para abrir unidades na Argentina e no México. Mas essa história já foi longe demais. Você não vê que chamei os americanos pra negociar porque estamos quase falindo? (T) Era só o que me faltava: *campus* em Cuba? (*os outros riem*)

Gabriel – Mas papai... O regime do Fidel tá no fim. Eles vão abrir o ensino superior pra iniciativa privada.

Ortega – Nem papai, nem mamãe. (T) Nossa excursão educativa pela América Latina acaba aqui! Não tenho vocação pra Diários de Motocicleta. (*enfático*) Eu sou um capitalista!

O clima é tenso. Cardoso sua muito. Gabriel faz cara de menino contrariado. Henrique mantém-se sereno, sem mexer um fio do cabelo engomado, apesar do vento. A empregada entra.

Empregada – Doutor Jaime, o senhor Antônio Pastoriza acaba de chegar.

Ortega – Ah, sim, mande-o entrar! (*para os diretores*) (T) Nem conseguimos planejar a conversa com os gringos. Esqueçam essa birrinha idiota e me ajudem a pensar numa solução para a universidade. (T) Agora, saiam. Quero ficar a sós com o Pastoriza.

Na saída dos diretores.

CENA 9 – REDAÇÃO DA TV CONTINENTAL (INT. / DIA).

Nicole Barros conversa com seu editor-chefe. A redação da televisão está lotada. O jornal da tarde já está no ar. São vários jornalistas correndo para todos os lados, enquanto outros profissionais digitam seus textos nos computadores. O editor-chefe é um sujeito com aparência de uns cinquenta anos, bem vestido, de fala incisiva e com boa dose de ironia.

Editor – Nicole, quero que você faça uma reportagem sobre esse tiroteio no *campus* da Bartolomeu Dias. (T) Aliás, você vai é entrar ao vivo no meio da programação! Começa a ligar pras tuas fontes!

Nicole – Bom, a verdade é que eu não conheço muita gente da universidade. Só o pessoal da comunicação e o coordenador da faculdade de psicologia: o Antônio Pastoriza.

Editor – Pastoriza? (*pensativo)* Esse nome não me é estranho.

Nicole – Ele é um desses analistas da moda. Só atende figurão. Cobra trezentos reais a hora. Tem noção disso? Trezentos reais! (T) Mas ele é muito bom, mesmo. Fez uma verdadeira revolução na faculdade de psicologia.

Editor – Mas por que ele se meteu numa universidade com o filme queimado se tem tanta fama entre os riquinhos? Foi pagar promessa?

Nicole ri.

Nicole – Sei lá. (T) Ele era analista do Jaime Ortega, o dono da Bartolomeu. Parece que o homem fez uma proposta irrecusável pra que ele desse um jeito no curso, que andava às moscas. O Antônio resolveu o problema e foi muito bem pago por isso. Até onde eu sei, a grana envolvida faria Freud coçar a barba...

O editor faz cara de deboche.

Editor – Você sabe muito sobre esse cara. Vocês tiveram alguma coisa?

Nicole – (*falsamente surpresa*) Hein? Vocês quem?

Editor – Você e o Freud. (*sarcástico e boçal)* Dããã!!! Claro que é você e o tal do Pastoriza.

Nicole – (*Seca*) Não te interessa.

Editor – Interessa sim. Se você teve alguma coisa com o analista do reitor, vai conseguir informações privilegiadas!

Nicole – (*enfática*) Ex-analista!

Editor – (*irônico)* Sei!? (T) <u>Ex</u>-analista, <u>Ex</u>-namorado, e <u>atual</u> coordenador da faculdade. (T) É contigo mesmo. Pega logo essa matéria.

Na expressão de contrariedade de Nicole.

<u>CENA 10 – CLIPE. STOCK-SHOTS. PRAIA DA BARRA (EXT. / DIA).</u>

Em ritmo acelerado, vemos imagens da praia até chegar à fachada do prédio de Ortega. Os transeuntes apressados do calçadão, com seus bonés de marca, tênis comprados em Miami, relógios caros, óculos escuros e outros acessórios de luxo duvidoso. Homens de meia-idade dividem a passarela esportiva com deslumbrantes e deslumbradas cocotas de corpos esculpidos em academias de ginástica. Homens sarados mergulhando. As pranchas e velas de kite-surfe desafiando as ondas. Mulheres saindo do mar.

Chegamos à fachada do prédio de Ortega e vamos para a piscina da cobertura.

CENA 11 – COBERTURA DE JAIME ORTEGA – PISCINA (EXT. / DIA).

Antônio Pastoriza chegando ao deck da piscina. O reitor contempla a paisagem.

Pastoriza – Bom dia, Doutor Ortega!

Ortega – Venha cá ver que beleza de vista.

Ortega ainda de costas, olhando para o mar. Pastoriza caminha na sua direção e se coloca ao lado dele. Agora, ambos contemplam a paisagem.

Ortega – (*olhando para o mar*) Nossa universidade é como o *Queen Mary*. Somos um transatlântico. Temos duzentos mil alunos. Mais de oito mil funcionários. Para virar a bombordo, temos que mobilizar toda a estrutura. E isso demora muito. Precisamos dar um jeito de ter a agilidade de uma lancha, Pastoriza.

Pastoriza olha para o reitor com um ar de espanto e ironia.

Pastoriza – O senhor quer voltar ao tempo em que eu era apenas seu analista?

Ortega sorri, tira os olhos do mar e bate no ombro de Pastoriza.

Ortega – Não, não precisa. Foi só uma pausa no meio desse caos. (*suspira*) Os jornais reclamam que não sou um educador nos moldes tradicionais. Quem disse que quero ser tradicional? (*sobe o tom*) Minha tradição é ser dono do meu nariz! (T) Mas vamos esquecer minhas teorias de vida. (T) Soube que você quer largar a faculdade de psicologia. Logo você, que é tão bem tratado aqui?

Pastoriza – Pois é, Doutor Ortega, eu... (*é interrompido*)

Ortega – Melhor você pensar bem nisso. Eu acho uma pena, já que o nosso ensino de psicologia melhorou muito. E, além disso...

Pastoriza – (*enfático*) Eu sei, eu sei. Ainda tenho aquela dívida com o senhor. Pode deixar. Não saio daqui enquanto não pagar o que devo.

Ortega puxa Pastoriza pelo braço e o conduz até a mesa.

Ortega – (*andando em direção à mesa*) Que é isso, Pastoriza? Eu nem pensei na tua... (T) Tava falando é da auditoria interna. Você fez um ótimo trabalho de investigação coordenando a nossa auditoria. E eu te coloquei nesse lugar exatamente porque você não é economista. (P) É psicanalista.

Pastoriza – Não entendi. *(sentam-se)*

Ortega – *(sorri)* Elementar, Pastoriza! Ninguém melhor do que um psicanalista pra investigar as coisas. Esse é o teu trabalho, não é? (*divagando*) Investigar os mistérios da mente humana? Então?

Pastoriza – Não é assim tão fácil. Não sou mágico. *(rindo)* Nem vidente! (T) Na verdade, eu vim pra Bartolomeu só pra coordenar a faculdade de psicologia. O resto foi invenção sua, doutor Ortega.

Ortega – Deixa de ser modesto. (T) Você tem uma habilidade especial: fazer com que as pessoas falem. Até eu já contei meus segredos pra você.

Pastoriza – Isso foi no divã. É bem diferente. Na auditoria, eu fiz outro tipo de investigação.

Ortega – É a mesma coisa. Você foi lá e resolveu. Pronto! (T) E agora preciso que investigue uma outra coisa pra mim. É um favor pessoal. *(aflito)* Só confio em você, Pastoriza.

Pastoriza – (*surpreso)* Investigar o quê, doutor Ortega?

Ortega – (*irritado*) Tô falando desse caso aí da menina baleada no *campus*. Você sabe que não acredito em coincidências. Sou pragmático. Meus antepassados foram assim. Meu avô era assim. Até minha sombra é desse jeito. (T) Porra! O tiro aconteceu logo agora que estou vendendo parte da universidade pra uns americanos. Você não acha isso estranho?

Pastoriza – Francamente? (P) Acho que não. Tiroteios são uma rotina no Rio de Janeiro. Principalmente em favelas. E o nosso *campus* da Cuíca está praticamente dentro de uma favela. Essa teoria da conspiração não me convence.

Ortega – Nada me tira da cabeça que tem dedo do Raul Silvério aí. Aquele senador é um mau caráter. É um invejoso.

Pastoriza – Mas por que ele faria isso contra o senhor? Inveja de quê?

Ortega – Ah, Pastoriza, aquilo lá é um bandido. Tem ódio de mim porque a minha universidade é maior, tem mais alunos, (*sobe o tom*) e massacra a faculdade dele em qualquer comparação.

Pastoriza – Mesmo assim, ainda não vejo ligação nenhuma. Acho que o senhor está meio impressionado com esse tiro no *campus*, doutor.

O patrão arqueia as sobrancelhas, um de seus vários tiques nervosos, o que significa discordância e impaciência. A irritação é evidente.

Ortega – Você acha mesmo que eu estou delirando? Então dá uma olhada nisso.

Ortega soca a mesa e larga um pedaço de papel amassado sobre o cinzeiro. Pastoriza lê rapidamente, mas não entende nada.

Pastoriza – O que é isso?

Ortega – Esse papel estava na mão da menina quando ela foi socorrida após o tiro. Sabe o que eu quero de você? (P) Descubra o que é isso !

No detalhe do papel amassado.

CENA 12 – TOMADAS DA BARRA DA TIJUCA E FACHADA DO *CAMPUS* BARRA DA UNIVERSIDADE BARTOLOMEU DIAS (EXT. / DIA).

Tomadas do bairro, até chegar na fachada do *campus* Barra da Bartolomeu Dias. Na fachada, está o letreiro: **Universidade Bartolomeu Dias - Campus Barra.**

CENA 13 – TESOURARIA DA UNIV. BARTOLOMEU DIAS (INT. / DIA).

Dia de pagamento de mensalidades atrasadas. Três enormes filas se aglomeram na tesouraria do *campus* Barra, que está identificada por um grande letreiro azul. É uma sala ampla, que lembra uma repartição pública, burocrática. Os poucos profissionais não conseguem dar conta de tantos alunos. Há uma fila para os que vão pagar com cheque, outra para os que pagarão com dinheiro, e uma terceira para a turma do cartão de crédito. Pontuam a cena muitos carimbos, papelada espalhada, boletos, recibos, sonoplastia com aura de caixa bancário.

Um cartaz indica o aumento de 20% nas mensalidades. Outro cartaz diz que os atrasados só podem ser pagos na tesouraria. Uma senhora mal-humorada, de 60 anos, é a caixa.

Aluno – Peraí, a mensalidade aumentou de novo?

Caixa – O senhor deve ter recebido a informação por e-mail ou via circular em sala de aula.

Aluno – Mas eu não tenho dinheiro pra esse aumento. Vinte por cento é um abuso! E eu ainda tô pagando a multa das mensalidades atrasadas! Não dá pra aliviar, minha senhora?

Caixa – (*burocrática, fria, mal humorada*) O senhor conhece a regra da universidade. Se não pagar, não faz as provas.

Aluno – Mas só falta esse mês pra completar o curso. O Ortega vai me deixar sem diploma por causa de uma mensalidade?

Caixa – A regra vale pra todo mundo, meu filho. *(vira-se para o segundo da fila)* Próximo cliente, por favor!

Aluno – *(insistindo)* E se eu pagar metade? É que meu pai está desempregado. Eu pago o resto depois. Eu não sou rico, minha senhora. Só estudo aqui na Barra porque é perto do meu trabalho.

Caixa – Regras são regras, assinadas no ato da matrícula. Não temos exceções nem pro senhor, nem pro filho do presidente, nem para o Papa. Mais alguma dúvida?

Aluno – (*para todos*) Gente, mas o que é isso aqui? Uma faculdade ou um banco?

Na fila de alunos estressados e impacientes.

CENA 14 – AEROPORTO, CARRO E MANSÃO DE RAUL SILVÉRIO (EXT. / INT. / DIA).

O senador Raul Silvério, 73 anos, dono da Universidade Provinciana, chega ao aeroporto do Galeão, vindo de Brasília. Apesar de estar no Rio de Janeiro, um carro oficial o espera no desembarque. Detalhamos a placa, onde está escrito: **Senado Federal.** O motorista abre a porta para ele. (*corte descontínuo*)

No carro, em movimento, Silvério ouve no rádio a notícia sobre o tiroteio na Universidade Bartolomeu Dias. O sorriso é evidente.

Locutor – Uma estudante foi baleada hoje no *campus* norte da Universidade Bartolomeu Dias, que fica ao lado do Morro da Cuíca. A favela é controlada pela maior facção criminosa da cidade. A polícia investiga o crime.

Silvério abre um sorriso ainda mais largo. Vemos o carro seguindo pela zona sul do Rio. *(corte descontínuo)* O carro chega ao pórtico da mansão, que fica no meio da Estrada da Gávea. Dois seguranças de terno abrem o portão. A mansão tem três andares. É portentosa, tem colunas redondas, pé-direito alto. O carro entra e estaciona em frente à entrada principal. Silvério é recebido pelo mordomo com roupas e acessórios que parecem pertencer à corte de Saint James. O mordomo abre a porta do carro e Silvério entra sem falar com ele.

CENA 15 – MANSÃO DE SILVÉRIO – SALA DE ESTAR (INT. / DIA).

A decoração da sala de Silvério é toda revestida em madeira. Chão, paredes e teto formam uma única massa de cedro, interrompida apenas pela janela, cuja vista da favela contrasta com a riqueza do ambiente. Há uma centena de obras de arte sacra, a maioria com mais de um século de existência. O local parece um santuário. À espera de Silvério, está sua secretária-executiva, Priscila, 30 anos, muito bonita, elegante e "classuda". Pela troca de olhares, ela aparenta ter intimidade com o patrão, embora disfarce.

Silvério – Como é que vai a minha faculdade?

Priscila carrega uma pasta onde se lê: **Universidade Provinciana – evasão de alunos**

Priscila – Senador, estamos perdendo muitos alunos para a Bartolomeu Dias. Mesmo com esse aumento de 20%, a Bartolomeu segue bem mais barata do que a gente.

Silvério – Só que os cursos da Bartolomeu são péssimos! O diploma de lá não vale nada. (T) Nós somos diferentes. O aluno da Provinciana tem orgulho do lugar que estuda.

Priscila – *(num rompante)* Se eles tivessem orgulho não mudavam de faculdade. *(arrependida)* Mas deve ser por causa da crise mesmo!

Silvério – *(contrariado)* Essa crise tá atingindo todo mundo. (T) E os alunos são uns caloteiros!

Priscila – Há um boato de que o Ortega vai vender a universidade dele. E parece que já há um grupo americano interessado. No mercado, não se fala em outra coisa. Dizem que as negociações estão muito avançadas.

Silvério faz uma expressão controversa, irônica, como se já soubesse da venda.

Silvério – Priscila, por favor, vai ali fora no meu carro e pega uma pasta com documentos que eu deixei no banco de trás.

Priscila – Claro, senador.

A secretária sai da sala. Silvério faz uma ligação do celular. Não vemos o número.

Silvério – *(ao celular)* E então, quando é que vocês vão se reunir com aquele velho senil? (P) Precisamos agir rápido, quero pegar todo mundo de surpresa.

A mulher de Raul, Yolanda Silvério, 60 anos, aparentando muito menos, elegante e altiva, aparece repentinamente na sala.

Yolanda – Quem você vai pegar de surpresa, meu amor?

Silvério desliga o telefone.

Silvério – Você sabe... (T) Tenho certeza que você sabe...

Yolanda – Não te entendo, Raul. Estamos casados há mais de 30 anos e você ainda tem ciúmes do Ortega?

Silvério – Não é ciúme, Yolanda. É ódio. Nada mais, nada menos. Só ódio mesmo.

Yolanda – Mas depois de tanto tempo?

Silvério – Que que é? Vai defender o ex-namorado agora?

Yolanda – Eu nem lembro disso, Raul. É você que sempre traz o nome dele aqui pra casa.

Silvério – Sei como são essas coisas. O primeiro namorado a gente nunca esquece.

Yolanda – (*Furiosa*) Você é muito machista mesmo! Não entende nada de nada.

Yolanda pega a bolsa que está num aparador, vai em direção à rua, sai, e bate a porta.

CENA 16 – PORTARIA DO CONDOMÍNIO DE MANOEL CARDOSO (EXT. / INT. / DIA).

Uma voz rouca é ouvida pelo interfone da portaria do condomínio de luxo Santa Genoveva, identificado no letreiro. Como em tantos outros condomínios da Barra da Tijuca, o acesso só é permitido após a identificação do visitante na cancela da guarita. Lucas, o homem que deu o tiro em Adriana, tenta falar.

Lucas – Sou eu, chefe, o Lucas.

Do outro lado da linha, o silêncio do condômino faz o guarda pensar que o aparelho está quebrado. Ele bate com o cassetete no fone duas vezes antes de ouvir algum som. Surpreende-se com a agressividade da resposta. Corta para Cardoso, dentro de casa, ao interfone.

Cardoso – (*gritando*) Tá maluco, imbecil? Não faz o serviço direito e ainda aparece na minha casa?! Vá embora e não volte mais aqui!

Lucas – (*off*) Mas deu problema, chefe! Deu problema!

Cardoso bate com o fone na cara de Lucas. Voltamos para a guarita. O guarda faz uma cara feia para Lucas.

Lucas – Tá me olhando por quê? Eu sou universitário, você é porteiro. Eu vou ser doutor e você vai ficar nessa portaria pra sempre!

Guarda – *(com desdém)* O doutor Cardoso não vai recebê-lo. Passe bem!

O guarda fecha a janela da guarita com força.

Lucas – *(com raiva, humilhado)* Quem esse gordo pensa que é?

O jovem embica a moto velha em direção à rua.

CENA 17 – APARTAMENTO DE PASTORIZA (INT. / DIA).

Pastoriza abre uma lata de refrigerante na cozinha de seu amplo e bagunçado apartamento em São Conrado. Há muita louça por lavar e pares de sapatos espalhados pelo chão. A torradeira queima a borda do pão. Não há geléia, nem manteiga. Ele come a bomba de glúten a seco mesmo. Vai para a sala. É nítida a ausência de um toque feminino na disposição dos móveis e objetos. Ele vê o noticiário na televisão. Lembra do papel entregue por Ortega e o retira do bolso. Antes de ler o que está escrito, a imagem de Nicole, na tela, o detém. Ela está falando sobre o caso Adriana Maia.

Nicole – *(Na tela da TV)* A Polícia ainda não sabe de onde partiu o tiro contra a aluna Adriana Maia, que segue internada em estado grave aqui no Hospital Central. (...)

CENA 18 – PORTARIA DO HOSPITAL (EXT. / DIA).

Fusão da cena anterior, que sai da televisão direto para Nicole falando em frente ao hospital.

Nicole – (CONT.) Os agentes investigam se a bala teria partido do Morro da Cuíca, que fica localizado bem ao lado da Universidade. Eles já pediram as imagens feitas pelo circuito interno de tevê do *campus*. Nicole Barros, ao vivo, para o Plantão de Notícias.

Nicole retira os fones da cabeça e dá o microfone para o cinegrafista. Ao pegar o telefone, que estava no silencioso, vê que há uma chamada não atendida. Vemos o nome na tela: **ANTÔNIO**. Fusão para o *flashback*.

CENA 19 – *FLASHBACK* – CARRO E APARTAMENTO DE PASTORIZA (INT. / EXT. / NOITE E DIA).

(*Continuação da cena 6, com corte descontínuo*). Nicole e Pastoriza dentro do carro, no estacionamento do restaurante, onde trocam beijos apaixonados com o motor ligado. O CD player toca uma balada progressiva dos anos 70. Pastoriza brinca com a letra. O clima é de *non sense* ridículo da paixão:

Pastoriza – E se eu me candidatasse a presidente? (*A sugestão da música é **Mother**, do Pink Floyd. Mas pode ser outra balada progressiva, e, então, mudamos este diálogo. O importante é a brincadeira ridícula e exagerada com a letra. Talvez uma balada nacional.)*

Nicole – Eu votaria em você. (*sobe som da música*).

Corte descontínuo. A mesma música. Eles estão no quarto de Pastoriza, onde quase não precisam se despir. As roupas ficaram pelo caminho, no hall anterior à porta, batida com um pontapé elástico, olimpiano.

Corte descontínuo. É de manhã. Nicole chega na cozinha. Está de toalha na cabeça, veste apenas uma camisa de Pastoriza e uma calcinha. Pastoriza faz o café.

Pastoriza – A torradeira não é lá muito boa, mas a geleia é ótima. E só queimou a bordinha.

Nicole – Assim eu vou ficar mal acostumada...

Nicole dá uma mordida no pão integral e faz com que Pastoriza também o morda...

CENA 20 – HOSPITAL (UTI) (INT. / DIA).

Placa com a inscrição UTI na parede. Adriana Maia abre os olhos. Ela não consegue se mover, mas tem consciência de tudo. Está impossibilitada de demonstrar reações para os médicos e enfermeiras em volta dela. Em plano subjetivo, mostramos seu rápido passeio ótico pelo ambiente. A estudante está catatônica. *Flashes* do que aconteceu passam pela sua cabeça. (*mostramos flashes das cenas 1 e 3*) Ela pensa no papel que Lucas não conseguiu roubar. (*mostramos o final da cena 3: Adriana com o papel na mão*)

CENA 21 – APARTAMENTO DE PASTORIZA (INT. / DIA).

Pastoriza abre o papel e o examina. Há espanto e dúvida em seu rosto. O conteúdo não está visível.

Pastoriza – Não, não pode ser. (*Pastoriza vira o papel*) Isso aqui não é só uma letra!

O conteúdo agora fica visível. Primeiro, vemos o verso do papel, onde estão os seguintes dizeres:

"As milícias vão invadir! Leve para o laboratório!"

Da expressão de Pastoriza (*ao som do funk da cena inicial*) vamos para o:

INTERVALO COMERCIAL

2º BLOCO

CENA 22 – APARTAMENTO DE PASTORIZA (INT. / DIA).

Pastoriza desvira o papel. Agora, vemos, no detalhe, a letra de um *funk* cujo título é "**Fogo no X9**". Há uma fusão com o churrasco da cena 2, onde toca o refrão da música.

REFRÃO *Bate tambor*
Bate forte e faz barulho
Pra levar a boca à falência
Tem X9 no bagulho

Por isso
Fogo no X9
Da cabeça ao pé
Pega o álcool e o isqueiro
E taca fogo no mané

Voltamos para o apartamento de Pastoriza. Ele está concentrado no papel.

Pastoriza – O que essa letra quer dizer? E pra que laboratório eu levo isso?

No apartamento bagunçado de Pastoriza.

CENA 23 – COBERTURA DE JAIME ORTEGA – SALA (INT. / DIA).

Gabriel e Henrique na sala do andar de baixo da cobertura. Decoração moderna, luxuosa, grandes sofás e poltronas em volta de uma mesa de centro. Eles tomam um café enquanto esperam o reitor descer do seu quarto. Estão à espera da reunião com os investidores americanos. Cardoso, o terceiro diretor, chega atrasado.

Gabriel – Mais calmo, gordo? Você saiu bufando na hora do almoço. Pensei que fosse enfartar.

Cardoso – Nem me fale, você sabe o medo que tenho disso. (*p/ Henrique*) Perdi alguma coisa?

Henrique – Não, os gringos ainda não chegaram e Doutor Ortega nem desceu.

Cardoso – (*p/ Gabriel*) Vi o noticiário logo que saí daqui. Essa crise é pior que a do analfabeto!

Gabriel – Também acho. Agora, vamos ficar marcados pela insegurança. (*indignado*) E isso não é um problema só nosso! É de toda a cidade.

Cardoso – O que me preocupa mesmo é a nossa lentidão pra reagir. O Doutor Jaime proibiu entrevistas e, em vez de chamar um profissional, colocou o Pastoriza pra investigar o caso. (T) Francamente, o cara é psicólogo, não é detetive.

Gabriel – Papai gosta dele, gordo. Não há o que fazer.

Cardoso desabotoa o colarinho. Ortega desce as escadas da cobertura. Agora, veste roupas elegantes.

Ortega – (*em movimento*) Os gringos estão subindo.

Ao ver o chefe, Cardoso abotoa o colarinho.

Cardoso – (*p/ Henrique, cochichando*) Será que a gente vai vender mesmo?

Entram na sala quatro analistas financeiros de *Wall Street*. Entre eles, o líder, Patrick Walton, 33 anos, alto, bonito. Ele se diferencia dos demais pelo terno, mais claro.

Ortega – Boa tarde, senhores! Sejam bem-vindos!

Os americanos ocupam o sofá em torno da mesinha de centro e trocam cartões de visita com os diretores da universidade. Ficamos no detalhe do cartão do líder, onde lê-se: **Patrick Walton – diretor presidente.**

CENA 24 – CASA DE LUCAS (EXT. / INT. / DIA).

STOCK-SHOT de uma favela da zona oeste do Rio. É uma favela plana. Vamos até a entrada do barraco onde Lucas mora. Ele está chegando em casa e permanece transtornado com a humilhação que sofreu de Cardoso. Chuta um balde, bate a porta, entra no barraco e apanha uma cerveja na geladeira velha. Segura o retrato da mãe. Do retrato, há a fusão para o *flashback*.

CENA 25 – *FLASHBACK* – ROÇA DE CANA DE AÇUCAR (EXT. / DIA).

Lucas, ainda menino, ajudando os pais agricultores.

Mãe – Esse menino nunca vai ser ninguém trabalhando aqui, José.

Pai – Ele tem que me ajudar. A gente precisa comer.

Mãe – (p/Lucas) Um dia, você ainda vai ser doutor, meu filho. Você vai ser doutor.

CENA 26 – CASA DE LUCAS (INT. / DIA).

Lucas no barraco, segurando a foto. Ele pousa o retrato na mesa. Abre a gaveta. Vemos um revolver prateado, um canivete e uma pequena quantidade de dinheiro. Do detalhe das notas de cinquenta, voltamos para o *flashback*.

CENA 27 – *FLASHBACK* – BOTECO (INT. / DIA).

Lucas, já adulto, conversando com Cardoso em um boteco. Eles bebem cachaça e comem torresminho.

Cardoso – É a tua chance de mudar de vida. É só fazer um montão de xis no cartão de respostas. Você ainda vai ser doutor, rapaz!

Lucas – Vou mesmo?

Cardoso – Se fizer eu que mando, vai sim. Ou será que você quer ser pobre a vida inteira?

Lucas – Não, claro que não.

Cardoso – Então me escuta. Você só precisa fingir que é analfabeto e fazer a porra do vestibular. O resto eu arrumo. (*enche o copo de Lucas*)

Lucas – Mas e se alguém descobrir?

Cardoso – Ninguém vai descobrir, rapaz! (T) E você é quase analfabeto mesmo. Olha a grana aqui. (*mostra três maços com notas de cinquenta*) Vai querer ou não vai?

Lucas – Tudo bem, eu faço. (*vira o copo de cachaça de um gole só*)

Cardoso – Mas presta atenção: você não me conhece! A gente nunca conversou! Ouviu bem?

Lucas – Sim, senhor.

No sorriso de satisfação de Cardoso.

CENA 28 – CASA DE LUCAS (INT. / DIA).

Voltamos para Lucas nos dias de hoje. Ele vai até uma estante e apanha alguns jornais velhos. Na capa do primeiro deles, aparece a manchete: *Analfabeto aprovado no vestibular.* Outro diz: *Escândalo mancha o nome da Universidade Bartolomeu Dias.*

CENA 29 – COBERTURA DE JAIME ORTEGA – SALA (INT. / DIA).

Jaime Ortega, os diretores da Bartolomeu Dias e os analistas financeiros já estão sentados na sala de estar. Todos bebem uísque. O clima é descontraído.

Patrick – (*com leve sotaque americano*) De fato, este país tem belas mulheres, senhores. Gostei muito do carnaval e, se me permitem a sinceridade, sobretudo das mulatas.

Todos sorriem protocolarmente. Apenas Cardoso parece achar muita graça de tudo o que é dito, com sonoras gargalhadas.

Cardoso – Nosso principal produto de exportação são elas, *mister* Patrick. Ganham da banana, da laranja, do café e até da cachaça mineira! Nosso carnaval é um verdadeiro pré-sal de mulheres bonitas.

Gabriel – Se o movimento feminista ouve isso?! Sei não, gordo!

Cardoso engole o sorriso. Todos seguem a pauta de risadas forçadas. Depois de um leve arranhar na garganta, Ortega corta o princípio de silêncio. Coloca as mãos, brevemente, em uma das pernas de Patrick.

Ortega – Mas me conte o plano do seu grupo.

Patrick – Nossa intenção não é apenas comprar 30% da universidade. Queremos abrir o capital da empresa. No mercado de ações, a companhia pode render até quatro bilhões. Não se pode desperdiçar uma oportunidade como essa.

Henrique – (*Muito formal*) Na primeira vez, os senhores disseram que queriam informações técnicas sobre a universidade. Gabriel e eu reunimos alguns balancetes dos últimos anos. Só que ficamos em dúvida sobre os outros dados de que vocês precisam.

Patrick – (*para Henrique)* Qual o conceito da sociedade carioca sobre o ensino da Universidade Bartolomeu Dias?

Gabriel – (*se mete na conversa)* Temos os melhores professores, os melhores laboratórios e excelentes projetos pedagógicos.

Patrick – Sim, eu não duvido disso. Mas não foi o que perguntei. Acredito que o ativo mais valioso nesse negócio é a percepção sobre a qualidade do ensino. O *environment* é importante.

Henrique – Aonde o senhor quer chegar?

Patrick – Nossos parceiros nos Estados Unidos querem ter garantias de que a mulher de César não é apenas honesta, mas parece honesta. Se é que me entendem...?

Patrick ri da própria piada, que lhe parece genial. Os diretores não acham muita graça e se entreolham. Gabriel se levanta.

Gabriel – Vou pegar mais uísque. Henrique, me ajuda aqui com o gelo?

Os dois se afastam até o bar, mas ainda estão na mesma sala. Cardoso acompanha a saída de ambos com um malicioso olhar de curiosidade.

Henrique – Eles não são bobos, Gabriel. Sabem que temos um conceito ruim com o público desde aquele vestibular do analfabeto. Vão forçar a barra pro Doutor Jaime baixar o preço.

Gabriel – E ainda teve essa porra de tiro no *campus*!

Henrique – Eu duvido que falem diretamente disso, mas ficou claro que esse Patrick vai negociar com um dossiê na manga. Eles querem pechinchar discretamente.

Os diretores voltam para o ponto da sala onde acontece a reunião. Gabriel traz a garrafa de *scotch* e enche o copo de Patrick.

Gabriel – (*Muito formal*) Se os senhores ficarem confortáveis, podemos fazer uma pesquisa para aferir o que desejam.

Patrick – Não creio que seja necessário. Isso atrasaria muito nosso trabalho e precisamos apresentar resultados nos próximos dias.

Henrique – Qual é a sua sugestão, *mister* Patrick?

Patrick – Vamos passar o final de semana estudando os relatórios. Na segunda-feira, marcamos uma reunião e apresentamos uma proposta.

Jaime Ortega abre um leve sorriso que significa a sua aprovação. O reitor se levanta. O gesto é seguido por todos. Ele cumprimenta cada um dos investidores, deixando Patrick por último.

Nos olhares trocados entre Jaime Ortega e Patrick Walton.

CENA 30 – CAMPUS NORTE DA BARTOLOMEU DIAS (EXT. / DIA).

Pastoriza caminha pelo *campus*. Chega a um prédio muito próximo ao Morro da Cuíca. Na fachada, está o letreiro: **Laboratório de Farmácia.** Ana Tereza (Tetê), professora do laboratório, 45 anos, óculos de intelectual escondendo a beleza, jaleco branco, vem ao encontro de Pastoriza. Eles se cumprimentam com intimidade e entusiasmo. São amigos de longa data.

Pastoriza – Cadê os alunos, Tetê? Tão de folga, hoje?

Tetê – Eu liberei os garotos. Tem uma palestra de um cientista chato lá no auditório. É um evento político. (*irônica*) Só tem *quorum* se a gente obrigar os alunos a assistir.

Pastoriza – (*ansioso*) Que bom! Preciso muito falar contigo.

Tetê – O que foi que aconteceu, Antônio? Fiquei muito preocupada quando você me ligou.

Pastoriza – Sabe essa menina que levou o tiro aqui no campus?

Tetê – Claro. A Adriana. Foi minha aluna. Ela estuda aqui: na faculdade de farmácia. (T) Tô chocada com isso.

Pastoriza – Pois é! O reitor me colocou pra investigar o caso.

Tetê – (irritada) De novo, Antônio? Não basta investigar a gente com essas tuas auditorias internas? Agora virou detetive de polícia?

Pastoriza – Foi ordem do patrão. O que eu posso fazer?

Tetê – Você continua na mão do Ortega, né? (T) Sinceramente? Eu não te entendo! (T) Você é um dos melhores analistas da cidade. Por que não sai daqui?

Pastoriza – Você sabe o motivo, Tetê.

Tetê – (*sobe o tom*) Não acredito! Ainda é aquela dívida ...? (T) Você continua jogando, Antônio?

Pastoriza – A vida é um cassino, minha linda. (*irônico*) O problema é que a banca sempre ganha. (T) Bom, vim aqui porque preciso da tua ajuda. (*dá as costas para TETÊ*). Mas, deixa pra lá!

Tetê – Peraí! (*segura Pastoriza pelo braço*) Volta aqui! Sem essa de chantagem emocional. (T) Qual é, Antônio? Ninguém te conhece como eu. (*carinhosa*) Nunca te deixei na mão! Diz logo o que você quer!

Pastoriza tira a letra do bolso. Não mostra para Tetê.

Pastoriza – (*apontando para o laboratório*) Será que podemos usar o teu laboratório?

Na fachada do laboratório.

CENA 31 – CLIPE /ANOITECER.

Anoitece no Rio de Janeiro.

CENA 32 – CASA DE RAUL SILVÉRIO – SALA (INT. / NOITE).

A ampla mesa da sala de jantar é ocupada apenas por três pessoas, entre as quais está o próprio Raul Silvério. Ele se senta na cabeceira. Os outros são um deputado federal e um executivo da Universidade Provinciana, ambos na casa dos 40 anos, muito elegantes. A comida é sofisticada e todos bebem vinho.

Silvério – Pilantra! Aquilo lá é um pilantra!

Deputado – (*rindo*) Nem a CPI te deixa assim, Silvério.

Silvério – A oposição é pinto perto do Ortega, deputado.

Executivo – (*p/ Silvério*) Mas ele só dá tiro no pé. Nós somos muito melhores. A Universidade dele tá falindo.

Silvério – Falindo? Já era pra ter falido! Mas o safado continua comprando fiscal, inventando curso de corte e costura. De manicure. De carpinteiro. (T) Tem até faculdade de carnaval lá. (T) Carnaval? Que é isso? Formação acadêmica de bicha louca? Daqui a pouco vai ter até curso de cafetão!

O silêncio toma conta da mesa. O executivo e o deputado se entreolham, constrangidos.

Silvério – Que foi? Quem vê pensa que nunca comeram as meninas, né? Vocês têm até apelido lá dentro.

Deputado – Não falei nada, senador.

Silvério – O Ortega tá no fim. Podem acreditar. Aquele *fast food* do ensino vai falir!

Na fisionomia satisfeita de Silvério.

CENA 33 – ALTO DO MORRO DA CUÍCA (EXT. / NOITE).

O dono do Morro com vários comparsas. Final do "churrasco-*funk*". Latas de cerveja espalhadas pelo chão. O som ainda rolando. Um garoto de 14 anos, "vapor" do tráfico, chega apressado.

Dono do morro – Dá o papo aí moleque! Qual foi a do tiro na faculdade?

Vapor – O bagulho é sinistro, patrão. Tô vindo lá do hospital. Tu até conhece a mina que levou o pipoco aí embaixo.

Dono do morro – Coé, neguinho? Conheço quem, porra?

Vapor – A mina é do teu contexto, patrão. É a tal da Adriana, que tá sempre aqui na comunidade...

O dono do morro transtornado. Joga uma lata de cerveja no chão. Empunha o fuzil e vira-se para os comparsas.

Dono do morro – *(irritado)* Coé dessa parada, porra? *(para todos)* Geral na atividade! Acabou a festa! *(atira na caixa de som)* Quero saber quem mandou passar a boneca. Se foi alguém aqui do morro, vou cobrar geral. Tá ligado? Bora, porra. Vaza! Vaza! *(p/ o vapor)* E tu, neguinho... Vai lá na faculdade e diz que eu quero levar uma explanação com o diretor.

Na expressão irritada do dono do morro.

CENA 34 – UTI DO HOSPITAL (INT. / NOITE).

Adriana permanece imóvel. Novamente, mostramos a placa na parede que identifica o lugar: UTI. Num plano subjetivo, percebemos que a visão está turva, embaçada, ainda limitada pela impossibilidade de mexer a cabeça, o que demanda um enorme esforço para enxergar os objetos da sala. Outros quatro pacientes, todos inconscientes, dividem o espaço com ela. Cada um na sua baia.

Um tubo liga a imensa máquina na mesa lateral ao "suposto" buraco aberto no meio do pescoço de Adriana. Outra máquina parece controlar seus batimentos. E uma terceira faz ruídos irritantes como um sonar de submarino. Vários fios estão colados pelo corpo.

Ainda o plano subjetivo. Ela percebe a agulha do soro espetada na mão esquerda, mas não consegue movê-la. Tenta mexer braços, pernas e dedos. Não consegue. Um enfermeiro aparece para conferir os aparelhos.

Adriana – (*pensamento, em off*) Fala comigo! (P) Ei, volta aqui! Vem cá! (*angustiada*) Por favor!!!

O enfermeiro sai.

Adriana fica sozinha em sua baia. Um outro homem vestido com roupa de enfermeiro entra na sala. Adriana tenta iniciar novo contato com os olhos. Força as pálpebras, mas o olhar segue estático, longínquo. Ela vê o homem, que está de costas. Nos olhos de Adriana há uma súplica, um pedido de ajuda. O homem se vira.

Vemos que o falso enfermeiro é Lucas. Saímos do olhar desesperado de Adriana para o:

SEGUNDO INTERVALO COMERCIAL

3º BLOCO

CENA 35 – UNIVERSIDADE PROVINCIANA – SALA DE AULA (INT. / NOITE).

Nicole Barros é a professora. Vemos o diário de classe. No cabeçalho está escrito **Universidade Provinciana**. Um pouco abaixo, o nome da disciplina: **Jornalismo Investigativo**. São cerca de quarenta pós-adolescentes na sala. Apenas uma pequena parcela da turma presta atenção à aula.

Nicole – Todo jornalismo é investigativo, senhores. A matéria não se baseia em denúncias, apenas começa com elas.

No fundo da sala, duas alunas fazem comentários indiferentes à aula. São loiras, 18 anos, roupas decotadas, insinuantes.

Aluna 1 – (*falando de Nicole*) Essa mulher é vesga ou é impressão minha?

Aluna 2 – Sei não. Mas o cabelo é *megahair*. Olha lá: "mó" cara de aplique.

Aluna 1 – Eu tinha que lavar o meu só hoje de manhã. Mas não aguentei e lavei logo de noite. O cabelo fica horrível nesses dias.

Aluna 2 – Mas a tua chapinha ficou ótima. Só acho que você devia dar um jeito nessas marcas do lado do olho. Parece ruga. Eu, hein!

Aluna 1 – Que nada. Eu botei aquele ácido que fala na TV. Como é que é mesmo? Hi-a-lurônico.

Aluna 2 – Ah, sim, é o mesmo que eu botei.

Aluna 1 – Não, sua louca. O que você colocou foi botox. (T) Que nem essa professora aí!

A palavra botox ecoa pela sala. É a deixa para que Nicole entre na conversa.

Nicole – (*para a aluna 1*) Quem sabe você não faz uma reportagem investigativa sobre essas clínicas piratas de cirurgia plástica? Pode até se passar por cliente. (T) É sério! *(chega perto da aluna)* Ninguém mais indicada do que você.

A duas alunas ficam sem graça e a turma cai na gargalhada. Corta na fisionomia vitoriosa de Nicole.

CENA 36 – LABORATÓRIO DE FARMÁCIA (INT. / NOITE).

(*CONT. da cena 30*) Sala com 15 microscópios, divididos em três bancadas. Na quarta bancada está o 16º microscópio, muito maior que os outros. Há tubos de ensaio, compostos químicos, computadores, uma centrífuga e outros utensílios modernos, misturados a recursos antigos, como um retroprojetor e uma caixa de giz. Tetê tranca a porta por dentro. Pastoriza inspeciona o lugar. Aponta para o microscópio grande.

Pastoriza – Então foi esse o microscópio que custou duzentos mil reais?

Tetê – Não. Aquele foi o de biologia. Esse foi muito mais caro.

Pastoriza – Mais caro? (*irônico*) É por isso que estamos na falência!

Tetê – Deixa de conversa, Antônio. Me diz logo o que você quer?

Pastoriza entrega o papel com a letra para Tetê.

Pastoriza – Preciso analisar esse papel!

Tetê – Analisar o quê?

Pastoriza – Como é que eu vou saber? A especialista é você!

Tetê examina a letra. Detalhe no refrão da letra: "**fogo no X9**"

Tetê – Pô, Antônio! Isso aqui é uma letra de funk. Você tá de sacanagem comigo!

Pastoriza – Olha atrás da letra.

Tetê examina o verso do papel. Detalhe na frase **"As milícias vão invadir. Leve para o laboratório."**

Tetê – E daí?

Pastoriza – Daí que o bilhete manda levar pro laboratório.

Tetê – Mas pode ser qualquer laboratório, Antônio! (*irritada*) Isso não faz o menor sentido. É só um pedaço de papel. Não significa nada. (T) Eu preciso de um parâmetro.

Pastoriza – O parâmetro foi dado por uma aluna tua. Aqui da farmácia, Tetê. (*sobe o tom*) Esse papel tava na mão da menina que foi baleada. E eu acho que foi ela que escreveu essa mensagem no verso. (*aponta para a frase no papel*).

Tetê assustada. As mãos tremem. Ela anda pelo laboratório, nervosa. Coloca o papel no microscópio maior. Olha rapidamente pelo microscópio. Faz um movimento negativo com a cabeça. Fica mais nervosa.

Tetê – Não dá! Não sei o que fazer! Ainda preciso de um parâmetro.

Pastoriza – (*mais irritado*) Porra! A menina tá quase morrendo e você me fala em parâmetro!

Tetê – Calma, Antônio. Tô tentando ajudar. Eu faço ciência. Tenho que pensar no que vou pesquisar.

Pastoriza – (*ainda irritado*) Que ciência é essa que só fala em parâmetro? Então é isso? (*sarcástico*) O método se sobrepõe ao cientista?

Nas últimas palavras de Pastoriza, Tetê vira-se e o encara. Num rompante, segura-o firme pelo braço.

Tetê – (*excitada*) O que você disse?

Pastoriza – Que o método se sobrepõe...

Tetê – (*interrompendo, ofegante*) É isso!

Pastoriza – Isso o quê?

Tetê – Sobreposição. Ou melhor: superposição. *(Tetê divagando)*

Pastoriza – Hei! Volta pra Terra. Fala comigo... Em português.

Ainda excitada com o *insight*, Tetê desliga as luzes do laboratório. Em seguida, aperta um interruptor. Surge uma iluminação azul. Tetê leva o papel até o microscópio maior novamente.

Tetê – Dá uma olhada nisso, Antônio.

Pastoriza olha no microscópio. No detalhe, vemos uma fórmula química surgir no papel, em superposição à letra de funk.

Pastoriza – Que negócio é esse, Tetê?

Ficamos na fórmula:

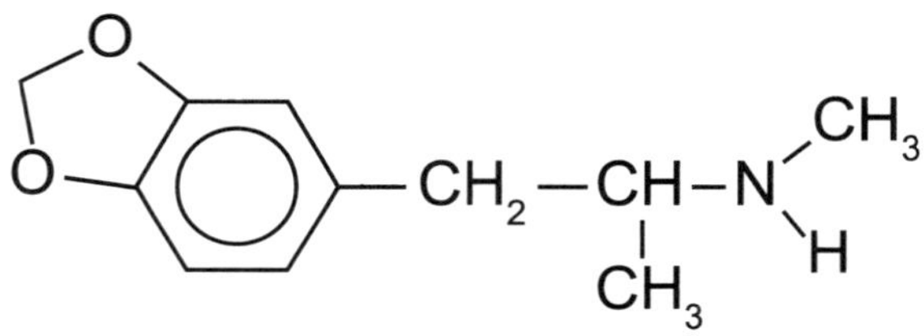

CENA 37 – SALA DE AULA (INT. / NOITE).

Nicole finaliza sua aula em meio ao falatório geral da turma.

Nicole – Bem, turma, ficamos por aqui.

A jornalista desliga o *data show* e recolhe o *notebook*.

Nicole – Não deixem de ler o capítulo três do livro do Muniz Sodré.

De dentro da bolsa, Nicole pega a chave do carro. Ela repara no chaveiro, onde está escrita a palavra **Nina.** No detalhe do chaveiro, vamos para o *flashback*.

CENA 38 – CONT. *FLASHBACK* – SALÃO DE FESTAS E APARTAMENTO DE PASTORIZA (INT. / NOITE).

Pastoriza e Nicole dançam juntos em uma festa. O salão está cheio. Há vários casais na pista. A música é romântica, lenta, melodiosa.

Pastoriza – (*apaixonado*) Nina... *(um pouco mais alto)* Nina...

Nicole – (*Tímida*) Para, Antônio. Não me chama assim. (*melosa*) Esse apelido é só nosso...

Ela deita a cabeça no ombro de Pastoriza rapidamente. Ele sussurra alguma coisa. Os dois se encaram e se beijam. Continuam a dança. Os rostos colados.

Cortes descontínuos. Formato de clipe. Nicole e Pastoriza discutem no quarto. Discutem na cozinha. Discutem no banheiro. Discutem na sala. *(detalhe de figurino: discussão na cozinha é verão. Na sala é inverno.)*

Na sala.

Pastoriza – (*intempestivo*) Para com isso, Nina!

Nicole – (*com raiva*) Não me chama assim! Detesto esse apelido!

Corte descontínuo. Nicole está na entrada do apartamento de Pastoriza. A porta está entreaberta. Ela carrega uma pequena mala e uma bolsa. Há pequenos caixotes na sala. Pastoriza em pé, encostado na parede.

Pastoriza – Então é isso? A história termina assim?

Nicole – Todo encontro é também despedida. Foi você que escreveu isso.

Pastoriza – E o que você sentia? Virou pó? Espuma de chuveiro?

Nicole – Não! ... Virou um vício.

Pastoriza – Você é meu vício. *(Pastoriza beija Nicole na testa. Ela se esquiva)*

Nicole – Beijo na testa é pior do que separação!

Nicole sai. Pastoriza fecha a porta.

Corte descontínuo. Sala do apartamento de Pastoriza. Ele está numa roda de pôquer com outros cinco jogadores. Barba por fazer, olheira. Muitas fichas na mesa. Em cortes descontínuos, as fichas na frente dele vão desaparecendo. Os jogadores vão embora. Pastoriza sozinho. Garrafa de uísque vazia. Cartas e cópias de promissórias na mesa.

CENA 39 – *SHOPPING* (INT. / NOITE).

Henrique Freitas se encontra com três operadores do mercado financeiro na praça de alimentação de um *shopping* da Barra da Tijuca. Todos estão na faixa dos trinta e poucos anos, bem vestidos, altivos.

Henrique – Tudo certo, então?

Operador 1 – Tudo certo.

Operador 2 – (*para Henrique*) Você só não pode esquecer de nos avisar na hora que fecharem negócio com os americanos. E também quando as ações forem lançadas na bolsa.

Operador 3 – (*para Henrique*) Peraí, eu ainda tô com uma dúvida.

Henrique – Que dúvida?

Operador 3 – (*para todos*) Nós trabalhamos no mercado financeiro. É a oferta pública de ações que nos interessa. (*Olhando para Henrique*) Como é que vou saber se você ainda vai estar na diretoria da Universidade depois da venda pros americanos?

Operador 2 – É verdade. A gente precisa de informações privilegiadas sobre o lançamento das ações.

Henrique – Não se preocupem. Está tudo arranjado. E eu só ganho se vocês ganharem. Somos sócios.

Operador 1 – (*olhando para todos*) Bom, então temos um acordo?

Todos fazem que sim com a cabeça.

Operador 1 – Negócio fechado.

Henrique – Maravilha.

Operador 2 – (*p/Henrique*) Vamos fazer assim: na hora da venda pros gringos, a primeira parte do dinheiro vai pra tua conta. O resto a gente deposita quando as coisas forem andando.

Operador 1 – E cinco por cento do que a gente comprar no mercado de ações também é teu. Tudo bem?

Henrique – (*Sorrindo*) Perfeito.

No sorriso de Henrique.

CENA 40 – CASA DE SILVÉRIO (INT. / NOITE).

Raul Silvério conversa com um homem que, em princípio, não aparece em cena. O foco está no senador, que segura dois copos de uísque e parece exultante.

Silvério – (*sorrindo*) Eu sabia que aquele desgraçado ia abrir as pernas. Ele não tem pra onde correr.

Silvério caminha até o seu interlocutor, que está sentado.

Silvério – Agora tenho que arranjar um jeito de baixar ainda mais o preço daquela espelunca sem que o Ortega desconfie de nada!

Patrick – (*A imagem ainda está em Silvério*) (*off*) Fique calmo, senador. (*A imagem agora está em Patrick Walton, que recebe o copo de uísque*). O Ortega nem sonha que o senhor é o verdadeiro comprador. (T) Tinha que ver a cara daqueles cagões quando demos a entender que a faculdade é cheia de problemas.

O mordomo entra na sala.

Mordomo – Senador Silvério, o homem que o senhor esperava já chegou.

Silvério – Ah, sim, mande entrar.

O homem entra na sala, mas o foco está no rosto de Silvério. (Não vemos o visitante)

Silvério – (*p/ o visitante)* Deu certo, hein!? Agora sim vamos destruir aquele safado!

No sorriso triunfante de Silvério.

CENA 41 – *CAMPUS* BARRA – ESTACIONAMENTO (EXT. / NOITE).

Fachada do *campus* Barra da Bartolomeu Dias. Vamos até o estacionamento. Gabriel encontra um professor de direito civil, 70 anos, que acaba de se despedir dos alunos da última aula da noite. Alguns desses alunos acenam para ele.

Alunos – (*alguns metros adiante*) Boa noite, professor!

O professor acena de volta com a mão aberta. Gabriel está tenso, fisionomia fechada. Ele folheia os papeis que o professor trouxe.

Gabriel – Mas como é que o velho muda o testamento de novo?

Professor – Calma, rapaz. Eu já sou testamenteiro do teu pai há trinta anos. Doutor Jaime muda o texto todo mês. No último, era você o maior beneficiário, lembra?

Gabriel – Mas agora é meu irmão que está com a maioria das cotas! Quem trabalha sou eu, porra! Ele não faz nada na faculdade. (T) E os dois nem se bicam! Eu é que mereço ficar no controle. (T) Escuta aqui uma coisa: eu não posso mais aturar essas mudanças!

Gabriel entrega um pacote de dinheiro para o professor. Ele fecha a pasta onde estava o testamento, abre o carro com o controle eletrônico e se despede.

Professor – Vamos embora. Já é quase meia-noite. Fique calmo, rapaz. Não tem nada que você possa fazer.

Gabriel – (p/si mesmo) Claro que tem. Sei exatamente o que vou fazer. Já cansei de ficar na mão do velho.

Na expressão conturbada de Gabriel.

CENA 42 – CASA DE SILVÉRIO (INT. / NOITE).

(Cont. da cena 40) O senador Raul Silvério está sentado na poltrona da sala. Ele conversa com Patrick e com o homem que acaba de chegar, agora também acomodado no sofá da mansão do senador. Vemos que o sujeito é Cardoso.

Silvério – E agora? Vamos conseguir derrubar o preço? Não pago aquilo nem a pau!

Cardoso – Estamos tentando, senador. Mas é difícil. O homem é muito resistente.

Cardoso está tenso, dedilha o uísque para mexer as pedras de gelo.

Silvério – Você sabe muito bem que sem o Patrick e os americanos esse troço não andaria.

Patrick – (*para Cardoso*) Acho que está faltando um pouco de empenho.

Cardoso – Claro que não! Eu venho fazendo tudo o que posso. Nos últimos dois anos, criei vários eventos pra manchar o nome da universidade. Teve o escândalo do analfabeto, as matérias no jornal, as peças de *marketing* que não dão em nada. (T) Vocês sabem disso. Não tenho culpa se o Ortega é teimoso!

Cardoso toma quase metade do copo em único gole e afrouxa o colarinho.

Silvério – (*para Cardoso)* Quando te contratei, sabia que você era o homem de confiança do Ortega. Mas essa demora me irrita! Só agora conseguimos avançar! Não dá pra ser assim.

Patrick – (p/Silvério) Vamos avançar, senador. Esse mecanismo de abertura de capital vai fazer com que o senhor tenha o controle mais adiante. Só que o nosso amigo aqui (*bate nas costas de Cardoso*) tem que ajudar mais.

Silvério – Tenho certeza que ele vai. (*para Cardoso)* Não é Cardoso?

Na face ruborizada de Cardoso, suando muito.

CENA 43 – UTI DO HOSPITAL (INT. / NOITE).

Lucas para diante de sua vítima com as mãos trêmulas. Discretamente, ele puxa a cortina em torno da baia individualizada da UTI, certifica-se de que não há ninguém por perto e desliga os aparelhos eletrônicos. Apenas o tubo de respiração, que é mecânico, permanece em funcionamento.

Mostramos os olhos esbugalhados de Adriana. Eles parecem ligeiramente virados para esquerda, como se observassem tudo.

Lucas retira um canivete do bolso, corta o tubo de respiração e vai embora.

Os olhos de Adriana continuam abertos.

CENA 44 – LABORATÓRIO DE FARMÁCIA (INT. / NOITE).

(*CONT. da cena 36)* Tetê observa a fórmula no microscópio. Detalhe na fórmula. Tetê muito nervosa, ofegante. Ainda a iluminação azul.

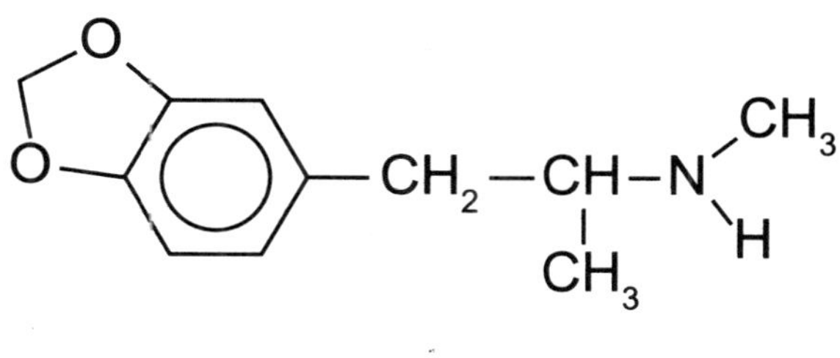

Tetê – (*mais ofegante*) Não é possível! Não é possível!

Pastoriza – Dá pra explicar que fórmula é essa?

Tetê – (*ainda ofegante, grave*) Não dá pra acreditar!

Pastoriza – Fala logo o que é isso! Tá me deixando nervoso, Tetê! *(Tetê tira os olhos do microscópio e volta-se para Pastoriza)*

Tetê – *(didática)* Isso, meu amigo, é metileno-dioxi-meta-anfetamina.

Pastoriza – Pô! Vai falar nessa língua de novo?

Tetê – Ecstasy, Antônio. *(apontando para o papel)* Isso aqui é a fórmula estrutural do ecstasy. A droga sintética mais vendida no mundo. Só que tem um detalhe a mais. Um pequeno detalhe que faz toda a diferença.

Pastoriza – Que detalhe?

Tetê – Você sabe que eu estudei a composição das drogas sintéticas no meu doutorado, Não sabe?

Pastoriza – Sei.

Tetê – Pois é. *(volta a olhar no microscópio)* O que eu tô vendo aqui é uma alteração da fórmula original. *(detalhe no CH3 a mais da fórmula)*. Eu já tinha ouvido falar que era possível, mas nunca tinha visto. Isso aqui é dez vezes mais potente que o ecstasy.

Pastoriza – Mas dá pra saber tudo isso só olhando o papel?

Tetê – Dá sim. Mas não é só isso. Vem cá. Dá uma olhada. *(Pastoriza olha no microscópio)*. Tá vendo esse ponto preto no meio do papel?

Pastoriza – Tô. *(ainda olhando no microscópio)*

Tetê – Aposto o meu diploma que é um fragmento da droga. *(Pastoriza levanta a cabeça e olha para Tetê com surpresa)*

Tetê se aproxima do papel e retira o fragmento, olhando no microscópio. Mergulha o fragmento num tubo de ensaio que contém uma solução transparente. Coloca o tubo de ensaio numa centrífuga. Liga as luzes normais. Devolve o papel para Pastoriza.

Pastoriza – Por que você tá tão nervosa?

Tetê – *(tremendo)* Isso aqui vale ouro, Antônio. Se a droga é dez vezes mais potente, significa que é dez vezes mais barata. Entendeu?

Pastoriza – Mas deve precisar de um superlaboratório pra produzir esse negócio.

Tetê – Nada disso! Droga sintética é diferente. A partir desse fragmento, qualquer estagiário de química pode produzir a droga num laboratório de fundo de quintal.

Pastoriza – Estagiário de química ou estagiário de farmácia?

Tetê – *(aflita)* Os dois. Pode ser de química, de farmácia, de medicina. Sei lá! *(aflitíssima)* Eu... Bem... Eu pensei que era boato. (P) Só um boato!

Pastoriza – *(sobe o tom)* Que boato? Fala!

Tetê – *(tentando se recompor)* O boato que rola aqui na faculdade é que os traficantes da Cuíca iam colocar uma nova droga no morro. Eu nunca dei bola pra isso, mas agora... Agora faz sentido. *(T)* A menina... O tiro... A fórmula... *(T)* A Adriana fazia trabalho social no morro. Conhecia todo mundo do movimento. Deve ter levado um tiro por causa desse papel. *(Pastoriza a consola)*

Pastoriza – *(atônito, olhando para a centrífuga)* Quanto tempo esse teste leva pra ficar pronto?

Tetê – *(mais calma)* Umas oito horas. Se eu trabalhar a noite inteira, te entrego um laudo de manhã cedo.

Pastoriza – Não. Eu não quero que você passe a noite aqui. Vou entregar isso pra polícia. O caso tá resolvido. Vamos embora.

Tetê – Não, Antônio. Eu quero fazer esse teste. Essa é a pesquisa da minha vida. Sou cientista. Preciso confirmar a hipótese. (T) E tem mais uma coisa. Não sei se a polícia é o melhor caminho.

Pastoriza – *(surpreso)* Não entendi.

Tetê – O outro boato que rola na faculdade é que a milícia também tá atrás dessa droga. E foi o que a menina escreveu no papel. Não foi?

Pastoriza – Foi.

Tetê – Todo mundo sabe que a milícia é formada por policiais, Antônio. Você não pode entregar esse papel pra eles.

Pastoriza – E eu faço o quê, então? Não vou te deixar aqui, sozinha.

Tetê – Não sei. Eu acho que... Sei lá...! É melhor a gente esperar o resultado do teste. (T) *(enfática, grave)* Você tá no meio de uma guerra, Antônio. Você tá no meio... de uma guerra.

Na expressão espantada de nosso protagonista, vamos para o:

FIM DO EPISÓDIO

DESCRIÇÃO DAS PERSONAGENS NA ANÁLISE DO PROTAGONISTA

Protagonista:

ANTÔNIO PASTORIZA, 48 anos – Psicanalista

Meu nome é Pastoriza. Dizem que sou mágico, vidente. Que faço até milagre. São as fantasias que o público leigo tem sobre nós, os psicanalistas. Quanta superstição, minha gente! Até o meu patrão, que é um homem esclarecido, acha isso. O doutor JAIME ORTEGA me contratou pra coordenar o curso de psicologia da universidade dele, a Bartolomeu Dias. Mas como acredita nos meus "poderes especiais", também me colocou na auditoria interna da faculdade. O que inclui desde a resolução de conflitos financeiros até investigações especiais determinadas por ele.

Foi assim que acabei como "investigador" do crime que aconteceu no *campus* Norte da Bartolomeu Dias. Uma menina foi baleada após fugir do Morro da Cuíca, que fica ao lado da faculdade. A princípio, um crime comum. Mas o reitor acha que houve uma conspiração. Para o doutor ORTEGA, tudo foi armado por um inimigo dele: o senador RAUL SILVÉRIO, dono de uma universidade concorrente. No dia do crime, o doutor ORTEGA ia negociar parte da universidade com uns americanos. Seria a salvação financeira da instituição. Mas o tiro pode melar o negócio.

Pessoalmente, não acredito nessa teoria da conspiração. Tiroteios são comuns no Rio de Janeiro. Principalmente em favelas. E o nosso *campus* fica quase dentro de uma das maiores favelas da cidade. Mesmo assim, sigo as ordens do meu reitor. Ele me deu um papel que estava na mão da menina quando ela foi baleada. É uma letra de *funk*. Coisa muito esquisita. Mas é a única pista que tenho.

Como vocês já perceberam, não tenho vocação pra policial. As pessoas me consideram um profissional respeitado, inteligente, perspicaz. Mas sou apenas um psicanalista. Essa é a única arma que tenho para desvendar o crime. E não pensem que a profissão faz de mim um sujeito com total equilíbrio e discernimento. Isso é mais uma das fantasias sobre nós. Tenho as fraquezas e contradições de qualquer ser humano. Algumas delas são até acentuadas.

Sou solitário, nostálgico, não tenho filhos, possuo poucos amigos e vivo distante da família. Resolvo os mais complexos problemas psíquicos de homens, mulheres e casais. Mas nunca resolvi minhas próprias histórias de amor. Nunca vivi finais felizes. Estou cansado de meus fracassos. As marcas de expressão no rosto denunciam a minha idade e a minha angústia.

Dizem que guardo uma aura triste no modo de ser, agir e vestir. Sei dizer a palavra certa, na hora certa, e arrancar das pessoas o que elas devem dizer. Mas eu travo quando me deparo com minhas próprias questões. A principal delas: meu relacionamento com NICOLE BARROS, uma repórter linda, que me abandonou há quase um ano. Nessa fracassada história de amor, estão resumidos os conflitos, as dúvidas e as inseguranças de quem sempre foi pago justamente para resolver os conflitos, dúvidas e inseguranças dos outros. Não digam que sou complexo, por favor! Eu já fiz esse autodiagnóstico.

Cobro trezentos reais a hora. Juntei um bom dinheiro atendendo empresários, políticos, artistas e *socialites*. E o salário na universidade também é muito bom. Meu problema são os gastos com um pequeno vício, o jogo. Sim, é verdade. E pra vocês posso confessar: sou viciado em pôquer. Já perdi muita grana graças à falta de ases e ao excesso de blefes. Ainda bem que o JAIME ORTEGA sempre paga as minhas dívidas. O reitor tem a alma caridosa, nunca me deixa na mão. Por isso, jamais recuso seus pedidos.

Moro em um confortável apartamento em São Conrado. Mas, ao contrário do famoso consultório-*point* dos ricaços cariocas, minha casa é muito desorganizada. Coisas de quem vive sozinho e não tem mulher. Todos os dias, juro que finalmente vou comprar uma torradeira para o café da manhã, a mais simples que seja. É uma promessa antiga, que nunca se transformou em prioridade. Os pães são esquentados em um forninho velho, e sempre terminam com as bordas enegrecidas. O gostinho de queimado já faz parte de minhas sensações matinais rotineiras. E a cafeteira é tão velha que o pó fica todo na xícara.

Pra piorar, ainda tem essa investigação. Levei o tal papel encontrado com a menina para o laboratório de farmácia da universidade. E vejam só no que fui me meter: minha amiga ANA TEREZA, coordenadora do laboratório, descobriu que a letra de *funk* esconde a fórmula de uma nova droga sintética, dez vezes mais poderosa que o *ecstasy*. E ela ouviu o boato de que os traficantes e a milícia estão disputando o controle da distribuição dessa droga no Rio de Janeiro.

Ou seja, eu estou no meio de uma guerra. Ou melhor, de duas guerras. A primeira, entre milicianos e traficantes. E a segunda, entre os donos de duas grandes universidades brasileiras.

Não sei qual delas é a mais perigosa.

Sugiro que vocês leiam os perfis das personagens abaixo e tirem suas próprias conclusões. Mas não acreditem muito no que está escrito. Afinal, se não sou vidente, como poderia conhecer a vida de todas essas pessoas?

Personagens principais:

1. NICOLE BARROS

Nicole Barros, 33 anos – Repórter de televisão e professora da Universidade Provinciana, concorrente da Bartolomeu Dias. Uma mulher linda, jovem, de cabelos e formas exuberantes, inteligente, perspicaz, de perguntas diretas, incisivas. Tem muitos contatos, entradas e esquemas na Polícia Civil e Militar carioca, além de faro aguçado para reportagens investigativas. Sua ascensão na carreira jornalística foi meteórica.

No plano pessoal, é uma mulher que carrega o fardo de algumas frustrações amorosas. Quando o segundo marido a abandonou, a então futura repórter selou uma radical mudança de postura. Cursaria jornalismo e não mais deixaria margem para fracassos pessoais. Seria uma profissional decidida, de palavras definitivas, confiante no próprio taco.

Dizia que nunca mais se envolveria amorosamente com ninguém, mas acabou mudando de ideia quando me conheceu. Sem falsa modéstia, nossos encontros sempre foram memoráveis. O caso entre nós acabou há quase um ano. Bem... Acabar é modo de dizer... Também acho que ela ainda me ama, mas vocês terão algumas dúvidas. Talvez pensem: "esse PASTORIZA é um ingênuo." E talvez eu seja mesmo.

NICOLE virou uma jornalista respeitada que, logo no início da carreira, faturou um Prêmio Esso. Esse enredo, entretanto, é apenas a primeira parte de sua história, além da máscara que esconde sua verdadeira personalidade: fria, calculista e vingativa.

Vocês, caros espectadores, só saberão que NICOLE é uma bandida a serviço de um famoso contrabandista de drogas norte-americano – PATRICK WALTON – no final da série. Aparentemente, NICOLE é acima de qualquer suspeita, sempre em busca do furo de reportagem, da notícia em primeira mão, da sede de informações que é inerente à profissão de repórter. Mas a realidade é bem diferente.

Os conflitos psicológicos comigo, por quem realmente se apaixonou (acreditem, eu sei!), pontuarão toda a narrativa. Nós teremos algumas recaídas, já que nos completamos em todos os sentidos quando o assunto é sedução e duelos retóricos pra lá de inspirados. E não me chamem de pretensioso!

O desenrolar da temporada vai mostrar ainda que NICOLE teve um caso com o chefe de polícia civil do Rio de Janeiro, o delegado JOAQUIM VASCONCELOS. Com ciúmes de NICOLE, ele vai tentar me incriminar quando ADRIANA MAIA desaparecer do hospital onde foi internada. No fim, NICOLE confessará seus crimes em meu divã. E ainda viverá um triângulo amoroso comigo e com a estudante ADRIANA MAIA. Claro que eu ficarei com a estudante.

Ou não?

2. ADRIANA MAIA

Adriana Maia, 21 anos – Estudante de Farmácia baleada em pleno campus da Universidade Bartolomeu Dias. É loura, bonita, olhos verdes, quase escandinavos. Um tesão de mulher, meus amigos.

Ingênua e bom caráter, está sendo usada por milicianos e traficantes. De origem humilde, sem dinheiro para pagar a faculdade, foi aliciada pelo chefe de polícia civil, JOAQUIM VASCONCELOS, que também é o líder de uma milícia carioca. Passou a trabalhar informalmente para ele, em troca do pagamento da mensalidade de seu curso universitário.

Já o envolvimento com o bandido que comanda o tráfico de drogas no Morro da Cuíca foi por acaso. Como realiza trabalhos sociais na favela (pela faculdade), acabou conhecendo a mãe do traficante e salvando sua vida após um acidente. Mas ambos, traficante e policial, querem apenas explorá-la.

O verdadeiro objetivo de VASCONCELOS é investigar os boatos de que uma nova droga sintética, muito mais forte e barata do que as demais, está sendo produzida no morro do Cuíca, ao lado da Universidade Bartolomeu Dias (A verdade é que a droga é produzida no laboratório de farmácia da própria universidade, mas a polícia não sabe disso).

ADRIANA preenche dois requisitos fundamentais para a investigação: faz trabalhos sociais na favela e cursa a faculdade de Farmácia. Ou seja, não despertaria suspeita na comunidade e ainda poderia identificar a fórmula da nova droga, sua missão principal.

Após ser ferida, a estudante é internada com a suspeita de que poderá ficar tetraplégica. VASCONCELOS, então, forjará seu sequestro do hospital de forma que eu seja incriminado. Haverá até uma ordem de prisão para ANTÔNIO PASTORIZA em todas as delegacias da cidade. (Mas eu vou me livrar dessa, não se preocupem).

Na verdade, o chefe de polícia acredita que ADRIANA passou para o lado dos traficantes e pretende obrigá-la a contar tudo. O estouro do cativeiro da moça – que fica na comunidade onde VASCONCELOS atua como chefe da milícia – atrapalha os planos do delegado, cujas ligações clandestinas acabam descobertas.

ADRIANA MAIA vai revelar que o mandante do seu sequestro é o chefe de polícia civil. A notícia logo se espalhará pela imprensa e será a senha para a eliminação de VASCONCELOS.

Ela também terá um caso comigo, formando o tal triângulo amoroso com Nicole. Não vai ser difícil me apaixonar pela loura.

Outro ponto importante sobre a personagem é que a letra de *funk* encontrada com ela logo depois que foi baleada tem o título de "Fogo no X9". Na linguagem da polícia e dos traficantes, "X9" quer dizer alcaguete, dedo-duro.

Que relação essa letra tem com ela? Bem, só assistindo à série pra saber.

3. JAIME ORTEGA

Jaime Ortega, 73 anos – Reitor e dono da Universidade Bartolomeu Dias. É o meu patrão. Trata-se de um sujeito poderoso, vaidoso, onipotente, com tino comercial bem treinado desde moleque.

O doutor ORTEGA se orgulha do grande império construído à custa de muito suor, coragem e bons contatos, amealhados desde a época em que trabalhou como auxiliar de um banqueiro. É na confortável cobertura de frente para a praia da Barra da Tijuca que comanda os negócios, entre eles, a universidade. Delibera, despacha, demite, soca a mesa, discursa, filosofa e dá ordens como se estivesse no convés de um transatlântico. Sempre chama a atenção do interlocutor para isso. Gosta de vestir a farda imaginária, conduzir o leme retórico. Sente-se o próprio almirante Nelson da educação. Navega em cabotagem, cabotino, absoluto.

À mesa, senta-se na cabeceira. De frente para o mar, claro. Sua liderança é reverenciada e precisa de todos os rituais. Faz bem para o ego, massageia o narcisismo, rejuvenesce. O doutor ORTEGA é vegetariano, não consome sal, nem açúcar. Sempre foi ágil, dinâmico, curioso, cansando-se rapidamente de gabinetes, burocracias, papeladas intermináveis, conversas fiadas. Esse é o motivo pelo qual passou a juventude deixando de lado grandes oportunidades para alçar voos ainda maiores. Todos bem-sucedidos.

Trabalhou como jornaleiro, passou a caixa de banco, e ingressou na faculdade de Economia aos 18 anos. Aos 29, já era diretor de uma instituição financeira, a maior do país. Logo ganhou um presente do chefe: uma suntuosa casa no bairro dos Jardins, em São Paulo. Quem iria querer mais? Tinha uma carreira brilhante pela frente! Um futuro invejável! Uma ascensão meteórica! Pensou nos clichês desta vida perfeita e, com eles, no pavor da rotina. Tomou uma decisão que parecia insana: largou o banco e decidiu abrir uma faculdade. De apenas um curso – Economia – e pouco mais de 40 anos depois, a instituição decolou: hoje, já conta com 200 mil estudantes, 50 *campi* espalhados por todo o Brasil, unidades na Argentina e no México.

O doutor Ortega tem um tique nervoso peculiar: sempre arqueia a sobrancelha quando é contrariado. Faz isso involuntariamente, ao mesmo tempo em que coça o bigode e morde o lábio inferior.

"Fábrica de diplomas" se inicia no momento em que o doutor ORTEGA me chama para investigar o tiro que ADRIANA MAIA levou no *campus* norte da universidade. O incidente ocorreu no mesmo dia em que ele negociava a venda de parte da universidade para um grupo de empresários americanos.

4. RAUL SILVÉRIO

Raul Silvério, 73 anos – Senador muito rico, poderoso, sem escrúpulos e pra lá de ambicioso. É dono e reitor da Universidade Provinciana. Seu maior desejo é comprar a principal instituição rival, a Universidade Bartolomeu Dias.

Foi colega de classe de Jaime Ortega, e é da época da escola que vem a rivalidade entre os dois. Sempre disputaram tudo, desde o amor da menina mais bonita da turma até o posto de melhor aluno, que, aliás, sempre foi de RAUL SILVÉRIO.

JAIME ORTEGA nunca teve notas suficientes para superar o rival. Por isso, o senador não admite que a universidade dele seja maior do que a sua. "Como posso perder para aquele medíocre? " – costuma perguntar, retoricamente. Além disso, sua mulher, YOLANDA, foi namorada de Ortega, fato que o senador faz questão de lembrar. RAUL SILVÉRIO é assumidamente ciumento.

Ele possui uma financeira, concessionárias de automóveis, restaurantes de luxo, imobiliárias e construtoras. Filho de um poeta que pertenceu à Academia Brasileira de Letras, foi eleito senador pelo estado do Maranhão, embora viva no Rio de Janeiro. No senado, envolveu-se em um escândalo no Ministério da Previdência, mas conseguiu a absolvição de seus pares durante uma CPI. Começou no negócio da educação por intermédio do pai, que fundou o primeiro *campus* no bairro do Maracanã, bem perto do estádio. Ele mesmo expandiu o império, formado agora por 32 unidades e mais de oitenta mil alunos, a segunda maior instituição de ensino superior do Rio.

"Fábrica de diplomas" começa quando JAIME ORTEGA negocia a venda de parte da universidade para alguns empresários americanos comandados pelo ambicioso PATRICK WALTON. Na verdade, este é um grupo de laranjas do próprio senador SILVÉRIO, que conseguiu se infiltrar na universidade por intermédio de MANOEL CARDOSO, braço direito do doutor ORTEGA. (Logo falaremos nele).

Não é de hoje que o senador tenta destruir ORTEGA. Mas, em termos empresariais, a briga começou em 1992, quando a Bartolomeu Dias conseguiu o título de universidade e as faculdades Provincianas o de Centro Universitário. Em 2002, ela se agravou: o Conselho Brasileiro de Educação (CBE) aprovou um parecer igualando a autonomia de ambos para abrir e fechar cursos, aumentar e remanejar vagas e registrar diplomas. A partir daí, o invejoso RAUL SILVÉRIO passou a chamar a Provinciana de universidade, mesmo sem ter direito ao título. E, também, jurou comprar a instituição do rival como forma de se afirmar perante a mulher, YOLANDA.

A cartada final de SILVÉRIO parece ser sua vitória. Após movimentar quinhentos milhões de reais para a conta dos laranjas americanos nas ilhas Cayman, ele acredita piamente que comandará o transatlântico da educação criado pelo doutor ORTEGA. O senador, porém, cairá num conto do vigário.

Os americanos, na verdade, pertencem à organização criminosa que planeja controlar a produção de uma nova droga sintética produzida no laboratório de farmácia da Bartolomeu Dias. E SILVÉRIO ficará sem parte da fortuna, sem a Bartolomeu Dias, e ainda perderá a Universidade Provinciana.

5. YOLANDA SILVÉRIO

Yolanda Silvério, 60 anos, é a mulher do senador RAUL SILVÉRIO há mais de 30 anos. Sofisticada, magra, altiva, e bem vestida, frequenta todas as listas anuais de mulheres mais elegantes do Brasil. Seus vestidos – assinados pelos melhores estilistas do globo – são copiados por mulheres de todo país. YOLANDA é sempre ouvida pelas melhores revistas quando o assunto é moda. A característica foi herdada da mãe, uma imigrante francesa que trabalhou em Hollywood na década de 40. Nos últimos dois anos, ganhou o prêmio de Destaque do Ano por causa das atividades filantrópicas que promove através da universidade Provinciana.

O marido embarca na esteira de popularidade da mulher para angariar eleitores, mas odeia os conhecidos mutirões de ajuda aos mais necessitados. SILVÉRIO tenta inviabilizar a função filantrópica da universidade, já que, na sua opinião, tal característica tem atrapalhado os negócios. No passado, YOLANDA tentou ser atriz, mas desistiu do sonho para se casar com SILVÉRIO. Não tem filhos, já que o marido é estéril. YOLANDA sofre muito por isso. O doutor ORTEGA, principal concorrente de RAUL SILVÉRIO, foi seu primeiro namorado.

O dois se separaram porque ORTEGA teve que se mudar para outro estado e acabou engravidando uma outra mulher. No decorrer da temporada, por causa das brigas e negociatas do marido – que vai se utilizar de meios ilícitos para derrubar o concorrente – YOLANDA acabará se separando de SILVÉRIO. Ela, então, poderá reencontrar JAIME ORTEGA e reviver o amor da juventude.

6. ESTUDANTES / CLIENTES

Durante toda a temporada, mostraremos situações vividas por personagens sem nome. Cada um será um tipo de estudante (ou cliente, como são chamados em muitas instituições). Haverá aquele que trabalha em dois turnos para pagar a faculdade. O outro que não quer saber das aulas porque quem paga é o pai. Um terceiro que se revolta por causa do aumento de mensalidades. A patricinha que só quer saber de arrumar marido. As alienadas que ficam no fundo da sala. A loira que causa *frisson* pelos corredores. E assim por diante.

São personagens importantes, que pontuam a narrativa da primeira temporada. E que serão o foco da segunda.

7. O DOUTOR

Personagem que surge no segundo episódio e só será identificado pela voz. O DOUTOR comanda diversas ações criminosas executadas pelos personagens LUCAS e MANOEL CARDOSO. Um dos mistérios da temporada será descobrir a identidade do Doutor. E, pelo que descrevi acima, acho que vocês já desconfiam de alguém.

Outras personagens:

1. MANOEL CARDOSO

Manoel Cardoso, 49 anos – Diretor de marketing da Bartolomeu Dias. Gordo, hipocondríaco, à beira e à espera de um infarto fulminante na próxima esquina. É o homem de confiança de JAIME ORTEGA na parte administrativa da universidade, além de cuidar do marketing e das relações institucionais.

Na Bartolomeu Dias, todos conhecem a história de suas primeiras férias, tiradas após vinte e quatro anos de ininterrupto trabalho, quando CARDOSO viajou com a mulher e os dois filhos para a Europa. O passeio que deveria durar trinta dias não passou do quinto, quando ele voltou para o Rio a pedido do chefe, que precisava de alguém para acompanhar a revisão do balanço da empresa. É um puxa-saco de plantão.

Considera-se um homem pragmático. Faz o que tem de ser feito e conhece os próprios limites. Não reclama de ser chamado de bajulador. O que realmente o incomoda é ser lembrado de sua consistência alentada. Detesta ser gordo, assim como as respectivas consequências da obesidade, como a apneia do sono, a glicose elevada, a imobilidade e a recente impotência, contra a qual os comprimidos azuis comprados às dúzias já não têm eficácia.

Ninguém o convence de que há gordos com características exatamente opostas, como agilidade, coordenação motora apurada, sono tranquilo e grande energia sexual. Para ele, a única salvação é se concentrar no trabalho. Por trás deste perfil de "gorducho-funcionário-padrão", entretanto, se esconde um homem que, nos últimos anos, resolveu dar um grito de independência à custa da queda dos negócios de ORTEGA. Sim, mudou de lado, e sofre na carne adiposa os medos e angústias de ser um traidor.

MANOEL CARDOSO é aliado do senador RAUL SILVÉRIO, dono da Universidade Provinciana, para derrubar a Bartolomeu Dias. Como diretor de *marketing*, está no comando da forma mais fácil de sabotar a universidade. Aprova anúncios ineficazes, cria factoides, escândalos, investe em mídias sem qualquer relação com o negócio, cria projetos estapafúrdios, admite profissionais incompetentes, tem a palavra final sobre toda a comunicação da empresa, externa e interna.

2. HENRIQUE FREITAS

Henrique Freitas, 47 anos – Diretor de finanças e recursos humanos da universidade de JAIME ORTEGA. Casado, pai de três filhos e outro veterano da instituição, começou na Bartolomeu Dias como Office boy. Ao contrário de CARDOSO, é magro, musculoso, refinado, ponderado e pratica esportes com regularidade. Não descuida do corpo nem durante o trajeto para o trabalho, que percorre a pé mesmo nos dias mais quentes, quando toma banho e se troca no escritório, após percorrer os cinco quilômetros entre sua casa e a universidade. Encarna o tipo discreto, tanto no trabalho, como nas relações pessoais.

Desconfia-se na empresa que tanto charme, aliado ao poder corporativo, só possa terminar em casos amorosos com secretárias, diretoras e até alunas. Mas nunca foi flagrado em qualquer deslize ou atitude suspeita. Sequer há pistas de envolvimentos que não fossem estritamente profissionais. FREITAS é o mais competente dos diretores. Um mestre nas relações interpessoais e na matemática financeira. Durante a temporada, será procurado por um grupo de investidores da bolsa de valores que planeja dar um golpe em JAIME ORTEGA.

Os operadores querem ter informações privilegiadas quando o capital da universidade for aberto, mas também pretendem ganhar dinheiro negociando com o banco que fará a oferta inicial de ações na bolsa. Para isso, pretendem participar do consórcio que comprará a Bartolomeu Dias. Acreditam que o preço das cotas duplicará de valor em menos de seis meses, apenas com a expectativa da abertura de capital. Um negócio imperdível para qualquer investidor.

Os operadores também sabem que está em curso a venda de parte da universidade para um "grupo de empresários americanos" controlados por RAUL SILVÉRIO, e se ofereceram para injetar dinheiro na operação. Mas também correm por fora, garantindo informações de dentro da universidade, justamente com HENRIQUE FREITAS. Assim, pretendem saber o preço que ORTEGA pedirá antes do próprio senador, o que lhes daria poder de barganha para ficar com uma boa parte do negócio e não apenas as migalhas oferecidas pelo dono da Universidade Provinciana.

Vocês, venerável público, pensarão que o plano corre como o esperado e que o diretor também quer derrubar o patrão. O fim da temporada, porém, vai demonstrar que ele foi totalmente fiel a JAIME ORTEGA, relatando cada passo das negociatas. Nos últimos episódios, os investidores serão assassinados a mando do misterioso DOUTOR.

A quantia entregue a HENRIQUE FREITAS pelos operadores será contabilizada como entrada extraordinária no caixa dois da

Bartolomeu Dias. ORTEGA premiará o diretor com dez por cento do falso suborno.

3. GABRIEL ORTEGA

Gabriel Ortega, 40 anos – Diretor de expansão da Universidade e filho caçula de JAIME ORTEGA. Ambicioso, empreendedor, mas também fraco, covarde e frouxo. Mal completou o segundo grau. Cresceu dentro de um campus, mas nunca se interessou por qualquer curso superior. Este detalhe curricular do filho sempre foi encarado como uma virtude pelo pai, para quem a formação acadêmica poderia atrapalhar suas habilidades empresariais. GABRIEL interrompeu os estudos aos 18 anos para se dedicar aos negócios da família. Hoje, é o responsável pela expansão da universidade, função que exerce com inquestionável talento.

Desde que passou a se dedicar à construção de novos *campi* não só pelo Rio, mas também por outros 19 estados, a Bartolomeu Dias se transformou na maior instituição de ensino superior do país. Em dez anos, passou do vigésimo terceiro para o primeiro lugar no *ranking*, e já há unidades na Argentina e no Paraguai. Inquieto, GABRIEL está sempre preocupado com as costumeiras mudanças que JAIME ORTEGA faz em seu testamento. As alterações são praticamente mensais, e isso preocupa o filho mais novo, que teme ser substituído pelo irmão.

Com medo de que os negócios da família afundem, o diretor vai chantagear o cardiologista da família para que ateste a incapacidade do próprio pai. Tentará interditar JAIME ORTEGA e assumir o controle da Bartolomeu Dias. Para isso, vai contar com a ajuda de um desembargador que leciona na universidade há mais de 10 anos. GABRIEL quer provar, com o testemunho de psicólogos e médicos, que o velho ORTEGA tornou-se incapaz de comandar o transatlântico da educação. Àquela altura, a universidade estará afundando, com uma dívida altíssima e prestes a ser adquirida pelo senador RAUL SILVÉRIO.

O fim da temporada vai mostrar que JAIME ORTEGA já sabia das intenções do filho, e que usou o desembargador para fiscalizá-lo. GABRIEL alegará que havia desistido do plano de interditá-lo quando descobriu que ele seria internado em uma clínica psiquiátrica. Só que o pai usará o argumento de que o filho é um fraco (especificamente por ter desistido do plano) para retirá-lo do testamento e da universidade. GABRIEL será demitido.

4. PATRICK WALTON

Patrick Walton, 33 anos – Americano poderoso, bonito, frio, de várias faces e ações criminosas ao redor do mundo. É o líder da organização que planeja controlar a produção de uma novíssima droga que potencializa a ação do Ecstasy. Vai enganar as milícias, os traficantes e o senador RAUL SILVÉRIO.

WALTON passou doze anos no Brasil para montar negócios sujos que rendem muito poder, contatos, dinheiro e novas frentes de atuação. Filho de uma tradicional família quatrocentona residente em Nova Iorque, desconhece limites, bom senso, ética, justiça. Um bandido de bons modos, ternos elegantes e sem fronteiras. No meio da temporada, atuará como líder de um grupo norte-americano que fingirá atuar como laranja do senador RAUL SILVÉRIO.

Na verdade, planeja dar um golpe de mestre no parlamentar. PATRICK conseguirá roubar quinhentos milhões na negociata organizada pelo senador. SILVÉRIO planejava, com este dinheiro, adquirir a Universidade Bartolomeu Dias.

5. IGNÁCIO ROVER

Ignácio Rover, 35 anos – Chefe da segurança da Bartolomeu Dias. Figura exótica, cor de jambo, cabelo raspado, com um metro e oitenta de altura e um bigode mexicano que chega até o meio das bochechas.

Honesto, justo, trabalhador, é uma das pessoas mais apreciadas pelos emergentes da Barra. Sempre disposto a resolver os problemas de quem o procura, tem incrível facilidade para arregimentar novos amigos, entre eles, o filho mais velho do dono da universidade, que o convidou para chefiar a segurança da instituição.

ROVER exerce uma função ilegal na universidade, pois o trabalho não é registrado oficialmente. E nem pode. Como a maioria dos policiais cariocas, vive de bicos. No caso dele, um bico remunerado como pessoa jurídica, através da empresa aberta em nome da ex-mulher.

Lotado na 16ª delegacia, na Barra da Tijuca, trabalha em regime de plantão de vinte e quatro horas, com folga de setenta e duas. No entanto, mesmo em serviço, consegue tempo para exercer a função na universidade, fazendo sua tradicional ronda pelos *campi*. Triatleta premiado, ele ainda encontra espaço na agenda para lecionar no curso de educação física, que é a sua formação acadêmica original. ROVER será meu braço direito durante a investigação.

Num primeiro momento, ROVER será considerado um dos suspeitos da ação criminosa, pois a imprensa descobre que o trecho em que LUCAS aparece atirando em ADRIANA foi misteriosamente suprimido das imagens gravadas pelo circuito interno de TV.

Mas logo trataremos de inocentá-lo. Se ele for mesmo inocente, é claro!

6. JOAQUIM VASCONCELOS

Joaquim Vasconcelos, 38 anos – Chefe da Polícia Civil do Rio de Janeiro. Está no cargo há três anos e meio. Chegou ao posto mais alto da Polícia Civil por indicação pessoal do governador. Ex-capitão da PM, formou-se em Direito seis meses antes de ingressar na força civil.

Nos meses anteriores ao surpreendente convite, havia atuado apenas em delegacias do interior e nunca estivera à frente de investigações importantes. Mas, para a cúpula da segurança pública, ele tinha o perfil ideal: formação militar, respeito à hierarquia e obediência cega. Características redundantes, mas que explicavam a ascensão na carreira. VASCONCELOS é um homem culto, amante da literatura policial, desonesto e perigoso.

No segundo episódio da temporada, afastará o delegado da 19ª DP e comandará pessoalmente as investigações sobre o caso ADRIANA MAIA, estudante baleada no *campus* da Bartolomeu Dias. A moça desaparecerá misteriosamente do hospital onde foi internada e VASCONCELOS tentará incriminar a mim, ANTÔNIO PASTORIZA, e a IGNÁCIO ROVER, meu assistente. Com o desenrolar da série, ficará claro que o próprio chefe de polícia foi quem sequestrou a moça no hospital.

VASCONCELOS, na verdade, é o grande chefe de uma milícia presente na Região oeste do Rio. O esquema de corrupção e lavagem de dinheiro comandado por ele envolve policiais corruptos, máquinas de caça-níqueis e estreito relacionamento com os principais contraventores da cidade. Um famoso bicheiro chegou a depositar mais de R$ 200 mil em uma conta no nome da mulher do chefe de polícia.

Há dois anos, NICOLE é amante de VASCONCELOS. Mas esta informação vocês só terão com a temporada já bem avançada. A organização a que a repórter é ligada estava preocupada com os investimentos na nova droga. Havia um bom dinheiro aplicado nas pesquisas. Daí a ideia de colocarem a jornalista para acompanhar o chefe de polícia de perto. Se ele soubesse de alguma coisa, mudariam os planos. Com a denúncia de que ele é o líder de uma milícia e a partir de seu envolvimento no sequestro de ADRIANA MAIA, VASCONCELOS será assassinado pelos próprios milicianos, a mando de um vereador também envolvido no esquema.

O carro que o policial dirigirá na hora do crime estará em nome de NICOLE. Será o momento em que vocês tomarão conhecimento do caso entre os dois, acelerando a descoberta de que a repórter, na verdade, é uma criminosa. E que o protagonista aqui é um corno de primeira.

7. LUCAS

Lucas, 25 anos – Humilde, sem instrução (sabe ler e escrever) e revoltado com as injustiças da vida. Filho de canavieiros, teve que pegar no pesado desde criança e nunca conseguiu estudar. Mas a mãe sempre colocou em sua cabeça que um dia ele seria doutor. É o sonho de sua vida e também o motivo de suas maiores neuroses.

LUCAS ficou famoso por ter passado para a faculdade há cerca de dois anos fingindo que era analfabeto. O escândalo repercutiu durante meses na mídia, chegou até mesmo ao exterior. Os principais jornais do país fizeram cadernos especiais sobre educação. As regras do vestibular mudaram. A redação passou a ser obrigatória. Mas o estrago maior foi na imagem da Bartolomeu Dias, cujos alunos passaram a ter vergonha de se identificar na rua.

LUCAS mora sozinho em um barraco da Cidade de Deus deixado pelo pai, morto em um acidente de trabalho há cinco anos. Não tem família, nem amigos. Antes de entrar na Bartolomeu Dias, ganhava a vida como pedreiro, embora não gostasse do serviço.

O jovem chegou a acreditar que a sua vida mudaria completamente depois daquele vestibular fajuto, quando acabou contratado pela universidade. Disseram que depois que ele completasse o primeiro grau, em poucos anos já estaria na faculdade. Mas bastou o caso sair dos holofotes para que o intensivo de primeiro e segundo graus, bancado pela própria faculdade, caísse no esquecimento. LUCAS logo largou os livros e voltou a apenas executar os serviços sujos encomendados por MANOEL CARDOSO. Foi este, aliás, quem o contratou para que fizesse o fatídico vestibular, expondo as deficiências da universidade.

Pouco antes do fim da temporada, LUCAS vai assassinar CARDOSO.

8. TETÊ

Tetê, 45 anos – Coordenadora do Laboratório de Farmácia da Bartolomeu Dias, é minha amiga de infância e foi meu grande amor do passado. O emprego de ANA TEREZA, seu verdadeiro nome, inclusive, foi arranjado por mim, que a indiquei ao diretor da faculdade de Farmácia. Será TETÊ quem desvendará a fórmula da droga sintética produzia secretamente no laboratório da universidade.

9. PRISCILA

Priscila, 30 anos – Secretária executiva do senador Raul Silvério. Bonita, discreta e eficiente. Aparenta ter muita intimidade com o patrão.

10. DONO DO MORRO

Aos 25 anos, comanda o tráfico no morro da Cuíca, ao lado da universidade. É chamado de patrão pelos comparsas. Vai brigar pelo controle da nova droga sintética com a milícia comandada por VASCONCELOS.

Outras Personagens:

1. DESEMBARGADOR

Desembargador, 60 anos, elegante, porte altivo. Será contratado por GABRIEL ORTEGA para interditar o pai. No fim, demonstrará que sempre esteve ao lado de JAIME ORTEGA e se tornará um dos novos diretores.

2. PROFESSOR DE DIREITO CIVIL

Professor, 65 anos. É o responsável pelo testamento de Jaime Ortega

3. MÉDICO DA FAMÍLIA ORTEGA

Médico, 60 anos. Será chantageado por GABRIEL ORTEGA para que declare que o pai está inapto a comandar os negócios da família.

4. INVESTIDORES ESTRANGEIROS

Todos na casa dos 30 anos. Participarão do negócio que envolve a compra da Bartolomeu Dias ao lado do senador RAUL SILVÉRIO.

5. DELEGADO DA 16ª DP

Delegado, 40 anos, forte, chefe de ROVER. Acobertará o subordinado, que, pelo menos na teoria, não poderia trabalhar como segurança particular.

6. ASSISTENTE DO CHEFE DE POLÍCIA CIVIL

Assistente, 25 anos, baixo. Será humilhado por JOAQUIM VASCONCELOS, que quebrará a moldura onde colocou o seu diploma no curso sequencial de "Gestão de segurança".

7. CARCEREIRO DE ADRIANA MAIA

Carcereiro, 20 anos, moreno. Conversará com a estudante enquanto ela estiver no cativeiro.

8. AVÔ DE ROVER

Turco, 80 anos. Dará cobertura ao neto quando ele estiver foragido.

CENÁRIOS E LOCAÇÕES

– Apartamento de pastoriza

Apartamento confortável de classe média alta, bem mobiliado, um pouco escuro. Sente a carência de um toque feminino na disposição de móveis, escolha de cores e, também, na limpeza.

Cozinha

Pequena, pouco arejada e mobiliada, fruteira vazia, louças por lavar, uma torradeira velha que queima a borda dos pães de forma.

Sala de estar

Sofás e televisões grandes, livros e jornais espalhados por todo canto. Foto de Nicole fica na mesinha de cabeceira. É ali que Pastoriza pensa em seus conflitos e situações.

Consultório de pastoriza

Luxuoso. Uma grande biblioteca ao fundo. A tradicional poltrona freudiana e o divã posicionado na perpendicular. Há diversas esculturas neoclássicas, um notebook e um impressora na mesa de trabalho.

– Cobertura de Jaime Ortega

Cobertura confortável de classe alta, duplex, com vista para o mar. Ambientes charmosos e com bastante espaço, de cores claras, móveis contemporâneos e sofisticados, muito luxo. Fotos espalhadas por todos os cantos, diplomas e troféus perfeitamente adequados ao espaço.

Piscina

Fica no segundo andar. Uma mesa grande no deque. Um guarda-sol enorme protegendo a mesa.

Sala de jantar

Enorme mesa de jantar para mais de dez pessoas onde o patrão se senta na cabeceira. Cadeiras com encostos altos, quadros de pintores famosos enfeitam a parede.

Sala de estar

Espaço confortável com poltrona, mesa de centro, acionado por uma escada, que leva ao quarto/escritório de Jaime Ortega. Nesta sala, acontecem as reuniões com os conselheiros. Há, ainda, um bar sempre abastecido com os melhores uísques do mundo.

– Mansão de Raul Silvério

Mansão de dois andares luxuosíssima, um pequeno palácio erguido em um dos melhores condomínios da Barra da Tijuca.

Fachada

Fachada branca, imponente, com pilastras, portais, um amplo jardim, portões e muros enormes.

Sala

A decoração da sala de Silvério é toda revestida em madeira. Chão, paredes, e teto formam uma única massa de cedro, interrompida apenas pela janela cuja vista da favela contrasta com a riqueza do ambiente. Há uma centena de obras de arte sacra, a maioria com mais de um século de existência. Até um leigo pode notar algumas esculturas de Aleijadinho, além dos quadros italianos da Renascença. O local é um verdadeiro santuário católico, construído com alguns milhões de dólares.

Suíte do casal Silvério

Glamourosa, com cores claras, belíssimas cortinas, uma cama de casal enorme, roupas de cama caríssimas, um banheiro luxuosíssimo.

– Apartamento de Nicole

Apartamento de classe média, confortável, sem frescuras. Muito bom gosto, charme, sofisticação. Claro, ensolarado, com plantas, CDs e livros na estante.

Sala

Sofás confortáveis, modernos de muito bom gosto. Flores na mesa de centro. Numa espécie de segundo ambiente, é ali que Nicole mantém seu computador, e onde prepara algumas reportagens.

Quarto

Cama bonita, almofadas, conforto. Uma poltrona para leitura sempre um pouco bagunçada, com roupas, livros e alguns objetos pessoais de Nicole.

Garagem

Garagem normal de um prédio de classe média.

– Barraco de Lucas

Espaço pequeno, com pouquíssimos móveis, desorganizado e sujo.

Sala/quarto

Sala e quarto no mesmo ambiente. Um colchonete estirado no chão, duas cadeiras, uma mesa pequena. Uma estante com algumas revistas e jornais velhos.

Cozinha

Uma geladeira velha, um fogão, pia cheia de louças por lavar.

– Reitoria da Universidade Bartolomeu Dias

Prédio de cinco andares nos fundos do *campus* Barra. A reitoria fica no quinto andar.

– Sala dos diretores

Sala bem organizada, equipada com três amplas mesas e três computadores. É onde trabalham Cardoso, Henrique Freitas e Gabriel Ortega.

– Sala de Rover

Sala bem organizada, um computador, mesa, cadeira para visitantes.

Secretaria

Uma mesa, computador e sala de espera – espécie de antessala para a sala de Rover e dos diretores.

– Casa de Manoel Cardoso

Localizada no condômino Santa Genoveva. Residência de Classe média alta, duplex, condomínio confortável. Decoração cafona.

Portaria

Com cancela, interfone, porteiro.

Sala de estar

Móveis *démodés*, mesa de centro, amplos sofás, bastante arejada.

Garagem

Garagem interna, para dois carros, onde Cardoso será encontrado.

– *Campus* da Universidade Bartolomeu Dias ao lado do Morro da Cuíca

Pátio

Amplo, espaçoso, com bancos, bem arborizado.

Lanchonete do curso de Farmácia

Balcão, dois atendentes.

Câmeras de vigilância

– Laboratório de farmácia

Amplo, bem equipado, com microscópios modernos e materiais de pesquisa. Possui uma porta que sempre ficará trancada. Rover e Tetê vão abrir esta porta e descobri local de pesquisa da droga sintética "Elemento Z".

– *Campus* Barra da Universidade Bartolomeu Dias

Fachada

Fachada imponente, com canteiros bem cuidados de margaridas.

Cantina

Cantina tradicional de universidade.

Rampa

Liga canteiro de margaridas à cantina. Em um dos episódios, em um dia de prova de concurso público para o Governo do Estado, a rampa vai cair.

Duas salas de aula

Salas de aula convencionais para cerca de 50 alunos, quadro negro, carteiras, mesa para professor.

Tesouraria

Espaço de cobrança de matrículas, alunos em fila, mesas, computadores, parece uma repartição pública.

– Morro da Cuíca

Favela vertical, com barracos, becos, vielas e matagal (pode ser usada uma locação, a critério da direção).

– Casa do dono do Morro da Cuíca

Espaço de relativo luxo em pleno morro. Sala grande, piscina, sauna, churrasqueira na laje.

Sala de estar

Sala com alguns luxos, decoração muito brega, cores e móveis exagerados, falta elegância.

Laje

Uma laje normal, tijolo aparecendo, churrasqueira, uma piscina ao lado.

– Cobertura do avô de Rover

Sala de estar

Luxuosa, com muitos móveis, quadros, mas sem elegância. Cores berrantes,

– UTI Do Hospital

UTI normal de hospital particular do Rio de Janeiro.

– Cativeiro da Adriana Maia

Casebre pobre. Uma cama velha apenas, quarto sem janela, sem ventilação, uma lâmpada fraca.

– Academia da Praça

Academia luxuosa, aparelhagem moderna, presença de muitos jovens de corpos esculturais. Ambiente externo (piscina, corridas) e interno (musculação, ginástica).

Sala

Sala onde Rover e Pastoriza vão conversar.

– Redação da TV Continental

Redação convencional de uma televisão. Muitos jornalistas, vaivém de profissionais para todos os lados, computadores, um pequeno estúdio onde são apresentados os telejornais.

– Praça de alimentação de um shopping

Henrique Freitas irá se encontrar com operadores do mercado financeiro.

– Cemitério

Será utilizado para a gravação do enterro de Tetê.

SUGESTÃO PARA AS TEMPORADAS SEGUINTES

A sugestão é que, a partir da segunda temporada, o seriado seja focado nos dilemas vividos por alunos e professores da Bartolomeu Dias e pelos moradores do Morro da Cuíca. Manteríamos a narrativa de suspense, os contrastes com a favela vizinha e, principalmente, o clima de investigação policial comandada por um psicanalista.

Os episódios permaneceriam no tom realista. Mas, diferentemente da primeira temporada, as histórias seriam verticais.

O arco horizontal continuaria centrado nos dilemas amorosos e nos vícios de PASTORIZA.

A partir da definição sobre a duração da primeira temporada, faremos as escaletas dos demais episódios.

9

POSFÁCIO E AGRADECIMENTOS

O FUTURO DA TV DA ABERTA

Imagine que você é dono de uma fábrica de geladeiras e sua agência de publicidade lhe oferece duas alternativas para divulgar o produto mais moderno da empresa, que é uma nova linha de refrigeradores com preços populares e baixo consumo de energia.

Alternativa 1: comerciais de 30 segundos nos intervalos da novela das nove na emissora líder da TV aberta.

Alternativa 2: comercial de 15 segundos antes da principal série de um canal via streaming (transmitido pela internet).

Qual você escolheria?

Acredito que ninguém discutiria o fato de a primeira alternativa ter muito mais visibilidade do que a segunda. E se a sua empresa tem um bom orçamento para publicidade, não há motivos para hesitar. Certo?

Vamos continuar o raciocínio.

A agência de publicidade pede à emissora de TV aberta e ao canal de streaming um relatório sobre a audiência dos programas oferecidos no principal mercado consumidor do país.

1. Novela das nove: 30% de audiência na região metropolitana da principal cidade do país, com mais de 50% de share no horário. Cada ponto na audiência corresponde a 67 mil domicílios.
2. Série do canal streaming: 120 mil views por episódio na região metropolitana da principal cidade do país.

Novamente, não há dúvidas. Basta fazer as contas. Se multiplicarmos 30 por 67 mil chegamos a mais de dois milhões de espectadores. E se levarmos em conta que cada domicílio tem, em média, três moradores, o número pode chegar a seis milhões. Ou seja, o público da novela é cinquenta vezes maior que o da série. Confirmamos nossa decisão, certo?

Vamos continuar o raciocínio.

Como é de praxe, a agência também pede um relatório sobre o público-alvo de cada programa. Você, caro cliente, já tomou sua decisão, mas os publicitários são teimosos e querem mostrar serviço. Então, chega o relatório:

1. Novela das nove: público-alvo entre 18 e 65 anos, predominantemente feminino, nas classes sociais B+, C, C- e D.
2. Série do canal streaming: público-alvo heterogêneo.

A decisão está solidificada. Os números são claros. Aquela sensação de certeza baseada em fatos toma conta dos executivos da sua fábrica de geladeiras. São dados científicos, coisa de profissional, mesmo que nem você nem eles tenham a menor ideia do que significam aquelas letras seguidas dos sinais de positivo e negativo. O fato é que os números falam por si. Certo?

Vamos continuar o raciocínio.

Pouco antes de sair de sua fábrica para a última reunião na agência a fim de sacramentar a decisão, você passa por uma funcionária que está no horário de almoço. Enquanto degusta uma lasanha aquecida no micro-ondas, ela assiste a um programa de TV no celular. Você dá uma olhadinha básica e fica aliviado ao constatar que ela não estava vendo o programa que foi oferecido pelo canal de streaming. "Isso é mais um sinal" – você pensa. Ainda assim, fica surpreso com o fato de sua funcionária ter um celular com aquela capacidade e de o programa (que é de outro canal de streaming) estar passando na hora do almoço. Mas isso não importa. Certo?

Na agência de publicidade, os diretores de criação e mídia estão reunidos. Convictos de que você já tomou sua decisão, eles preparam a melhor estratégia para seduzi-lo com a campanha. Talvez chamem atores com perfis das classes C+ e D-, seja lá o que isso signifique, para serem os protagonistas dos comerciais. Quem sabe um enredo baseado na ascensão social que aquele modelo de geladeira representa?

O melhor lugar na sala está reservado para você. Os diretores sentam-se ao seu lado, mapeando suas reações. Um deles fala sobre as possibilidades de merchandising na novela e no ator que interpreta o protagonista. "Ele tem o nosso perfil" – diz, com um sorriso no rosto. Outro apresenta uma ideia muito criativa, ideal para atrair a atenção da dona-de-casa durante o intervalo e imagina os prêmios que ganhará no Festival de Cannes. Mas você só consegue pensar na sua funcionária com o celular na mão. Besteira, certo? – você pergunta, coletivamente, sem destinatário específico.

O diretor de criação responde que sim, é uma besteira. O diretor de mídia confirma com os números. O dono da agência desconversa. Mas, no final da sala, um estagiário que só estava ali para aprender sobre a dinâmica do processo, ouve sua história e faz as perguntas que deixam os diretores embaraçados: "se a diferença é tão grande, por que foram oferecidas duas opções? Será que o streaming não tem outras vantagens?" Você se interessa pela questão e diz:

Conclua seu raciocínio.

O estagiário não estava preparado para intervir durante a reunião, mas conhece bem o assunto. Ele fala da sua funcionária para exemplificar a tendência que dá ao telespectador o poder de assistir a seus programas preferidos no horário que ele quiser. Cita o preço do celular dela para mostrar como o produto está cada vez mais acessível. E, por último, disserta sobre a evolução da tecnologia e sua relação com o aumento do número de programas transmitidos pelo sistema streaming.

Nada disso, no entanto, convence você a mudar de opinião. Até que o estagiário destila uma última pergunta: e quantas geladeiras a TV aberta vendeu no ano passado? Todos ficam estupefatos na sala. Querem matar o moleque. Quem deixou esse garoto entrar? O raciocínio é óbvio: vender geladeiras é papel dos varejistas, não da TV. Certo?

Errado.

E errado de novo.

E errado como resposta para todas as questões anteriores.

Vamos, então, imaginar os relatórios dos canais de TV para a pergunta do estagiário. Quantas geladeiras você vendeu no ano passado?

1. TV aberta: nenhuma. O máximo que fazemos é indicar o público-alvo de nossas produções e apontar que ele é um potencial consumidor de geladeiras.
2. Canal de streaming: 240 mil geladeiras. Além de canal de TV, nós também somos uma rede de varejo que distribui geladeiras, DVDs, livros e milhares de outros produtos. Temos um mapa de tudo que vendemos e sabemos quem comprou. Sabemos a renda, o endereço, os gostos e a configuração familiar de quem comprou. Podemos, inclusive, indicar quem não trocou de geladeira nos últimos cinco anos e estaria mais propenso a comprar o produto.

Pois é, meu amigo, esta é a nova realidade do mercado. Ao anunciar no canal de streaming, seu comercial vai diretamente para quem está interessado no que você tem a vender. E por um preço muito inferior.

Claro que o exemplo proposto refere-se a uma das redes de varejo mais poderosas do mundo, a Amazon, o que potencializa nosso raciocínio. Mas ela não é a única. Também poderíamos falar sobre a chinesa Alibaba, cuja estreia na bolsa de Nova Iorque fez o valor da empresa ultrapassar os 231 bilhões de dólares, com uma alta de 38% no preço inicial de suas ações. A diferença é que, diferentemente de sua concorrente asiática, a empresa americana já possui um braço audiovisual espalhado pelo mundo: a Amazon Studios. Mas ninguém ficaria surpreso se a Alibaba invadisse o mercado com eficiência e agressividade. Tudo é uma questão de tempo.

No modelo da Amazon Studios, as informações sobre seus consumidores são tão estratégicas que, ao decidir lançar seu canal de TV, ela se deu ao luxo de só levar ao ar os seriados aprovados pelos assinantes após a exibição do primeiro episódio. Que emissora tradicional poderia se dar ao luxo de fazer o mesmo? É possível imaginar a CBS ou a Globo veiculando apenas o primeiro episódio/capítulo de uma série ou novela e, em seguida, tirá-lo do ar? Quem arcaria com os custos? E não precisa ser uma grande varejista para levar vantagem sobre as TVs abertas. O google, por exemplo, tem acesso a uma plataforma de informações tão ou mais estratégica que a Amazon. Isso sem falar no youtube, no facebook, no twitter e em outros conglomerados que já são produtores e veiculadores de conteúdo audiovisual.

Acredito que a TV do futuro (ou do presente) deve se fixar em sete princípios básicos:

1. Os espectadores não querem mais ser passivos. Desejam assistir a seus programas na hora e no local em que puderem.
2. As tradicionais medições de audiência estão ultrapassadas, o que torna os dados genéricos pouco confiáveis para as agências de publicidade.
3. Os avanços da tecnologia acontecem de forma acelerada, permitindo o rápido desenvolvimento das plataformas que sustentam a autonomia do espectador.
4. Os anunciantes querem dados precisos sobre seus consumidores e não se contentam mais com as generalizações de classe, idade e gênero.
5. A televisão deixou de ser programadora da vida social e, agora, é programada por ela.
6. A chamada "Event TV" ganha força, o que valoriza os programas ao vivo, mas não se limita a eles.
7. As narrativas serializadas (séries e seriados) crescem como gênero desde que fidelizam o público e respeitem os itens anteriores.

O último item da lista será tema principal de um livro que ainda estou editando. Através de uma leitura atenta dos conceitos gestados por Aristóteles (enredos) e Freud (personagens) e da observação crítica de trezentas horas de teledramaturgia, pretendo destrinchar as estratégias narrativas dos seriados de maior sucesso na atualidade.

Tais seriados têm sido veiculados majoritariamente em TVs fechadas ou em canais de streaming. Mas isso não significa que não tenham espaço nas redes abertas. Tampouco são a prova cabal da incompetência das emissoras abertas. Na verdade, são apenas um sintoma. Um sintoma claro, mas apenas um sintoma.

O verdadeiro pesadelo dos acionistas das grandes redes está na inércia de seus executivos diante dos fatos. Uma inércia cuja causa pode estar em sua própria estrutura paquidérmica, o que inviabiliza mudanças ágeis e perpetua feudos de poder construídos ao longo de décadas. Os mesmos feudos que não enxergam os fabricantes de geladeiras. Os mesmos feudos que ignoram as ideias dos estagiários. Os mesmos feudos que podem decretar o Fim da TV aberta.

— — — — — — — — — — — — — —

Além da conversa com Freud e Aristóteles para analisar as estratégias narrativas dos seriados contemporâneos, também vou recorrer a teóricos da mídia na pavimentação de minha hipótese sobre o destino da TV aberta. Do professor argentino Mario Carlón, pretendo utilizar a ideia de que a crise da televisão se situa no epicentro de uma crise ainda maior: a dos meios massivos.

"O fim da televisão é real porque a história da televisão não deve ser conceituada sobre si mesma, mas no contexto de uma reflexão sobre a evolução de um sistema no qual seu discurso e sua apropriação social estão inscritos. E esse sistema entrou em sua fase final porque foi dominado pelo surgimento de um novo sistema de midiatização e de práticas sociais." (CARLÓN, 2006)

O conceito de TV aberta, portanto, refere-se ao sistema de veiculação de conteúdo audiovisual em redes de sinal aberto (mesmo que tenham opção de veiculação por cabo), com grades fixas de programação e conteúdo massivo. Sobre o novo papel do telespectador nossa referência recairá no livro "O fim da história de um móvel", de Eliseo Verón (2009) e nos clássicos "A transparência perdida", de Umberto Eco (1994) e "Is television really dying?" (2009), de Elihu Katz. Para uma análise historiográfica, os autores consultados serão Toby Miller e John Ellis. E, por último, o já consagrado "Cultura da convergência" (2008), de Henry Jenkins, atravessará todo o nosso percurso.

Não será um livro acadêmico. Como ficou claro no começo deste posfácio, a linguagem aqui utilizada está muito longe do rigor científico da universidade. Entretanto, tenho as mesmas pretensões dos colegas que acabo de citar: estabelecer um debate sobre o tema. A única diferença é que pretendo ampliar o debate para fora dos muros da academia e, por isso, não me prenderei às correntes das normas técnicas.

Se, por um lado, esta opção me faz perder o respaldo do lugar de onde falo, a universidade; por outro, a linguagem simples, recheada de metáforas e exemplos, permite a compreensão ampliada do conteúdo. Ao longo dos 16 anos em que atuo como professor universitário, aprendi que a simplicidade não tem nada a ver com a superficialidade. Pelo contrário: simplificar significa traduzir a complexidade. Escrever fácil é a mais difícil das tarefas.

Também aprendi que toda obra é coletiva. Por isso, nada do que escrevo seria possível sem a ajuda de dezenas de colaboradores que estiveram ao meu lado nos diversos roteiros da vida cotidiana. A eles meu perene agradecimento.

Começo pela minha agente literária, Luciana Villas-Boas, e pela minha editora, Lu Magalhães. Obrigado por acreditarem em um projeto editorial tão heterodoxo como este e pela paciência para esperar aquele romance que nunca fica pronto.

À minha família também devo agradecer pela paciência. Karla, a mais bela e competente mulher do planeta, suportou meu mau-humor em madrugadas insones enquanto escrevia roteiros, romances e artigos intermináveis. Também estava a meu lado quando elaborei os fantasiosos diálogos de Instinto Primitivo, muitos deles escritos em quartos de hotel durante turnês literárias ou acadêmicas. Diálogos que também tiveram a colaboração do meu irmão André Vianco, parceiro da vida, e do incansável Gustavo Gontijo, cujo talento finalmente teve o merecido reconhecimento.

Ainda no âmbito familiar, preciso registrar que meus pais, minha irmã e meus sobrinhos não se cansam de ouvir minhas histórias e, apesar dos fracassos, continuam me apoiando. Obrigado, Fefa, Ninho, Vivi, Hugo e Pedro.

Tampouco poderia deixar de agradecer aos brilhantes Fabio Fabato e Carla Faour, meus parceiros no roteiro da novela Canguru, e à genial Priscila Corrêa, responsável por muitas das revisões críticas do folhetim. O grande Carlo Milani e seu inseparável escudeiro, meu amigo Alexandre Macedo, também ajudaram a melhorar o roteiro do seriado Fábrica de diplomas ao convidarem diversos atores e atrizes para as leituras de mesa na minha casa. Por favor, repassem meus agradecimentos a todos que participaram dessas leituras.

Por último, mas não menos importante, meu agradecimento à equipe da Primavera Editorial, cujo empenho tornou viável a edição deste livro em tempo recorde. Poucas vezes fiquei tão satisfeito com um projeto gráfico. Vocês conseguem transformar garranchos em arte. Parabéns pela excelência.

E como este é um livro sobre fracassos, também agradeço aos que me empurraram ladeira abaixo, sempre atentos e prestativos, preocupados em fornecer conteúdo para a produção desta brochura. O compêndio não seria possível sem vocês. Muito obrigado.

Ah, já ia me esquecendo. Meu agradecimento especial vai para um amigo querido, o ator e escritor Carlos Gregório, que foi o responsável pela minha entrada no mundo dos roteiros e sempre me deu apoio para seguir escrevendo. Partiu dele o convite para o meu primeiro trabalho como roteirista e foi ele que me indicou para a direção da emissora, após ler um de meus romances.

Gregório, meu querido, onde você estava com a cabeça?

FIM

TÍTULO: MEUS FRACASSOS NA TV

Equipe editorial: Lourdes Magalhães e Larissa Caldin
Revisão: Caio César
Capa: Project Nine
Projeto gráfico e diagramação: Project Nine

Dados Internacionais de Catalogação na Publicação (CIP)
(Câmara Brasileira do Livro, SP, Brasil)

Pena, Felipe
Meus fracassos na TV : sinopses e roteiros de uma novela e dois seriados / Felipe Pena. -- São Paulo : Primavera Editorial, 2015.

978-85-5578-000-4
1. Jornalismo - Brasil 2. Multimídia interativa - Roteiros 3. Séries de televisão - Roteiros 4. Telenovelas - Brasil - História e crítica

I. Título.

15-08175 CDD-791.4570981

Índices para catálogo sistemático:
1. Roteiros de televisão - Brasil 791.4570981

PRIMAVERA
EDITORIAL
Av. Queiroz Filho, 1700 Vila B 37
05319-000 – São Paulo – SP
Telefone: (55 11) 3031-5957
www.primaveraeditorial.com
contato@primaveraeditorial.com

MEUS FRACASSOS NA TV

foi impresso em setembro de 2015
pela gráfica GRAPHIUM para
Primavera Editorial